Fritz Bauerreiß

FRÄNKISCHER KARPFENFÜHRER

Kleines Karpfenlexikon
rund um den Karpfen und seine Zucht

Typische Bilder aus dem Karpfenland Franken
laden zum Genießen und Verweilen ein

Mehr als 500 Karpfengaststätten
davon über 280 mit Gästezimmern

Hinweise auf eigene Brauereien

Konzeption und Realisierung: Fritz Bauerreiß

Texte: Fritz Bauerreiß
       Helmut Praus (Uehlfeld), *Aischgrund - Uehlfeld: Wo der Aischgründer Karpfen zu Hause ist*
       Aischgründer Karpfenmuseum (Neustadt/Aisch)

Fotografien: Fritz Bauerreiß und Maria Romeis-Bauerreiß
             sowie die in den Bild-Unterschriften angegebenen Personen

Lektorat: Cally Nilsson (Deisenhofen), Karl Wiede (Wolkersdorf)

Umschlag-Layout und gestalterische Beratung: Heidi Bauerreiß (Erlangen)

Homepage: Dennis Günther (Erlangen)

ISBN 978-3-00-035694-0

Informationen - www.karpfenfranken.de

              - http://home.arcor.de/bauerreiss

Direkt-Bestellung beim Autor - karpfenfranken@arcor.de (kostenlose Lieferung innerhalb Deutschlands)

Bestellung beim Buchhandel - Fragen Sie nach dem *Fränkischen Karpfenführer* in Ihrer Buchhandlung
                 und verweisen Sie dabei auf das *Verzeichnis Lieferbarer Bücher* (VLB)

Bestellung bei www.amazon.de → Bauerreiß Karpfenführer

Fränkischer Karpfenführer

Während der Karpfensaison finden sich in fränkischen Fischküchen seit geraumer Zeit immer mehr Gäste ein, die ihre Leidenschaft für ein genussvolles Karpfenessen mit allem Drumherum dort bewusst ausleben. Die in Franken hochgeschätzten Karpfen sowie gemeinsame Karpfennpartien erreichen oft Kultstatus. Auch "Nicht-Franken" freuen sich bei einem Besuch im Fränkischen auf einen guten Karpfen, z.B. in einer althergebrachten Gaststätte mit eigener Brauerei in idyllischer Landschaft.

Karpfen-Franken in Bildern - Die im *Fränkischen Karpfenführer* enthaltenen Bilder wurden fast alle von meiner Frau Maria und mir aufgenommen, insbesondere während unserer ausgedehnten Radtouren. Die spezielle Nähe zur Natur und zum fränkischen Karpfenland mit seinen Bewohnern, die man gerade als Radler "erfährt", erschließt sich dem Betrachter in einigen der Bilder.

Kleines Karpfenlexikon /Teil 1 - Nach Stichworten geordnet erfährt man hier Wissenswertes rund um den Karpfen und seine Zucht sowie über Franken mit seiner speziellen Karpfenkultur: Näher eingegangen wird beispielsweise auf den Aischgrund und das Ingreisch, auf den Karpfen-Bocksbeutel und den Karpfenwalzer, auf den Roten Kormoran und den Tellerkarpfen.

Karpfengaststätten /Teil 2 - Um Karpfengaststätten im näheren Umkreis einer bestimmten Gemeinde erleichtert auffinden zu können, sind hier die im Teil 3 gelisteten Lokale nach Regierungsbezirken und den dortigen Kfz-Kennzeichen geordnet.

Karpfengaststätten /Teil 3 - Die dort näher beschriebenen Karpfenlokale sind alphabetisch nach dem Namen ihrer Gemeinde geordnet, wobei einzelne Ortsteile nach der Gemeinde selbst zu finden sind.

Liebhaber von Karpfengerichten kennen die Situation: Man möchte zum Karpfenessen zwar gerne einmal ein neues Lokal ausprobieren, aber man weiß nicht, wo man suchen soll, um eines zu finden. Der *Fränkische Karpfenführer* beinhaltet eine umfangreiche Zusammenstellung von Karpfengaststätten in Franken: Einzigartig ist die Beschreibung von über 500 Karpfenlokalen. Durch diese große Auswahl haben Sie aber nicht nur die Qual der Wahl, sondern vielleicht auch die große Freude, Neues im Bereich des Traditionellen entdecken und erleben zu können: Guten Appetit und wohl bekomm's - in welcher Karpfengaststätte Sie sich auch immer niederlassen!

Folgende Gaststätten finden im *Fränkischen Karpfenführer* keine Erwähnung:

- Lokale, die keine (halben) Karpfen anbieten, sondern nur Karpfenfilet;
- Lokale, die (halbe) Karpfen nicht regelmäßig oder nur einige Male im Jahr anbieten;
- Lokale, die Karpfengerichte nur auf Vorbestellung anbieten.

Die Auflistung der Karpfengaststätten erhebt keinen Anspruch auf Vollständigkeit. Den zugrunde liegenden Informationsquellen ließ sich insbesondere nicht immer entnehmen, ob ein Lokal Karpfengerichte anbietet oder nicht.

Im *Fränkischen Karpfenführer* werden die einzelnen Lokale nicht bewertet, sie werden anhand einiger Kriterien nur näher beschrieben: Die geneigten Leser sollen sich z.B. über angebotene Karpfengerichte oder Fassbiere informieren, auch über Öffnungszeiten und Fremdenzimmer. Testen Sie selbst! Wagen Sie sich in ein von Ihnen bisher nicht besuchtes Lokal und lassen Sie sich überraschen: Vielleicht tragen Sie neben dem Lokal ja selbst ein, wie es Ihnen geschmeckt und behagt hat, wie das Ambiente, der Service und die Umgebung waren.

Weil der *Fränkische Karpfenführer* auch über ggf. vorhandene Gästezimmer in Karpfengaststätten informiert, eignet er sich diesbezüglich ebenso bestens als Nachschlagewerk: Wer in Franken eine Übernachtungsmöglichkeit sucht - heimische Karpfenliebhaber oder Gäste auf der Durchreise - findet mit ihm schnell eine für ihn auch preislich passende Übernachtungsmöglichkeit.

Wenn nicht anders angegeben beziehen sich die Bierpreise auf ein Seidla, also auf eine Halbe (0,5 l).

Haftungsausschluss - Die im *Fränkischen Karpfenführer* enthaltenen Angaben stammen aus dem Zeitraum von Januar bis September 2011. Für die aufgelisteten Lokale (Teil 3) basieren sie hauptsächlich auf Inhalte in der Homepage der jeweiligen Karpfengaststätte, aber auch auf Informationen, die sich der Autor u.a. bei persönlichen Besuchen oder in Telefonaten eingeholt hat; verwiesen sei außerdem auf die Übersicht zu den Informationsquellen (S. 239). Alle Angaben im Teil 3 können sich inzwischen geändert haben, z.B. die Preise für Karpfengerichte oder Übernachtungen. Der Autor übernimmt keine Gewähr für die Aktualität, Richtigkeit und Vollständigkeit der Angaben.

Danksagungen

Für die vielseitigen Hilfen, die mir Freunde und Bekannte bei der Entstehung des *Fränkischen Karpfenführers* entgegenbrachten, indem sie mich z.B. immer wieder auf weitere empfehlenswerte Karpfengaststätten hingewiesen haben, sei hier ausdrücklich gedankt. (Die letzten Tipps trafen erst nach Redaktionsschluss ein und konnten leider nicht mehr eingearbeitet werden.)

Freundlich unterstützt wurden die Arbeiten auch durch das *Aischgründer Karpfenmuseum* (Neustadt/Aisch): Frau Carola Kabelitz zeigte sich von Anfang an offen für die Studien. Viele der Texte im Karpfenlexikon (Teil 1) und einige der Bildmotive stammen deshalb aus dem Karpfenmuseum. Herrn Dr. Lothar Kabelitz sei in diesem Zusammenhang für seine Mithilfe ebenfalls gedankt.

Der entgegenkommenden Mitarbeit von Herrn Helmut Praus, Altbürgermeister von Uehlfeld, ist es zu verdanken, dass im *Karpfenführer* nicht nur sein Gastbeitrag zu finden ist (*Aischgrund - Uehlfeld: Wo der Aischgründer Karpfen zu Hause ist*, S. 13/15), sondern auch einige hervorragende Bilder aus seinem Archiv (S. 12, 32, 86): Herzlichen Dank!

Dafür, dass sie mir freundlicherweise ihre eigenen Bilder zur Veröffentlichung überlassen haben, sei außerdem eigens gedankt:
- Frau Michaela Gerstner-Scheller aus Obervolkach (Fischzuchtbetriebe *Gerstner*): S. 34, 52, 76;
- Herrn Dr. Martin Oberle aus Höchstadt sowie der Landesanstalt für Landwirtschaft (LfL) - Institut für Fischerei, AK: S. 52;
- Herrn Erich Weichlein aus Wachenroth-Weingartsgreuth (Landgasthof *Weichlein*): S. 46, 74;
- der Gemeinde Adelsdorf im Landkreis Erlangen-Höchstadt: S. 50.

An Frau Christa Pfadler aus Gollhofen (Hobby-Künstlerin) ergeht ein herzlicher Dank dafür, dass Sie Ihr Aquarell aus dem Karpfenmuseum als Foto zur Veröffentlichung freigab (S. 32).

Vielen Dank auch jenen Unterstützern, die meiner Kamera Tür und Tor geöffnet haben:

Familie Andres aus Kirchlauter-Pettstadt (Gutsgasthof *Andres*), Familie Jordan aus Falkendorf bei Herzogenaurach (Teichwirt), Familie Oberle aus Erlangen-Kosbach (Restaurant *Die Fischerei*), Familie Polster aus Erlangen-Kosbach (Gasthaus *Polster*), Familie Schorr aus Ansbach-Eyb (Gasthaus *Schwedenschanz*), Familie Schubert aus Erlangen (Fischküche *Nützel*).

An diejenigen Helfer, die bereitwillig bemüht waren, mein Wissen rund um den Karpfen und seine Zucht zu vertiefen, ergeht ein Extra-Dank, insbesondere an Herrn Lorenz Jordan aus Falkendorf (Teichwirt), an Herrn Hans Meyer aus Ansbach (Karpfenkenner und Koi-Liebhaber) sowie an Herrn Jürgen Schörger aus Neustadt/Aisch (Fischhändler).

Der Autor freut sich aber auch über kritische Hinweise und Anregungen, die ihn zum Frankischen Karpfenführer erreichen, und er bedankt sich bereits im Voraus dafür! (Kontakt: karpfenfranken@arcor.de)

Fritz Bauerreiß, im Oktober 2011

Inhalt

Fränkischer Karpfenführer: Kirchlauter-Pettstadt

Inhalt /2

Die Aisch mit Blick auf Lonnerstadt

Fränkischer Karpfenführer - Teil 1

Kleines Karpfenlexikon
rund um den Karpfen und seine Zucht
nach Stichworten geordnet

Abfischen → Karpfenzucht - Jahreslauf; → Teichwirte - hauptberuflich
Abwachsteiche → Karpfenweiher - Trockenlegen, Bespannen und Abfischen;
           → Karpfen - Fortpflanzung und Wachstum (Besatz und Erträge)

AISCHGRUND

Der als *Aischgrund* bezeichnete Raum zwischen Bad Windsheim, Bamberg und Erlangen umfasst nicht nur die unmittelbar beim Flüsschen Aisch liegenden Bereiche, sondern insbesondere auch die Weiherlandschaft südlich von Höchstadt, die nicht direkt an der Aisch liegt.

Früher gehörte der Aischgrund fast ausschließlich zum ehemaligen Hochstift und Fürstentum Bamberg. Heute ist er das größte zusammenhängende Teichgebiet Deutschlands und der Schwerpunkt der bayerischen Karpfenwirtschaft: etwa 1.200 Teichwirte bewirtschaften dort auf einer Fläche von 3.500 ha etwa 4.000 Teiche, so dass die jährliche Karpfenproduktion bei etwa 1.200 t Karpfen liegt. Das wärmste deutsche Teichgebiet (8 bis 9 Grad im Jahresdurchschnitt) ist überregional nicht nur für seine auf Naturnahrung basierende extensive Bewirtschaftung bekannt, sondern auch für die Zubereitung der Aischgründer *Spiegelkarpfen* (→ Karpfen - Zuchtformen). Die Karpfen sind dort nicht nur ein wirtschaftlicher und kultureller Faktor, sondern auch ein ökologischer, denn die Teiche des Aischgrunds stehen als großräumig vernetztes Biotop größtenteils unter Naturschutz. (ffb1; TGA; BF)

Die Aisch selbst entspringt in Mittelfranken zwischen Burgbernheim und Bad Windsheim, und zwar etwas südlich von Schwebheim. Von dort fließt sie im Landkreis Neustadt - Bad Windsheim nach Nordosten Richtung Ipsheim, Dietersheim, Neustadt, Diespeck, Gutenstetten, Pahres, Dachsbach und Uehlfeld; im mittelfränkischen Landkreis Erlangen-Höchstadt fließt die Aisch durch Lonnerstadt, Höchstadt und Adelsdorf; bei Willersdorf im Landkreis Forchheim erreicht sie Oberfranken, fließt dann durch Hallerndorf und mündet nach etwa 68 Kilometern bei Trailsdorf, nördlich von Forchheim, in die Regnitz. Die Aisch hat ein geringes Gefälle (76 m: Quelle 320 m, Mündung 244 m), ist im Oberlauf sehr flach (1,5 m) und wird erst im unteren Bereich tiefer (bis 6 m). Man nimmt an, dass die Bezeichnung *Aisch* ursprünglich "fischreich" bedeutet hat. (W5; BF)

→ Karpfensaison im Aischgrund

Aischgründer Karpfen-Teller (Bildarchiv Helmut Praus, Uehlfeld)

Karpfen-Brunnen in Uehlfeld

Fränkischer Karpfenführer

AISCHGRUND - UEHLFELD: WO DER AISCHGRÜNDER KARPFEN ZU HAUSE IST

(Text: Helmut Praus, Altbürgermeister des Marktes Uehlfeld)

Karpfen-Züchter - Der typische Aischgründer Karpfen wurde von Peter Berlet (1846 - 1914) aus Uehlfeld-Demantsfürth herausgezüchtet. Hochrückig sollte er sein, der schmackhafte und bekömmliche Bewohner unserer Weiher, und goldgelb am Bauch, dann ist er ein echter Spiegelkarpfen aus dem Aischgrund. Ökonomierat Georg Stang (1864 - 1934) aus Gerhardshofen hat diesen Stamm kurz nach der Jahrhundertwende übernommen und über 30 Jahre hinweg selbständig weitergezüchtet. Als ideales Verhältnis von Höhe zu Länge gilt 1:2. Stang exportierte seine Brut bis nach Brasilien und Java. Heute ist im Uehlfelder Ortsteil Rohensaas der Fischzuchtbetrieb von Dr. Christian Proske ansässig, der auch international einen sehr guten Ruf genießt und selbst im fernen China bekannt ist. Dr. Proske war acht Jahre lang Präsident des Verbandes der deutschen Binnenfischerei und Sachverständiger für das Fischereiwesen (2003 bis 2011). Er setzte sich für die Belange der hiesigen Fischereiwirtschaft unermüdlich ein. Auch der Markenschutz für den "Aischgründer Karpfen als geprüfte geografische Angabe durch die Europäische Union" ist ihm ein wichtiges Anliegen. Gemeinsam mit Dr. Martin Oberle von der Bayerischen Landesanstalt für Fischerei, Außenstelle Karpfenwirtschaft, schrieb er eine Abhandlung über Geschichte und Rasse des Aischgründers. → Stang, Georg; → Karpfen - Zuchtformen in Franken; → Teichwirte - Vermarktung von Karpfen; → Karpfenweiher - Weiherorte im Aischgrund (Rohensaas)

Karpfen-Spezialitäten - In Uehlfeld ist der Aischgründer Karpfen zu Hause! Hier im Land der tausend Teiche zieht der viel gepriesene Karpfen seine Kreise, um nach drei sorgenfreien Jahren schließlich in den Mägen vieler Feinschmecker zu landen. Allerdings nur in den Monaten mit "r" im Namen, so besagt es ein geradezu heiliges, fränkisches Gesetz. Doch manche können es gar nicht erwarten und fangen schon im Monat Augu_r_st mit dem Verspeisen an. Der Spiegelkarpfen mit der geringen Schuppenzahl stellt eine beliebte Spezialität dar, die es immer häufiger auch als Filet, als Karpfenbratwurst, als Pastete oder in geräucherter Form gibt. Üblich ist jedoch noch immer der Halbe "gebacken" oder "blau". Doch das in Streifen geschnittene Filet, _Karpfenknusper_ genannt, hat auch schon seine Liebhaber gefunden. Sein festes und fettarmes Fleisch, sein Gehalt an Omega-3-Fettsäuren und sein wertvoller Eiweißgehalt zeichnen diesen hochrückigen Speisekarpfen aus. Kenner setzen das Messer mit chirurgischer Präzision an und heben sich das zarte Stück unter dem Auge für das Finale auf.

Karpfen-Brunnen - Da der Aischgründer Karpfen weit über die Region bekannt und beliebt ist, sollte ein Karpfen das Motiv für einen neuen Brunnen sein, der seit dem Jahr 2000 im Eingangsbereich des "Platzes am Torhaus" steht. Mittlerweile hat der Karpfen durch das ständig sprudelnde Wasser eine leichte Patina angesetzt, die ihn als unaufdringlichen Teil des Altortes wirken lässt. Die neueste Brunnenkreation ist ein Bierbrunnen vor der Brauerei Prechtel. Ein blaues Band aus Muranoglas umringt acht Segmente aus fränkischem Muschelkalk, auf denen eine nostalgische Kupferhaube ruht. Bei besonderen Anlässen werden alle Bierfreunde mittels einer Direktleitung mit köstlichem "Hopfenstoff" aus dem Brunnen versorgt. Auf dem Kellerberg im Uehlfelder Ortsteil Voggendorf betreibt die Familie Prechtel einen herrlichen Biergarten mit altem Baumbestand und weitem Rundblick über das Landschaftsschutzgebiet _Aischaue_. Auch die älteste Brauerei im Aischgrund befindet sich in Uehlfeld: Die Brauerei Zwanzger ist seit 1639 ein Hort der Gastlichkeit und bietet ein preiswertes Quartier. Bei den _Aischgründer Karpfenschmeckerwochen_ (Ende

Die Aisch

Besonders große Auswahl an Karpfengerichten in 20 Gaststätten

Fränkischer Karpfenführer

August bis Anfang November) findet man in den örtlichen Gasthäusern immer wieder kreative Ideen rund um den Cyprinus carpio: Karpfen in Biersud, Karpfenfilet in fränkischer Rotweinsoße oder Karpfen geräuchert mit Sahnemeerrettich. Auch der Kren (Meerrettich) ist ein Aischgründer Produkt. → Aischgründer Karpfenschmeckerwochen

Karpfen-Rundweg - Der Uehlfelder Karpfen-Rundweg führt durch alle Ortsteile der gastfreundlichen Gemeinde. Beim Wandern oder Radeln kann man mit ein wenig Glück Störche, Schwäne und auch Silberreiher entdecken. Die westliche Schleife läuft von Uehlfeld zu den Egelsbach-Weihern (bei Tragelhöchstädt) mit dem neuen Aussichtstürmchen, das eine besonders schöne Sicht in die Weiherkette frei gibt. Weiter geht der Weg durch die Ausläufer des Steigerwalds ins schmucke Schornweisach und zum natürlichen Weisachsee, einem Freizeitsee mit kleiner Ziehfähre und einem Sandstrand, an dem die Kleinen plantschen und manschen können. Die östliche Schleife führt von Uehlfeld zur Aussichtsplattform *Storchennest* in Demantsfürth, mit weitem Blick über den breiten Aischgrund, weiter zu einer in einem großen Teich gelegenen Vogelbeobachtungsstation und einem zauberhaften Damwildgehege nach Peppenhöchstädt und zum höher gelegenen Rohensaas. Von dort hat man einen traumhaften Blick über die gesamte Landschaft der Karpfenweiher, wenn man den Weg abwärts in Richtung Gottesgab nimmt. Entlang der Weiher erlebt man ein herrliches Wasserparadies. An der Gemeindeverbindungsstraße hält man sich rechts und erreicht das kleine Gottesgab, das wie eine Insel in den Teichen liegt und mit dieser Lage wohl einzigartig auf der ganzen Welt ist. Die Route verläuft weiter über Voggendorf, vorbei am urigen Biergarten Kellerberg und den historisch einmaligen Kelleranlagen, die einst mühsam in den Sandstein geschlagen wurden, zurück nach Uehlfeld. → Fränkische Karpfenradwege; → Gottesgab

Aischgründer Karpfen → Karpfen - Zuchtformen in Franken
Aischgründer Karpfenmuseum → Neustadt/Aisch

AISCHGRÜNDER KARPFENSCHMECKERWOCHEN (im Landkreis Neustadt - Bad Windsheim)

Heimisch und artgerecht - Bei der 1979 ins Leben gerufenen Arbeitsgemeinschaft *Aischgründer Karpfenschmeckerwochen* des Landkreises Neustadt - Bad Windsheim achten deren Mitglieder streng darauf, dass nur einheimische Karpfen serviert werden, die auch artgerecht gehalten wurden, und dass sich die Karpfen von der eiweißreichen Nahrung in den Weihern ernährt haben; Getreide darf zugefüttert werden, Fischmehl jedoch nicht. Während der *Karpfenschmeckerwochen*, sie beginnen etwa Anfang September und dauern bis Ende Oktober oder Anfang November, führen die 20 beteiligten Gaststätten neben traditionellen Karpfenspeisen häufig auch exotisch anmutende Karpfen-Kreationen im Angebot. Fast alle dieser Lokale servieren in den r-Monaten zumindest gebackene und blaue Karpfen regelmäßig. Die Gaststätten sind im *Fränkischen Karpfenführer* - Teil 3 mit einem entsprechenden Hinweis enthalten. Näheres bei www.karpfenschmeckerwochen.de (NB6; BF)

Karpfenschmeckerpass - Wer sich in den teilnehmenden Gaststätten mindestens dreimal durch einen Stempel hat bestätigen lassen, dass er dort ein Karpfengericht verspeist hat, kann seinen *Karpfenschmeckerpass* einreichen, um an einer Verlosung teilzunehmen; zu gewinnen gibt es z.B. ein Erlebniswochenende mit Thermenbesuch in Bad Windsheim. (NB6)

Fränkischer Karpfenführer

Aquakultur → Karpfenzucht - Aquakultur

ATMUNG - WIE ATMET DER FISCH? (Textauszug aus einem Poster im Karpfenmuseum, Neustadt/Aisch)

Mit den Kiemen. Vorgang: Das Herz pumpt das verbrauchte Blut in die Kiemen zur Sauerstoffanreicherung. Das Maul nimmt das Wasser auf, die Kiemendeckelspalten sind dabei geschlossen, das Maul schließt sich, das Wasser wird durch die Kiemen gepresst und stößt bei den Kiemenspalten heraus. Das Blut an der dünnen Haut der Kiemenfältchen entnimmt dem Wasser Sauerstoff und scheidet Kohlensäure aus. Das Herz pumpt nun das O_2-Blut in den Körper. - Der Fisch hat keine eigene Temperatur, er hat stets die gleiche wie das Wasser.

Aufsetzen → Karpfenweiher - Trockenlegen, Bespannen und Abfischen; → Karpfenzucht - Jahreslauf;
→ Karpfenzucht - Aquakultur
Augurst → Aischgrund - Uehlfeld (Karpfenspezialitäten); → Karpfensaison im Aischgrund
Bär, Hans (Teiwirt) → Karpfen-Kirchweihen und Karpfen-Hoffeste
Berlet, Peter (Karpfenzüchter) → Aischgrund - Uehlfeld
Besatzdichte → Karpfen - Fortpflanzung und Wachstum
Bespannen → Karpfenweiher - Trockenlegen, Bespannen und Abfischen; → Karpfenzucht - Jahreslauf
Bierteig → Zubereitung fränkischer Karpfen - Karpfen gebacken
Blaualgen → Zubereitung fränkischer Karpfen - Beigeschmack
Blaue Karpfen → Zubereitung fränkischer Karpfen - Karpfen blau
Blausieder → Dinkelsbühl
Brut → Karpfenweiher - Trockenlegen, Bespannen und Abfischen; → Karpfen - Fortpflanzung und Wachstum (Besatz und Ertrag)
Bund Naturschutz → Karpfenzucht - Öko: Mohrhof - Karpfen pur Natur

DINKELSBÜHL

Blausieder - Im Umkreis der ehemals freien Reichsstadt Dinkelsbühl liegen viele Karpfenweiher. Kein Wunder, dass ein Ratsherr während der Verhandlung gegen einen Räuber von einem Karpfen träumte, so die Überlieferung. Als er im Dämmerschlaf gerade über die beste und schmackhafteste Methode der Zubereitung nachdachte, wurde er gefragt, welche Strafe er für den Räuber vorschlage. *Blausieden!* antwortete der Dinkelsbühler Ratsherr spontan, in Gedanken noch ganz beim Karpfen. Gelächter und Spott waren das Resultat. So kamen die Dinkelsbühler zu ihrem Spitznamen *die Blausieder*. (Text: Aischgründer Karpfenmuseum, Neustadt/Aisch)

Dinkelsbühler Fischerntewoche - Sie findet jährlich gegen Ende Oktober statt und deutet auf die Nähe Dinkelsbühls zu den Fischen und den Karpfen hin. (Näheres z.B. bei www.dinkelsbuehler-spiegelkarpfen.de)

Dinkelsbühler Karpfen → Karpfen - Zuchtformen in Franken

→ Frankenland - Karpfenland (Dinkelsbühl 1550); → Fränkische Karpfenradwege (Dinkelsbühler Routen)

Goldener Fisch - Auszeichnung in Unterfranken

Auszeichnung von Fischgaststätten in Oberfranken

Fränkischer Karpfenführer

Dubischteich → Karpfenzucht
Dunst → Zubereitung fränkischer Karpfen - Karpfen gebacken: Panade
Dorfweiher → Karpfenweiher

Falkendorf → Karpfenhoffest

FASTENSPEISEN (Text: Aischgründer Karpfenmuseum, Neustadt/Aisch)

Dass bei rund 130 Fastentagen im Jahr der Fisch und damit der einheimische Karpfen eine wichtige Fastenspeise gewesen ist, lässt sich leicht erahnen. Hinzu kamen noch andere Süßwasserfische wie Hechte und Orfen, aber auch Krebse, eine *Massenware* in den Flüssen und Bächen, vorbehalten *dem kleinen Mann* zum Fangen erlaubt. Obwohl es viel mehr Weiher gab als heute, scheint im Mittelalter Fisch keine Allerweltsspeise gewesen zu sein. Warum hätten sonst Biber oder Enten, weil sie im Wasser leben, von der Kirche kurzerhand zum Fisch und damit zur Fastenspeise erklärt werden können?

Fiedler, Landgasthof (Dietersheim-Oberroßbach) → Karpfen-Bocksbeutel

FISCHGASTSTÄTTEN - AUSZEICHNUNGEN

Unterfranken - Seit 1999 werden Gaststätten des Bezirks Unterfranken mit dem Prädikat *Ausgezeichnetes Fischlokal - Goldener Fisch* prämiert, wenn sie sich in herausragender Weise um die Zubereitung von Süßwasserfischen verdient gemacht haben. Alle Betriebe der dortigen Fischgastronomie, die in den r-Monaten mindestens drei Gerichte aus heimischen Fischen regelmäßig auf ihrer Speisekarte haben, können zur Auszeichnung vorgeschlagen werden oder sich bewerben. Aus den eingegangenen Vorschlägen oder Bewerbungen werden dann die hierfür würdigen Betriebe ausgewählt und vom Bezirk Unterfranken, vom Bayerischen Hotel- und Gaststättenverband sowie von der Teichgenossenschaft Unterfranken ausgezeichnet. Die bis Oktober 2010 prämierten 25 Gaststätten sind im *Fränkischen Karpfenführer* mit entsprechendem Hinweis gelistet (→ Teil 3), falls sie auch Karpfengerichte anbieten. (Ufr1)

Oberfranken - Dort wird das Prädikat *Ausgezeichnete Fischgaststätte (Oberfranken-Fisch - krönt den Tisch)* vergeben, und zwar vom Bayerischen Hotel- und Gaststättenverband Oberfranken, dem Bezirksfischereiverband Oberfranken, der Fischregion Oberfranken e.V. und der Teichgenossenschaft Oberfranken.

Gastronomiepreis-Franken - Er ist eine weitere Auszeichnung für fränkische Gastlichkeit, z.B. in der Kategorie *Fischlokal*.

Fischhammer (Hamen) → Karpfenweiher - Trockenlegen, Bespannen und Abfischen
Franken-Karpfen → Karpfen - Zuchtformen in Franken

Fränkischer Karpfenführer

FRANKENLAND - KARPFENLAND

Von den in Deutschland erzeugten Speisekarpfen stammen etwa 30% aus Franken. Wie konnte es dazu kommen, dass sich das Frankenland zu einem Land der Teiche und Karpfen entwickelte?

Geologisch (Keuper) - Weiher brauchen Böden, die nur so wenig Wasser versickern lassen, dass sie ihren Wasserstand durch einfache Niederschläge oder geringe Zuflüsse halten können, auch im Sommer. Franken hat solche Böden. Die fränkischen Teiche sind fast ausschließlich dort zu finden, wo sich Bodenschichten aus wasserdurchlässigem, leichtem Sand (Burgsandstein) mit solchen aus Buntem Keuper (Sandsteinkeuper) abwechseln: ohne diesen tonigen, wasserstauenden Keuper gäbe es in Franken keine Karpfenweiher. (ffb1)

Klimatisch (trocken und warm) - Verglichen mit Deutschland ist es in Franken warm und niederschlagsarm (7 - 9 Grad und 600 - 650 mm Niederschlag p.a.). Für die fränkischen Weiher ist deshalb der Wasserhaushalt, und mit ihm der Keuperboden, besonders bedeutsam. (In der feuchteren Oberpfalz wirken dagegen die niedrigen Temperaturen begrenzend.) In Franken ist der Großteil der Teiche von den Wassermengen abhängig, die sich während der Schneeschmelze und nach Niederschlägen sammeln. Die relativ hohen Temperaturen führen dazu, dass die Teiche in Franken fruchtbarer sind und höhere Erträge haben als z.B. die in der Oberpfalz. (ffb1)

Bodenoberfläche - Da es in Franken viele größere Flächen mit schwachem Gefälle gibt, die sich für die Landwirtschaft nur bedingt eignen, weil sie entweder minderwertige Böden aufweisen oder wegen ihres hohen Grundwasserstandes zur Versumpfung neigen, legte man dort vielerorts Teiche an und betrieb Teichwirtschaft. (ffb1)

Ökonomisch (Karpfennachfrage) - Allein mit der Tatsache, dass in Franken die geografischen Voraussetzungen zur Anlage von Weihern günstig waren, lässt sich die Entwicklung der fränkischen Teichwirtschaft seit dem Mittelalter nicht erklären. Der dazugehörige ausschlaggebende Faktor ist ökonomischer Natur: Die Karpfennachfrage führte zum Karpfenangebot. Den Klöstern des Mittelalters, deren Gründung in Deutschland insbesondere seit dem 12. Jahrhunderts erfolgte, und die Einstufung des Fischfleisches als *fleischlose* Kost ist es zu verdanken, dass sich auch Karpfen von raren Delikatessen zu allseits konsumierten Fastenspeisen entwickelten; als die zahlreichen Klöster Probleme bekamen, ihren Fischbedarf während der monatelangen Fastenzeit aus Fließgewässern zu decken, gingen sie dazu über, in ihrer Nähe Fischteiche aufzukaufen oder neu anzulegen.

Aufschwung und Boom - Der erste schriftliche Nachweis über die Teichwirtschaft in Franken stammt von Ludwig dem Frommen aus dem Jahr 795: In einer Wirtschaftsordnung, die auch für die Königshöfe Hallstadt und Forchheim galt, befahl er, überall dort Teiche zu bauen, wo dies möglich sei. Im Raum Coburg besaß das Rödentaler Benediktinerkloster Mönchröden (gegr. 1149) bald 14 Teiche, und in Mittelfranken erwarb das Zisterzienserkloster Heilsbronn (gegr. 1132), bei dem sich die Ankäufe bis zum Jahr 1266 zurückverfolgen lassen, damals insgesamt 92 Fischteiche. In der Region Dinkelsbühl zählte man im Jahr 1550 *soviel Weiher als Tage im Jahr*, und für den Aischgrund ist das Bamberger Benediktinerkloster Michelsberg hervorzuheben, das dort besonders viele neue Fischweiher anlegte.

Fränkischer Karpfenführer

Als neben den Klöstern später auch die weltlichen Kreise dazu übergingen, in und außerhalb der Fastenzeit zunehmend mehr Karpfen zu verspeisen, wurde die Anlage von Teichen finanziell immer interessanter. Karpfengerichte gewannen ständig neue Liebhaber und erreichten in Franken bald den Status eines Modetrends, dem keiner mehr ausweichen konnte.

Im ersten ausführlichen Buch über die Teichwirtschaft im Aischgrund stellt der Bischof von Olmütz (Johannes Dubrav, 1486 -1553) diese Entwicklung und die große Wirtschaftlichkeit der Teiche folgendermaßen dar:

Dass aber der Karpfen allenthalben unter die Tafelfreuden gezählt wird, ist jedermann bekannt, denn selbst der Ärmste lässt ihn bei seinem Gastmahle nicht fehle; ganz abgesehen von den Vornehmen, welche demselben Frühstück, Gabelfrühstück und Haupt-mahlzeit zuteilen. Auch das Volk gönnt sich diesen Überfluss und beschwert seinen Tisch so oft als möglich mit diesem Gericht. Und dem Stadtvolke tun es die Landleute nach, vor allem zur Zeit, da sie wegen des Marktes Städte und Dörfer besuchen und nicht eher wieder auf Land zurückkehren ehe sie mit dem Karpfen - auch wenn er noch so teuer erkauft ist - ihren Kropf gefüllt haben. Und es ist kein Wunder, wenn sein Ruhm immer mehr wächst, sein Preis täglich steigt, da doch alle um die Wette zusammenlaufen. (Zitat aus: ffb1)

Weil in Franken die geografischen Voraussetzungen mit den ökonomischen Anreizen zusammen getroffen waren, wurden dort im 15. und 16. Jahrhundert Hunderte von Karpfenweihern angelegt: In ganz Franken gab es damals wohl etwa 60.000 bis 70.000 Fischteiche. (ffb1)

Abschwung - Nach dem Karpfenboom folgte in Franken und anderen Bereichen Deutschlands ab dem 16. Jahrhundert eine Phase, die einerseits auf der Angebotsseite rückläufig verlief: eine allgemeine Vernachlässigung der Teichpflege lässt sich sowohl auf die Bauernkriege (1523-26) und den Dreißigjährige Krieg (1618-48) zurückführen als auch auf die Säkularisation, also auf die Enteignung und Verstaatlichung kirchlicher Besitztümer zu Beginn des 19. Jahrhunderts, mit der insbesondere die katholische Kirche große Einbußen erlitt. Den größten Teil ihrer Macht verlor die katholische Kirche jedoch durch die Reformation (ab 1517) und die schlug sich bei den Karpfen auf der Nachfrageseite nieder: der Protestantismus setzte die vielfältigen Fastengebote außer Kraft und mit ihm ging der Fischkonsum in den reformierten Regionen flächendeckend zurück und wohl auch in einigen Bereichen des katholischen Frankens. - Die kleinbäuerliche Teichwirtschaft in Franken ist während des Abschwungs in ihrer Bedeutung zwar zurückgegangen, ihren festen Stellenwert im regionalen Landschafts- und Wirtschaftsgefüge hatte sie jedoch immer behalten, dies umso mehr, als ab 1880 wieder eine wirtschaftliche Erholung einsetzte. (KaMu1; BT1; BF)

Fränkischer Karpfenführer

FRANKENLAND - KARPFENLAND: TAUSEND JAHRE AISCHGRÜNDER TEICHWIRTSCHAFT

(Text: Aischgründer Karpfenmuseum, Neustadt/Aisch)

Die Teichwirtschaft im Aischgrund hat eine lange Tradition. Schon vor dem Jahr 1000 finden sich Urkunden, in denen Weiher und Fischereien genannt sind. Vor allem die nahen Klöster Münchsteinach, Birkenfeld oder Münchaurach haben wesentlich zur Steigerung der Aischgründer Teichwirtschaft und zu einer ersten Blüte im Mittelalter beigetragen. Hohe Fischpreise waren entscheidend für den Bau von weiteren Weihern auch durch den Adel, durch Bürger und Bauern. Der Höhepunkt der Aischgründer Teichwirtschaft war etwa im Jahr 1500 erreicht. - Ein erster Einbruch begann nach dem Dreißigjährigen Krieg, als die Fischpreise stark sanken. Deshalb wurden viele Weiher trocken gelegt und Wälder, Wiesen oder Äcker daraus. Diese rückläufige Entwicklung setzte sich bis zur Wende zum 19. Jahrhundert noch weiter fort. - Trotz immer noch unzähliger Weiher soll sich nur rund ein Viertel des früheren mittelalterlichen Bestandes bis heute erhalten haben!

FRÄNKISCHE KARPFENRADWEGE

Bei den fränkischen Karpfenradwegen steht das genussvolle Radeln durch typisch fränkische Teichregionen und entlang idyllischer Bach- und Flussläufe im Vordergrund: Man fährt ohne größere Steigungen durch eine reizvolle und liebenswerte Kulturlandschaft mit ruhigem Landleben. Indem man von September bis April in eine der zahlreichen Karpfengaststätten einkehrt, krönt man die paradiesischen Streckenverläufe noch durch kulinarische Genüsse. - Der längste ist der *Fränkische Karpfenradweg*, die anderen sind kleinräumigere Rundwege. Ausgeschildert sind die Routen mit grünen oder blauen Fahrrad- und Karpfensymbolen.

Fränkischer Karpfenradweg - Er verbindet Dinkelsbühl und Erlangen auf einer Länge von 216 km, und er schlängelt dabei charmant vorbei an unzähligen Weihern und Teichketten des Dinkelsbühler Teichgebiets, der typisch mittelfränkischen Beckenlandschaft, des Steigerwaldes und des mittleren Aischgrundes; unterwegs kommt man an etwa 40 Gaststätten vorbei, die saisonal frische Karpfen anbieten. Markierungszeichen: weiße Schilder mit FR und einem symbolisierten Karpfen in blau. - Von Dinkelsbühl aus nimmt der Hauptradweg folgenden Verlauf: Feuchtwangen (15 km), Schwaighausen (27 km), Königshofen (41 km), Ornbau (55 km), Wolframs-Eschenbach (65 km), Neuendettelsau (80 km), Heilsbronn (91 km), Dietenhofen (107 km), Adelsdorf/Zenn, Markt Erlbach (124 km), Göttelhöf (145 km), Rezelsdorf (160 km), Höchstadt (176 km), Neuhaus (189 km), Röttenbach (201 km) und Erlangen (216 km). Eine östliche Alternative verläuft ab Adelsdorf/Zenn über Emskirchen Richtung Uehlfeld und vermittelt auf Schautafeln Wissenswertes über dortige Teiche und Fische, insbesondere über Aischgründer Karpfen.

Ansbacher Karpfenweg - Er verbindet das westliche Leutershausen mit dem Fränkischen Karpfenradweg, indem er nach Osten über Ansbach und Lichtenau in Windsbach mit diesem zusammentrifft. Markierungszeichen: AK/blauer Karpfen.

Dinkelsbühler Routen - Dinkelsbühl liegt sowohl am Fränkischen Karpfenradweg als auch am 28 km langen Rundkurs *Dinkelsbühler Fischzüchterroute* (Markierungszeichen: FZ/blauer Karpfen) sowie an der 80 km langen *Dinkelsbühler Karpfenlandroute* (Markierungszeichen: KL/blauer Karpfen), die entlang der Wörnitz über Wassertrüdingen und rund um den Hesselberg führt. Der Radkarte *Die Dinkelsbühler Karpfenradwege* lassen sich Details entnehmen.

Franken rot-weiß steht im Vordergrund

Fränkisches Karpfenfähnla in einem gedünsteten Karpfen

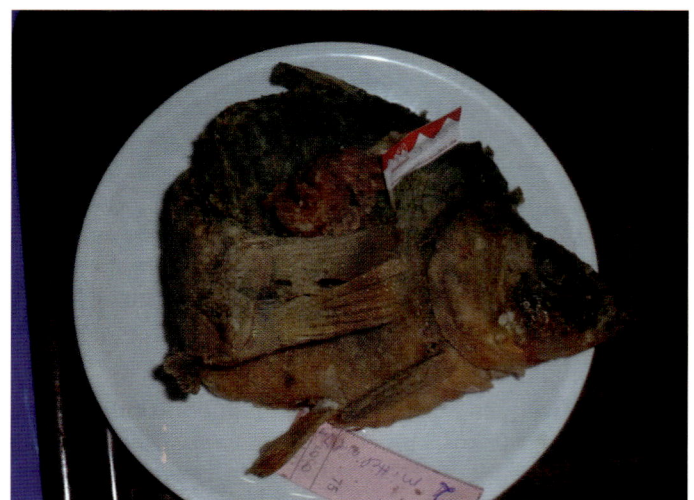

Fränkischer Karpfenführer

Feuchtwanger Karpfenradweg - Der etwa 50 km lange Rundweg zweigt in Bechhofen vom Fränkischen Karpfenradweg nach Westen ab und führt wieder nach Feuchtwangen zurück, vorbei an Informationstafeln über Karpfen und die Teichwirtschaft der Region. Markierungszeichen: FK/blauer Karpfen.

Heilsbronner Karpfenradweg - In seinem östlichen Abschnitt ist der etwa 36 km lange Rundweg ein Teil des Fränkischen Karpfenradweges; in Markt Triebendorf zweigt er von diesem ab und führt über Großhaslach, Petersaurach und Neuendettelsau wieder nach Heilsbronn zurück, vorbei an vielen Teichanlagen in einer idyllischen Landschaft. Markierungszeichen: HK/blauer Karpfen. (Die Radwanderkarte ist u.a. im Verkehrsamt der Stadt Heilsbronn erhältlich.)

Uehlfelder Karpfenrundweg - Der etwa 25 km lange Rundweg für Radler und Wanderer führt durch Ausläufer des Steiger- waldes, durch den Aischgrund und die Weiherlandschaft östlich von Uehlfeld; zahlreiche Gaststätten und ein Bierkeller laden zur Einkehr ein. → Aischgrund - Uehlfeld: Wo der Aischgründer Karpfen zu Hause ist (Karpfen-Rundweg)

- Mehr Details u.a. bei www.karpfenradwege-franken.de, www.feuchtwangen.de, www.neustadt-aisch.de, www.uehlfeld.de, www.windsbach.de, www.ab-nach-bayern.de, www.agil-region.de, www.frankentourismus.de
- Im Buch *Fränkische Karpfenradwege* werden auch die regionalen Rundwege genau beschrieben (Werner Kopper, Verlag Walter E. Keller, Treuchtlingen-Berlin).

FRÄNKISCHES KARPFENFÄHNLA

Darüber, dass in Franken zur Preisangabe von Karpfen blau-weiße Fähnchen und nicht rot-weiße Fähnchen stecken, ärgerten sich die Landräte Reinhard Glauber (Forchheim) und Günter Denzler (Bamberg) sowie vier Bürgermeister derart, dass sie am 15.03.2007 in Buttenheim hochoffiziell und festlich die Initiative *Karpfen aus Franken bekennen Farbe* ins Leben riefen: In Franken soll ein Karpfen nicht länger unter "falscher Flagge" mit dem bayerisch blau-weißen Fähnchen aufgetischt werden, ihn soll statt- dessen das rot-weiße *fränkische Karpfenfähnla* schmücken; das *Fähnla* könne so dazu beitragen, dass sich Franken bewusst zu Franken und seinen Farben bekennen. (FK1; NB2)

Fridolin → Höchstadt (Steinkarpfen)

Ganzjähriges Karpfenangebot → Karpfensaison; → Karpfensaison im Aischgrund
Gebackene Karpfen → Zubereitung fränkischer Karpfen - Karpfen gebacken
Gerhardshofen → Aischgrund - Uehlfeld
                          → Karpfensaison im Aischgrund
Gerstner → Teichwirte - hauptberuflich
geschützte geographische Angabe (g.g.A.) → Karpfen - Zuchtformen in Franken (Aischgründer Karpfen);
                                    → Teichwirte - Vermarktung von Karpfen (Vermarktung und Qualität)
Glückliche Karpfen → Karpfenzucht - Glückliche Karpfen

Teich-Hälterung nach dem Abfischen

Karpfen-Aquarium

Fischbecken einer Gastwirtschaft

Beckenwässerung nach dem Abfischen

Fränkischer Karpfenführer

GLUTENFREIE KARPFEN

Gluten ist ein Proteingemisch in vielen Getreidearten, das beim Mischen von Mehl und Wasser eine gummiartig-elastische Masse bildet (Kleber-Eiweiß) und bei entsprechender Veranlagung die Darmschleimhaut entzünden kann (Zöliakie). Weil es glutenfreie Mehlmischungen inzwischen immer häufiger gibt, kann der Glutenunverträglichkeit entsprechend vorgebeugt werden. (W7)

Lokale, die in Franken glutenfreie Speisen und Getränke anbieten, lassen sich u.a. ermitteln bei www.zoeliakie-treff.de (Z1).

Weil der *Fränkische Karpfenführer* im Teil 3 auf Gaststätten mit glutenfreier Kost besonders hinweist, seien diese hier extra zusammengestellt. Ob es dort dann glutenfreie Karpfengerichte (z.B. blau oder gebacken) jederzeit oder nur auf Vorbestellung gibt, sei dahingestellt - ein vorheriger Anruf hilft bestimmt weiter und vermeidet Enttäuschungen oder längere Wartezeiten.

Mittelfranken: - AN: Dietenhofen-Warzfelden (*Schwarzer Adler*); Windelsbach-Linden (*Linden*)
               - ERH: Heroldsberg (*Rotes Ross*); Heßdorf-Hesselberg (*Jägersruh*); Möhrendorf (*Förster*)
               - NEA: Markt Erlbach (*Rosenau*); Markt Nordheim - Ulsenheim (*Schwarzer Adler*); Sugenheim (*Ehegrund*)
               - N: *Bratwurst Röslein*
               - WUG: Pleinfeld- Hohenweiler (*Ritzers Karpfenhof*)

Oberfranken: - BA: Lauter - Deusdorfer Mühle (*Forellenhof*)
              - WUN: Wunsiedel-Göpfersgrün (*Wirtshaus im Gut - Gläßl*)

Unterfranken: - KT: Iphofen-Birklingen (*Augustiner am See*); Volkach (*Schloss Hallburg*); Willanzheim-Hüttenheim (*May*)
              - SW: Grafenrheinfeld (*Alte Amtsvogtei*)
              - WÜ: Würzburg (*Bürgerspital zum Heiligen Geist*)

GOTTESGAB (Text: Aischgründer Karpfenmuseum, Neustadt/Aisch)

Gottesgab mit seinen leuchtend roten Dächern ist gleichsam wie ein Rubin eingebettet in einen Kranz grün-blauer Aquamarine. - Wahrlich eine Gabe Gottes: Gottesgab bei Uehlfeld. Ist es nicht ein Traum hier zu leben? Hier möchte man als Kind aufgewachsen sein! → Aischgrund - Uehlfeld

Graskarpfen → Karpfen - Zuchtformen in Franken

HÄLTERUNGEN

Hälterungen sind frostfreie Frischwasseranlagen mit Sauerstoffversorgung in denen Fische für kürzere Zeiträume *gehalten* werden. Sie kommen z.B. in folgenden Fällen zum Einsatz: für K1, K2 und kleine K3 nach dem Abfischen im Herbst bis zum erneuten Einsetzen in die Überwinterungsteiche im Oktober; für schlachtreife Karpfen (K3 und ggf. K4), die Teichwirte nach dem Abfischen für ihre Kunden zum Verkauf bereithalten; für Speisekarpfen, die Fischhändler oder Gastwirtschaften angekauft, aber noch nicht ge-

Kleine Kunstkarpfen

Fridolin, der Steinkarpfen von Höchstadt

Sauerstoffreicher Frischwasserzulauf

Großer Kunstkarpfen im Landratsamt-ERH, Erlangen

Fränkischer Karpfenführer

schlachtet haben. Waren Hälterungen früher oft einfache hölzerne Fischkästen, die z.B. am Ufer eines Baches verankert waren, sind es heute z.B. bei Gastwirtschaften kleine Glasbassins oder größere Becken im Keller oder Nebengebäude, bei Teichwirten kleine Teiche, größere Hofweiher oder große Hälterhallen. (BF; WWA1) → Teichwirte - hauptberuflich: Jakob / Oberle

Hamen (*Fischhammer*) → Karpfenweiher - Trockenlegen, Bespannen und Abfischen
Himmelsweiher → Karpfenweiher

HÖCHSTADT/AISCH

Höchstadter Karpfenpass → Karpfenpass

Karpfenlied - Weil Höchstadt zu einem Zentrum des karpfenreichen Aischgrunds zählt, gibt es auch ein Lied, in dem die Stadt und die Karpfen entsprechend gewürdigt werden. → Karpfenlied /2

Plätzer, Sabine → Karpfenkönigin - Karpfenprinzessin

Steinkarpfen - Der Steinkarpfen ist dem Karpfen ähnlich und nah mit dem Goldfisch verwandt; er kann ein Gewicht von 3 kg erreichen und bis zu 64 cm lang werden. Der weltweit schwerste und längste Steinkarpfen jedoch, befindet sich seit dem 05.05.2001 in Höchstadt; er wurde vom Steinmetz Berthold Schneider erschaffen und ist aus fränkischem Muschelkalk. Der auf einer Verkehrsinsel der B470 zu Ehren des *Aischgründers* platzierte Karpfen wiegt 2,9 Tonnen, ist 2,9 m lang, 1,7 m hoch und 0,8 m breit; die Einheimischen nennen diese einzigartige Skulptur, aus welchen Gründen auch immer, *Fridolin*. (W8; WK1; TGA1)

Höchstgewicht von Karpfen → Karpfen - Zuchtformen (Schuppenkarpfen, Spiegelkarpfen)
Hoffeste → Karpfen-Kirchweihen und Karpfen-Hoffeste
Hufnagel, Viktoria → Karpfenkönigin - Karpfenprinzessin
Ingwer → Zubereitung fränkischer Karpfen - Karpfen gebacken: Panade

INGREISCH (INGRAISCH)

Sucht man die in Franken gängigen Begriffe *Ingreisch* oder *Ingraisch* bei *duden.de* ergeben sich "0 Treffer", was darauf hindeutet, dass sie außerhalb des fränkischen Sprachraums nicht geläufig sind. Im weiteren Sinn bedeutet *Ingreisch* soviel wie Innereien oder Eingeweide (von Fischen), im engeren Sinn bezeichnet es bei Karpfen den Rogen, also die Eizellen des weiblichen Rogners, und die Samenzellen des männlichen Milchners. Sollte eine Karpfengaststätte *Ingreisch* im Angebot haben - was so selten der Fall ist, dass es als rare Delikatesse gilt -, wird es dem Gast paniert und ausgebacken als Vorspeise oder zusätzlich zum gebackenen Karpfen serviert. Liebhaber von *Ingreisch* sollten es entweder vorbestellen oder im Lokal extra danach fragen, denn manchmal wird es auf der Speisekarte nicht angeboten, obwohl es vorrätig ist. (FW1; W6; BF)

Irlinger, Eberhard (Landrat-ERH) → Roter Kormoran

Aquarell von Christa Pfadler (Gollhofen), Karpfenmuseum

Aischgründer Spiegelkarpfen (Bildarchiv Helmut Praus, Uehlfeld)

Karpfen K null (Bildarchiv Helmut Praus, Uehlfeld)

Karpfen-Aquarium

Fränkischer Karpfenführer

Jakob, Walter → Karpfenhoffest; → Teichwirte - hauptberuflich
Jordan, Lorenz → Karpfen-Kirchweihen und Karpfen-Hoffeste; → Zubereitung fränkischer Karpfen - Karpfen gedünstet
K1, K2, K3 → Karpfen - Fortpflanzung und Wachstum: Wachstum

KARPFEN

Zur Familie der Karpfenfische (Cyprinidae) gehören etwa 2.500 Arten: Eine davon ist der Karpfen (Cyprinus carpio), der als Süßwasserfisch überwiegend in stehenden Gewässern beheimatet ist, z.B. in Weihern oder Baggerseen, auch in langsam strömenden Bächen oder Flüssen sowie in warmen Brackwasserregionen großer Ströme; da Karpfen auch bei niedrigem Sauerstoffgehalt gedeihen, sind sie besonders für die Zucht in flachen Weihern geeignet.

Körper - Karpfen haben einen flachen Körper, einen glatten und cremefarbenen Bauch sowie einige Schuppen entlang der Flossen und des dunkelgrauen bis olivgrünen Rückens; sie haben eine Rückenflosse, eine schwach gegabelte Schwanzflosse und neben dem Maul zwei kurze und zwei lange Barteln.

Fleisch - Das Fleisch des Karpfens ist weiß, fest und fettarm; es besitzt wertvolle Eiweiße und einen sehr hohen Gehalt an gesundheitsfördernden ungesättigten Omega-3-Fettsäuren.

Alter und Länge - In freien Gewässern können Karpfen über 50 Jahre alt und bis zu 1,2 m lang werden.

Höchstgewicht - Der weltweit schwerste je gefangene Karpfen war ein Schuppenkarpfen aus Deutschland - er wog 38,15 kg; die schwersten je gefangenen Spiegelkarpfen wogen 36 Kilo. (ffb1; FZG1; W1)

KARPFEN - FORTPFLANZUNG UND WACHSTUM

Befruchtung - Natürlicherweise sind Karpfen im 4. oder 5. Sommer geschlechtsreif, Zuchtkarpfen sind es heute jedoch häufig bereits im 3. Sommer (K3), u.a. deshalb, weil sie durch verbesserte Zufütterung und Pflege schneller wachsen. Zur Paarung treffen sich die laichbereiten Karpfen in ruhigen und relativ flachen, warmen und pflanzenreichen Gewässerbereichen, durch die das Männchen (Milchner) das Weibchen (Rogner) spielend treibt. Nachdem während des Laichspiels das Männchen mit dem Maul stimulierend mehrfach gegen die Seite des Weibchens gestoßen hat, laicht dieses Eier ins Wasser ab und das Männchen gibt seinen Samen hinzu, so dass eine äußere Befruchtung im Wasser stattfindet. Weil der Laichvorgang eine Temperatur von über 17 Grad erfordert, liegt die Laichzeit in Europa zwischen Mai und Juli. (ffb1; W1; NaL1; KaMu; MH) → Teichwirte - hauptberuflich: Oberle

Ernährung - Das befruchtete Ei haftet auf weichen Pflanzen des Flachwassers und ernährt durch seinen Dotter den Brütling, der zwischen dem dritten und achten Tag aus der Eihülle schlüpft. Weil die Schwimmblase des jungen Fisches noch kein Gasgemisch enthält, sinkt er zu Boden und ernährt sich dort so lange aus dem Dottersack an seinem Bauch, bis dieser aufgezehrt ist. Danach ist der Jung-Karpfen schwimmfähig, bewegt sich in die für Karpfen üblichen Gewässerbereiche und ernährt sich dort hauptsächlich von Plankton und bodennahen Kleinlebewesen, z.B. Hüpferlinge, Wasserflöhe, Würmer, Schnecken, Insektenlarven. Auch später ernähren sich Karpfen nur von Pflanzen und wirbellosen Tierchen. (ffb1; W1; NaL1)

Karpfen, 100 - 200 g (Bildarchiv Fischzucht-Gerstner, Obervolkach)

Abfischen

Viel Naturnahrung und natürlicher Schutz vor Karpfenfeinden

Überwinterungsteich im Frühjahr

Fränkischer Karpfenführer

Betreiben Karpfen Brutpflege? - Durch die Laichfische erfolgen weder eine Vorbereitung des Laichplatzes, noch eine Brutpflege nach dem Ablaichen und Schlüpfen der Larven, noch werden die in das Wasser abgegebenen Eier bewacht und weiter umsorgt. Nach dem Ablaichen schwimmen die Elternfische in der Natur einfach in ihr ursprüngliches Gewässer zurück oder werden vom Züchter wieder in andere Weiher eingesetzt. (Text: Aischgründer Karpfenmuseum, Neustadt/Aisch.)

Überwinterung - Karpfen überwintern in tieferen Gewässerbereichen oder in speziellen Teichen, die so tief sind, dass sie nicht bis zum Grund durchfrieren. In diesen Winterlagern halten sie sich in Bodennähe auf, bevorzugt dort, wo es relativ sauerstoffreiches Wasser gibt, z.B. bei Zuläufen oder Belüftungslöchern; je geringer der Sauerstoffgehalt des Wassers ist, umso weniger und umso langsamer bewegen sie sich. Der Gewichtsverlust der Karpfen während des Winters kann bis zu etwa 15% betragen. (BC; BF)   → Karpfenweiher (Überwinterungsteiche)

Wachstum - Weil Karpfen nur während der warmen Sommermonate wachsen, zählt man ihr Alter in Sommern. Während des ersten Sommers wachsen sogenannte *K1* aus den Eiern heran, in ihrem zweiten Sommer spricht man von *K2* und nach dem dritten Sommer haben sie als *K3* (*dreisömmrig*) das in Franken gewünschte Gewicht für Speisekarpfen: sie wiegen dann zwischen 1,0 bis 1,5 kg und sind etwa 35 cm lang. (ffb1; W1; ERH3)

Bio-Wachstum - Drei Sommer ist der Karpfen gewachsen, bis er als Speisekarpfen gilt. Zum Vergleich: Ein Hähnchen wird fünf Wochen nach dem Schlüpfen bereits geschlachtet, ein Schwein etwa sechs Monate nach dem Wurf. Und Platz haben unsere Karpfen auch genug im Weiher. Jedem Fisch stehen rund 15 bis 20 m² Wasserfläche zur Verfügung. Außerdem gibt es keine Hormone oder Wachstumsförderer im Futter. Der fränkische Karpfen war und ist schon immer ein echtes Naturprodukt und wird es auch in Zukunft bleiben. *Bio* ist eine Selbstverständlichkeit der fränkischen Teichwirtschaft, ohne dass dies an die große Glocke gehängt wird. (Text: Aischgründer Karpfenmuseum, Neustadt/Aisch.)

Zufütterung und Besatzdichte - Karpfen können zwar i.d.R. von der vorhandenen Naturnahrung leben, fränkische Teichwirte füttern aber im zweiten und dritten Jahr meist zu, und zwar Leguminosen und Getreide (ausgenommen Mais). - Neben der aufgenommenen Nahrung wird die Fleisch- und Geschmacksqualität der Speisekarpfen besonders von der Besatzdichte beeinflusst. Die Bewirtschaftung der Teiche im Aischgrund erfolgt zu etwa 15-20% intensiv (d.h. über 700 K2 je ha Teichfläche und starke Zufütterung) und zu etwa 70% "normal" (d.h. 400 - 700 K2 je ha und an die Naturnahrung angepasste Zufütterung); die restlichen etwa 10-15% werden für die Karpfenzucht entweder extensiv genutzt (100 - 400 K2 je ha) oder so gut wie gar nicht, z.B. Moorweiher (→ Karpfenweiher). (ffb1; W1; ERH3)   → Karpfenzucht - Öko

Besatz und Erträge - Beides hängt von der Größe und Fruchtbarkeit der Weiher sowie der Zufütterung ab. Teiche, die tief sind, leichte Böden haben und den Zufluss aus einem Wald oder Moor bekommen, sollten weniger besetzt werden wie warme, lehmige Teiche mit schwerem Boden. Ein solcher Teich ist fruchtbarer. - In intensiv genutzten Teichen, die mit K1 (Brütlinge) besetzt der Satzfischproduktion dienen, können durchschnittlich 5.000 bis 6.000 Kärpflinge (Stückgewicht ca. 20 bis 40 Gramm) je Hektar eingesetzt werden, bei Abwachsteichen, die mit K2 (Setzlinge) bestückt werden, sind es um die 1.000 Fische. - Es gilt allgemein: Je mehr Fische eingesetzt sind und je größer sie wachsen sollen, desto mehr muss zugefüttert werden. Dabei kann etwa ein Drittel der Futtermenge in Zuwachs umgesetzt werden, so die Faustregel. (Text: Karpfenmuseum, Neustadt/Aisch.)   → Karpfenzucht

Der hochrückige Aischgründer (Motiv: Karpfenmuseum)

Wildkarpfen - die Karpfen-Urform (Motiv: Karpfenmuseum)

"Normaler" Karpfen (Motiv: Karpfenmuseum)

Der Franken-Karpfen (Motiv: Karpfenmuseum)

Fränkischer Karpfenführer

KARPFEN - ZUCHTFORMEN

Von den vielfältigen Zuchtformen des Karpfens sei hier nur auf folgende hingewiesen:

Wildkarpfen - Von dieser Urform des Karpfens leiten sich die zahlreichen Zuchtformen des Karpfens ab. Sein spindelförmiger flacher Körper trägt ein vollständiges Schuppenkleid mit unregelmäßiger Schuppenanordnung; er steht auf der Roten Liste gefährdeter Arten.

Schuppenkarpfen - Sie sind hochrückiger als die Wildkarpfen.

Lederkarpfen - Weil er fast keine Schuppen hat, wird er auch *Nacktkarpfen* genannt.

Spiegelkarpfen (Cyprinus carpio morpha noblis) - Sie sind in Europa weit verbreitet, besonders typisch für Franken, und sie sind hochrückig und schuppenarm: Durch ihren sehr hohen Rücken wirken sie rundlich (→ Tellerkarpfen) und wegen ihrer einzigen durchgehenden Schuppenreihe, die am Rücken vom Kopf bis zum Schwanz verläuft, eignen sie sich als Speisefisch ganz besonders. Die Bezeichnung *Spiegelkarpfen* verdankt er seinen metallisch glänzenden Schuppen, die an den Körperseiten unregelmäßig verteilt sind.

Koi - Das japanische Wort für Karpfen heißt *Koi*, außerhalb Japans steht dieser Begriff jedoch für die vielzähligen bunten Zuchtformen der häufig sehr teueren Zierfisch-Karpfen aus Japan, die dort individuelle Bezeichnungen tragen. (W1)

KARPFEN - ZUCHTFORMEN IN FRANKEN

Aischgründer Karpfen - Die *Aischgründer Karpfen* stammen aus dem Bereich des Aischgrunds und ihre typische Zuchtform ist heute der Spiegelkarpfen (→ Karpfen - Zuchtformen). Früher galten sie als eine regionale Rasse, die im Vergleich zum Franken-Karpfen (s.u.) durch ihren höheren Rücken rundlicher aussahen: das Verhältnis von Körperhöhe zu Körperlänge lag beim Aischgründer bei etwa 1 zu 2, beim dagegen länglichen Franken-Karpfen reichte es dagegen bis etwa 1 zu 3. Heute sind Regionalrassen wegen der Einkreuzungen fast bedeutungslos, und die Karpfenzüchter streben allgemein ein Verhältnis von 1 zu 2,3 an. Da für *Aischgründer Karpfen* ein EU-weiter Schutz als *geschützte geographische Angabe* (g.g.A.) beantragt wurde, könnte dies zur Folge haben, dass ein *Aischgründer Karpfen* künftig auch tatsächlich aus der Region des Aischgrunds stammen muss. (Der Begriff *Oberpfälzer Karpfen* ist als "g.g.A." bereits eingetragen und innerhalb der EU geschützt.) → Teichwirte - Vermarktung von Karpfen

Franken-Karpfen - Sie leben im Großraum der Becken von Rednitz, Wörnitz und oberer Altmühl.

Dinkelsbühler Karpfen - Die Region Dinkelsbühl gehört, neben dem Aischgrund und der Oberpfalz, zu den größten Teichgebieten in Bayern. Im Gebiet der Franken-Karpfen nehmen die Dinkelsbühler Karpfen, auch Blausieder genannt, eine Sonderstellung ein: Sie gehen zurück auf Max Scheuermann aus Dinkelsbühl, der sie Anfang des 20. Jahrhunderts aus einer alten Landrasse so züchtete, dass sie im Vergleich zum Aischgründer Karpfen einen weniger stark ausgeprägten Buckel haben. Dinkelsbühler Karpfen gibt es nur im Raum Dinkelsbühl, wo es heute noch zwei "Stadtfischer" gibt. (ffb1)

Fränkischer Karpfenführer

Graskarpfen - Der Graskarpfen (Ctenopharyngodon idella), auch *Weißer Amur*, stammt aus China, wo er in Seen und ruhigen Flüssen lebt, bevorzugt bei Wassertemperaturen zwischen 22 und 26 Grad. Zur Bekämpfung von Wasserpflanzen wurde er seit den 1960er Jahren in vielen Gewässern Amerikas und Europas ausgesetzt. Sein langgestreckter Körper, der bis zu 120 cm erreicht, hat große Schuppen, seine stumpfe Schnauze ist zwischen den Nasenlöchern eingedellt und sein Mund weist keine Bartfäden auf; der Rücken ist dunkelgrün bis grünschwarz, die Flanken sind hell-grünlich, der Bauch weißlich. Graskarpfen laichen auch in stark strömendem Wasser. (W2) - In Franken gibt es die selten angebotenen Graskarpfen u.a. beim Teichwirt Leikam in Hilpoltstein/RH sowie in den Gaststätten *Fischhaus Wiesethgrund* (Bechhofen-Rottnersdorf/AN) und *Der Krug* (Stegaurach/BA).
→ Teil 3 - Karpfenführer

Steinkarpfen → Höchstadt/Aisch

Karpfen-Bäckchen → Zubereitung fränkischer Karpfen - Karpfen gebacken

KARPFEN-BOCKSBEUTEL

In Franken gehört zu einem genussvollen Karpfenessen auch ein typisch fränkisches Getränk: Welch ein Glück, dass unzählige hervorragende Biere und Frankenweine direkt von der Karpfengaststätte selbst oder gleich daneben für den Gast gebraut bzw. ausgebaut werden. Einen Wein, der die Nähe zwischen fränkischen Karpfengerichten und fränkischem Weißwein auch begrifflich speziell hervorhebt, erhält man z.B. beim Landgasthof *Fiedler* in Dietersheim-Oberroßbach (NEA) und die dortigen *Aischgründer Karpfen-Bocksbeutel* bzw. *Karpfenschoppen* lassen keine Wünsche offen.   → Zubereitung fränkischer Karpfen - Verdauung

Karpfen-Chips → Zubereitung fränkischer Karpfen - Karpfen gebacken
Karpfen-Dreimalschwimmer → Zubereitung fränkischer Karpfen - Verdauung
Karpfenfähnla → Fränkisches Karpfenfähnla
Karpfenfeinde → Kormorane und Graureiher

KARPFENGEBIETE - WELTWEIT

Deutschland - Ihrer Bedeutung nach geordnet sind die wichtigsten deutschen Karpfenzuchtgebiete ...

- die Oberlausitz: Die nördlich von Bautzen gelegene Teichlandschaft ist das größte für die Karpfenzucht genutzte Gebiet in Europa (335 Teiche mit fast 3.000 ha);
- der Aischgrund: In dem Hauptteichgebiet Frankens werden auf einer Teichfläche von etwa 3.500 ha jährlich etwa 1.200 t Speisekarpfen erzeugt;   → Aischgrund
- die Oberpfalz, die Region um Peitz (bei Cottbus) und die Gegend um Reinfeld (Holstein).

Fränkischer Karpfenführer

Die jährliche Karpfenproduktion liegt ...
- in Deutschland bei etwa 12.000 t;
- in Bayern bei etwa 6.000 t (= ca. 50% von D);
- in Franken bei etwa 3.500 t (= ca. 30% von D, ca. 60% von Bayern);
- in Mittelfranken bei etwa 2.400 t (= 20% von D, 40% von Bayern, ca. 70% von Franken): die Karpfen wachsen dort in mehr als 3.300 Weihern mit über 3.000 ha heran, insbesondere in den Landkreisen ERH und NEA.

Europa - Neben Deutschland hat zwar auch die Karpfenteichwirtschaft in Polen, Ungarn, Slowenien, Kroatien und Österreich (südliche Steiermark, südliches Burgenland, Waldviertel) eine gewisse Bedeutung, sie reicht jedoch bei weitem nicht an die Stellung von Tschechien heran: allein die südböhmischen Karpfenteiche bei Třeboň (dt. Wittingau), die mit dem österreichischen Waldviertel zusammenhängen, weisen eine Gesamtfläche von 40.000 ha auf; dort liegt auch der Schwarzenberg-Teich, der größte Karpfenteich der Welt (260 ha).

Weltweit - Für die Karpfenzucht außerhalb von Europa ist u.a. die in Israel und in weiten Teilen Asiens beachtenswert (→ Karpfenzucht - Aquakultur), eine einzigartige Sonderstellung nimmt jedoch Australien ein: dort ist nämlich das Züchten und Aussetzen von Karpfen gesetzlich verboten, weil sie als Schädling der einheimischen Fauna ausgerottet werden sollen; zu diesem Zweck setzt man dort auch genetisch veränderte Karpfen aus, die verhindern sollen, dass es weibliche Karpfen gibt. (ffb1; W1)

KARPFEN-KIRCHWEIHEN UND KARPFEN-HOFFESTE

Karpfen-Kirchweihen - Sie werden in traditionellen Karpfenorten gefeiert, deren Kirchweihtermin zwischen dem Beginn und dem Ende des Abfischens liegt (Mitte August bis Mitte Oktober). - Bayerns bekannteste Karpfenkirchweih findet seit 1997 gegen Anfang Oktober in der Oberpfalz statt, und zwar in Kornthan bei Wiesau, im Landkreis Tirschenreuth - Eine fränkische Karpfenkirchweih ist z.B. die in Erlangen-Kosbach (Die Fischerei - Oberle, Stadl - Polster), mit der gegen Mitte August nicht nur in Kosbach die Karpfensaison eingeläutet wird, sondern angeblich auch die von ganz Franken: *Der erste Karpfen ist immer ein Kosbacher!* (EN1) (EF1; BF)

Karpfen-Hoffeste - Einige Teichwirte laden alljährlich zu ihrem Hoffest ein und geben so ihren Kunden und Gästen die Möglichkeit, unter diversen Karpfengerichten auszuwählen und sich bestens zu amüsieren. Die Karpfenfeste finden meist zur Eröffnung der Karpfensaison statt oder zum Zeitpunkt der dortigen Kirchweih. Beispielhaft sei hier nur auf folgende Ausrichter hingewiesen:
- Lorenz Jordan (Falkendorf bei Herzogenaurach, Milchhausstr. 10, Tel. 09132/60301): Das Hoffest findet am letzten Wochenende im August statt und man erhält dort nicht nur kulinarische Köstlichkeiten wie gebackene und gedünstete Karpfen oder Karpfenfilets und Karpfenschnetzel, sondern auch einige Informationen über den Karpfen und seine Zucht.   → Danksagungen
- Fisch-Jakob (Mühlhausen, Kleine Dorfstraße 3, Tel. 09548/8362, www.fischjakob.de): Gefeiert wird im Rahmen der Kirchweih Anfang September.   → Teichwirte - hauptberuflich
- Familie Hans Bär (Uehlfeld-Peppenhöchstädt, Tel. 09163/327, www.teichwirtschaft-baer.de): Hoffest Anfang September.

Karpfen, Karpfen, alle Leut wolln Karpfen ...

Karpfenprinzessin Katrin I., Katrin Uano aus Neustadt

Bier-Karpfen

Autobahnschild bei Höchstadt

Fränkischer Karpfenführer

KARPFENKÖNIGIN - KARPFENPRINZESSIN

Karpfenkönigin/ERH - Die erste *Karpfenkönigin* von Höchstadt und des Landkreises Erlangen-Höchstadt war Sabine I. (Sabine Plätzer, Höchstadt): Ihre Inthronisierung erfolgte anlässlich der Einweihung des Höchstädter *Steinkarpfens* im Mai 2001 und Ende August 2009 gab sie ihre Krone weiter. Als Nachfolgerin - sie sollte aus dem Aischgrund stammen, zwischen 18 und 30 Jahre alt sein und sich für Themen rund um den Karpfen interessieren - krönte der Verein *Karpfenland Aischgrund* Barbara I. zur neuen Karpfenkönigin (Barbara Römer, Wachenroth). Zu ihren vielfältigen Aufgaben zählt u.a. die Ehrung der Karpfenpass-Sieger (→ Karpfenpass). (NB3; NB4; NB5; WK1)

Karpfenprinzessin/NEA - Im Landkreis Neustadt - Bad Windsheim wird die fränkische Karpfenkultur nicht durch eine Königin repräsentiert, sondern durch eine Prinzessin: Bis zum September 2010 hatte Viktoria Hufnagel das Amt der *Karpfenprinzessin* inne, danach Katrin I. (Katrin Uano aus Neustadt/Aisch). (NB6; BF)

KARPFENLIED /1 - *Karpfendixie* zur Melodie von *Ice Cream* (Text: Dr. Martin Oberle)

Karpfen, Karpfen, alle Leut wolln Karpfen, Frisch - aus dem Aischtalgrund
Karpfen, Karpfen, alle Leut wolln Karpfen, Frisch - aus dem Aischtalgrund
Wir wolln kann Bratn und ka Rouladen, aber a halber Karpfen, der kann uns net schaden

Karpfen, Karpfen, alle Leut wolln Karpfen, Frisch - aus dem Aischtalgrund
Karpfen, Karpfen, alle Leut wolln Karpfen, Frisch - aus dem Aischtalgrund
Karpfen, Karpfen, alle Leut wolln Karpfen, Frisch - aus dem Aischtalgrund
Wir haben schön gsungen - jetzt ist´s soweit, der leckere Karpfen - steht nun bereit

Karpfen, Karpfen, alle Leut wolln Karpfen, Frisch - aus dem Aischtalgrund

(Text: ERH2; Text mit Melodie: www.karpfenland-aischgrund.eu - Der Aischgrund - Karpfendixie;
es musizieren: Dr. Martin Oberle, Landrat Eberhard Irlinger, Direktor Michael Ulbrich)

Fränkischer Karpfenführer

KARPFENLIED /2 - *Höchstadt im Land der Himmelsweiher* (Text und Musik: Christian und Michael Ulbrich)

Als lieblich, sanft und mild bekannt - ist unser schönes Frankenland.
Berühmt für Karpfen, Störche, Reiher - Höchstadt im Land der Himmelsweiher.

Schon Karl der Große hat's versucht - mit ihm begann hier die Karpfenzucht.
Zog auch nicht selbst nach Höchstadt her - der Karpfen tat es um so mehr.

Willst du den größten Karpfen sehn - musst du ins schöne Höchstadt gehn.
Aus Muschelkalk, vier Tonnen mächtig - steht er dort rekordverdächtig.

Weltweit es gilt der Karpfen wohl - als reines Fruchtbarkeitssymbol.
Lebt froh und friedlich miteinander - mit Moorfrosch, Biber, Schleie, Zander.

Ob hier oder im fernen Osten - den Karpfen will man gerne kosten.
Obwohl er listig und auch schlau - endet gebacken oder blau.

So komm, für Tage oder Stunden - dreh mit dem Karpfen ein paar Runden.
Du bist, sei dir dessen gewiss - in Frankens Karpfenparadies.

Und hast du Hunger, denkst du gleich - ich wär gern Hecht im Karpfenteich.
Denn Körper, Geist und Seele frisch - mit Aischgründer auf deinem Tisch.

(Text mit Melodie: www.karpfenland-aischgrund.eu - Der Aischgrund - Das Karpfenlied)

Karpfenmuseum → Neustadt/Aisch

KARPFENPASS

ERH - Der Landkreis Erlangen-Höchstadt ehrte im September früher regelmäßig diejenigen Genießer, die dort während der vorherigen Karpfensaison nachweislich die meisten Karpfen verspeist hatten. Der Nachweis wurde durch Stempel im *Höchstadter-Karpfenpass* erbracht, die Ehrung erfolgte feierlich durch die Karpfenkönigin und der Sieger erhielt einen Wanderpokal, den er bei seinem dritten Sieg behalten durfte. - In der Saison 2004/05 verzehrte der Karpfenpassgewinner Markus Seeberger aus Weisendorf-Buch 115 Karpfen, der *Rote Kormoran* Landrat Irlinger schaffte es immerhin auf 72 Karpfen; in der Saison 2009/10 erhielt Alfred Kohler aus Höchstadt mit 165 verspeisten Karpfen den Wanderpokal zum zweiten Mal. (NB5; NB1; NB8; BF)

NEA - Dem *Karpfenpass* von Erlangen-Höchstadt ähnelt der *Karpfenschmeckerpass* im Landkreis Neustadt - Bad Windsheim.
→ Aischgründer Karpfenschmeckerwochen

Karpfenprinzessin → Karpfenkönigin - Karpfenprinzessin
Karpfenqualität → Karpfenzucht - Glückliche Karpfen
Karpfenradwege → Fränkische Karpfenradwege
Karpfenrezepte → Zubereitung fränkischer Karpfen

Wachenroth-Weingartsgreuth (Foto: Bildarchiv Erich Weichlein, Weingartsgreuth)

KARPFENSAISON

Weil man beim Transport lebender oder geschlachteter Karpfen riskiert hätte, dass sie verderben, konnte man früher Karpfengerichte ausschließlich in der kalten Zeit des Jahres anbieten. Die Antworten darauf, warum Karpfen in Franken auch heute noch fast ausschließlich nur während der Monate zubereitet werden, die ein "r" im Namen tragen, also meist von Anfang September bis Ende April, obwohl Kühlung heute kein Problem mehr darstellt, sind vielschichtig:

- Weil fränkische Karpfen nach ihrem dritten Sommer ihr optimales Speisegewicht erreicht haben und während des Winters nicht wachsen, ist die Eröffnung der Karpfensaison im September und ihr Abschluss vor Mai naheliegend.
- Der Beginn der Karpfensaison hängt mit dem Abfischen ab Ende August zusammen.
- Weil Karpfen schon immer als beliebte Fastenspeise galten, war das Ende der Karpfensaison früher der Karfreitag und später weitete man es auf Ende April aus. → Weihnachtskarpfen
- In den warmen Monaten von Mai bis August haben die Gäste keinen großen Appetit auf Karpfen. (Diesem Argument lässt sich u.a. entgegenhalten, dass z.B. im Karpfenland Tschechien Karpfengerichte traditionell ganzjährig begehrt sind und deshalb auch ganzjährig serviert werden; außerdem isst man in Franken auch andere Fischgerichte ganzjährig, z.B. Forellen.)
- Während der warmen Monate sind Karpfen zu fett und haben einen modrigen Beigeschmack. (Dies trifft nur dann zu, wenn die Karpfen nicht entsprechend gewässert wurden: bei einer Wässerung in kaltem Wasser frisst der Karpfen fast nichts, baut Fett ab und *moost* oder *grundelt* deshalb auch nicht.) (ffb1; BF) → Zubereitung fränkischer Karpfen - Beigeschmack

Folgende im *Fränkischen Karpfenführer* (Teil 3) dargestellten Lokale bieten <u>Karpfengerichte ganzjährig</u> an:
- Mfr - Ansbach-Eyb: *Schwedenschanz* - Hier leitet man aus einem Nebenbach der Fränkischen Rezat naturkaltes Wasser in große Becken im Fischkeller der Gaststätte und hält dort u.a. Karpfen; weil diese dort ggf. zuviel Fett abbauen könnten, wird nach Bedarf Roggen zugefüttert.
- Mfr - Bechhofen-Rottnersdorf (*Fischhaus Wiesethgrund*), Hirschaid-Rothensand (*Fischer*), Höchstadt/Aisch (*Weberskeller*)

Was die Herkunft der servierten Karpfen anbelangt, so kann man selbst im Karpfenland Franken davon ausgehen, dass nicht die ganze Saison über jeder servierte Karpfen auch aus Franken stammt. Die Bezugsquelle des Fischhändlers, der eine Karpfengaststätte beliefert, erschließt sich nicht jedem Wirt immer eindeutig, zumal die regionalen Karpfen häufig nicht als solche gekennzeichnet sind; die in seiner Küche zubereiteten Karpfen können also von einem fränkischen Teichwirt stammen oder auch z.B. von einem Anbieter aus Osteuropa. Selbst Gaststätten, die eine eigene Teichwirtschaft angegliedert haben oder die ihre Karpfen i.d.R. von lokalen Karpfenbauern beziehen, servieren oft nicht die ganze Saison hindurch fränkische Karpfen: Wenn die eigenen oder regionalen Karpfen nicht bis Karfreitag oder Ende April ausreichen, lassen zwar manche Lokale ihre Karpfensaison ausklingen, manchmal bereits im frühen Winter, viele andere aber kaufen nicht-regionale Karpfen hinzu. Beachtenswert erscheint deshalb die *verschärfte r-Regel*, die die fränkische Karpfensaison auf jene Monate reduziert, bei denen der Buchstabe "r" am Ende steht (September bis Februar). - Die in Franken zugekauften Spiegelkarpfen stammen meist aus Osteuropa, insbesondere aus Tsche-

Fränkischer Karpfenführer

chien, und sie kommen lebend, gut gekühlt und versorgt hier an; weil sie sich geschmacklich i.d.R. nicht von fränkischen Karpfen unterscheiden, erhält man selbst in renommierten Karpfengaststätten, die sich mitten in einer fränkischen Teichlandschaft befinden, meist Auskunft über die nicht-fränkische Herkunft dieser Karpfen, die sie momentan und notgedrungen anbieten müssen.

Der Beginn der Karpfensaison ab Mitte August wird gerne entsprechend zelebriert, z.B. durch Feierlichkeiten beim Abfischen, durch dörfliche Karpfenkirchweihen oder durch Hoffeste. (BF) → Karpfen-Kirchweihen und Karpfen-Hoffeste

KARPFENSAISON IM AISCHGRUND (Text: Aischgründer Karpfenmuseum, Neustadt/Aisch)

Grundsätzlich wäre es möglich, das ganze Jahr über Karpfen anzubieten - nur nicht in Franken. In anderen Gegenden mit Karpfenzucht, so im österreichischen Waldviertel, in Böhmen oder im elsässischen Sundgau, gibt es Karpfen das ganze Jahr über. Hier lässt man sie größer wachsen, sie sind dann entsprechend älter und kommen in Tranchen auf den Tisch, sei es als Streifen eines Filetstückes oder vom Kopf her in zwei oder drei Zentimeter dicke Scheiben geschnitten. - Im Aischgrund ist Karpfensaison in den Monaten mit einem "r", also vom September bis April, denn in den Monaten ohne "r" müssen die Fische in den Weihern wachsen, um ihr Idealgewicht als Speisekarpfen von zweieinhalb bis drei Pfund zu erreichen. Doch da gibt es noch den *Aurgust* oder *Augurst*, der quasi als Einstimmung auf die Saison vorgeschaltet ist. Mitte dieses Monats geht es meistens schon los. Traditionell war die Kirchweih in Gerhardshofen der Startschuss für die Karpfensaison, denn *manch einem gelüstet es schon im August nach einem schönen fetten Karpfen*.

1947 - Der August war extrem heiß, somit gut für die Karpfen. Sie waren schon bis August zu prächtigen Speisekarpfen herangewachsen. Es nahte die Kirchweih in Gerhardshofen. Erstmals sollte es nach den langen Jahren von Krieges- und Nachkriegszeit wieder echtes, gutes Bier geben. Aber ein Schwein zu schlachten war nicht möglich, weil dies der Lebensmittelbewirtschaftung unterlag. So hat der Gerhardshöfer Gastwirt Andreas Helm kurzerhand seinen Weiher abgefischt und Karpfen angeboten - diese fielen nämlich nicht unter die Zwangsbewirtschaftung. Seitdem ist traditionell rund um Neustadt die Gerhardshöfer Kirchweih inoffizieller Beginn der Karpfensaison im Aischgrund.

KARPFENSCHNAPS

Sollte der Karpfen doch ein wenig fett gewesen sein - und nicht nur dann -, lässt sich die Verdauung ein wenig unterstützen, z.B. mit einem 40%igen *Karpfenschnaps* aus Scheinfeld. → Zubereitung fränkischer Karpfen - Verdauung

KARPFENWALZER

Der *Karpfenwalzer* erlebte im September 2009 in Rezelsdorf (Lunz) seine Welturaufführung, und zwar anlässlich der feierlichen Eröffnung der Karpfensaison im Landkreis Erlangen-Höchstadt und im Beisein vieler prominenter Gäste: Robert Werner, der den Walzer auf Wunsch des ERH-Landrates Irlinger komponiert hatte, stellte ihn gemeinsam mit Irlinger vor. (NB7)

Wappen von Adelsdorf (Quelle: Gemeinde Adelsdorf)

Wappen von Röttenbach

Allersberg

Bleichweiher in Neustadt

Fränkischer Karpfenführer

KARPFENWAPPEN

Gemeinden mit einem Karpfen in ihrem Wappen gibt es nicht viele. In Franken sind es die im Landkreis Erlangen-Höchstadt gelegenen Orte Adelsdorf und Röttenbach, deren jahrhundertelange Karpfenkultur im Wappen bezeugt wird. Beachtenswert, dass der Röttenbacher Karpfen eindeutig als hochrückiger Aischgründer Spiegelkarpfen zu identifizieren ist und dass der Karpfen im Adelsdorfer Wappen wohl eher ein Wild- oder Schuppenkarpfen ist. (BF)   → Karpfen - Zuchtformen

Adelsdorf (ERH) - Der sich außer dem Karpfen im Wappen befindliche Schlüssel steht für das alte, hochstehende fränkische Adelsgeschlecht der Familie von Schlüsselberg, der Biber für das fränkisch-thüringische Uradelsgeschlecht namens Bibra. (W12)

Röttenbach (ERH) - Der mit zwei Balken belegte Löwe aus dem Wappen der Truchseß von Pommersfelden erinnert an die lange Verbindung dieser Familie zum Ort, das Mauritiuskreuz steht für die Röttenbacher Pfarrkirche, und der Karpfen weist auf die im Gemeindegebiet betriebene Karpfenzucht hin. (Text: Aischgründer Karpfenmuseum, Neustadt/Aisch.)

KARPFENWEIHER

Karpfenteiche - Die meisten Karpfengewässer in Franken sind genau genommen keine Karpfenweiher, sondern Karpfenteiche: ein Weiher ist ein durch die Natur vorgegebenes kleineres stehendes Gewässer, ein Teich hingegen ist ein stehendes Gewässer, das künstlich angelegt wurde, um darin Fische zu züchten; weil hierzu die Sauerstoffversorgung auch in tieferen Schichten gewährleistet sein muss, sind Karpfenteiche relativ flach und i.d.R. nicht tiefer als 2 Meter. (W11)

Dorfweiher - Die meist nahe der Ortsmitte gelegenen Dorf- oder Stadtweiher dienen zwar auch der Fischzucht, früher wurden sie aber zusätzlich u.a. als Wasserreserve zur Brandbekämpfung genutzt sowie als Tränk- und Gänse- oder Entenweiher. (ffb1)

Hofweiher - Manche Fischzuchtbetriebe besitzen eigene Weiher direkt neben ihrem Hof, in denen sie Karpfen halten, z.B. in der Zeit zwischen dem Abfischen und dem Abtransport.   → Teichwirte - hauptberuflich (Oberle). (BF)

Mühlweiher - Aufgrund ihres relativ starken Zulaufs und Abflusses wurde deren Wasserkraft von Mühlen zum Mahlen genutzt und manchmal auch vom Handwerk, z.B. zum Hämmern. (ffb1; BF)

Himmelsweiher - Weiher, die keinen direkten Zulauf aus einem Bach haben und die somit nur durch die Niederschläge *von oben* gespeist werden (Regen oder Schnee), nennt man in Franken deshalb *Himmelsweiher*; sie befinden sich meist auf Hochflächen.

Moorweiher - Moorweiher sind *Himmelsweiher*, die sich im Wald oder nahe eines Waldes befinden; sie besitzen deshalb einen instabilen Wasserhaushalt, einen geringen Nährstoffeintrag und einen hohen Anteil an moorbildender Huminsäure. Bei genügend Niederschlägen können sie als Wasserspeicher für tieferliegende Teiche dienen, für die Karpfenzucht nutzt man sie nur extensiv oder gar nicht. Weil sie sich bei zu geringen Niederschlägen zu einem *Niedermoor* entwickeln können und dann austrocknen und

Bäuerliche Teichwirtschaft (Foto: LfL / Dr. Martin Oberle)

Gerstner-Teichkette, Obervolkach (Foto: Bildarchiv Gerstner)

Weiher-Mönch

Weiher-Mönch

Fränkischer Karpfenführer

verbuschen oder verwalden, werden in einem Projekt des Bayerischen Arten- und Biotopschutzprogramms (ABSP) Maßnahmen eingeleitet, die den Wasserhaushalt der Moorweiher sicherstellen und die Vegetation der Torfmoosflächen stabilisieren sollen, ebenso den Lebensraum speziell dort angesiedelter Tiere, z.B. Moorfrösche. Um den Bestand der ökologisch bedeutsamen Moorweiher bemüht, arbeiten seit geraumer Zeit - unterstützt durch den Bayerischen Naturschutzfonds - Landkreise, Gemeinden, private Weiherbesitzer und Landschaftspflegeverbände gut zusammen - zum Wohle der Natur. (ERH3; ERH4)

Teichketten - Manche Karpfenweiher in Franken werden durch ein Rinnsal gespeist, das seine Fortsetzung am Weiherabfluss in einem unbedeutenden Graben findet, der nicht in einen anderen Weiher mündet. Die meisten fränkischen Weiher sind jedoch Teil eines größeren Karpfenweihersystems, bei dem z.B. einige als Teichkette hintereinander abgestufte Weiher eine Einheit bilden, die dann selbst wieder mit anderen Teichketten in Verbindung steht. In derart gestuften Weihern sind dann häufig mehrere Altersstufen der Karpfen voneinander getrennt, so dass sich für die verschiedenen Karpfenjahrgänge oft Laich-, Brut- und Abwachsteiche unterscheiden lassen. Seit Beginn der fränkischen Karpfenkultur und aus dem ständigen Bestreben heraus, im trockenen Franken den Wasserhaushalt zu optimieren, entwickelte sich mancherorts eine beeindruckend großflächig-zusammenhängende Teichlandschaft, die ihresgleichen sucht und die dem Landschaftsbild fränkischer Karpfengegenden einen unverwechselbaren Stempel aufdrückt. (BF; W11) → Weiherorte

Weihertreppen, Weiherhaufen, Überwinterungsteiche - In Talmulden liegen oft lange *Weihertreppen* wie Perlen an einer Kette, im offenen Gelände häufig *Weiherhaufen* gleichsam wie verstreute Scherben eines Spiegels. (...)   Spezielle *Überwinterungsteiche* sind tiefer und kleiner als die Abwachs- und Aufzuchtteiche und haben auch bei Frost stets einen offenen Zulauf. (Text: Aischgründer Karpfenmuseum, Neustadt/Aisch.)   → Karpfen - Fortpflanzung und Wachstum (Überwinterung)

KARPFENWEIHER - MÖNCH UND SCHLEGEL

Weihermönch - Ein *Mönch* ist in der Teichwirtschaft ein Ablauf- und Absperrmechanismus, mit dem sich der Wasserstand eines Teiches regulieren lässt. Er besteht aus einem Ablaufrohr auf Höhe des Teichbodens um das herum sich ein Hohlkörper befindet, der innen Stau-Bretter besitzt, die sich variabel einsetzen oder entfernen lassen. Weil der Mönch auch die völlige Trockenlegung des Teiches ermöglicht, ist er insbesondere für das Abfischen, Säubern und Entschlammen der Teiche bedeutsam. Um das Wasser leicht abfließen lassen zu können, ist der Teichgrund vor dem Mönch trichterförmig auf ihn angelegt, so dass sich bei sinkendem Wasserstand vor ihm die Fische sammeln. (W10; W11)   → Stang, Georg

Schlegel - Bevor der Mönch zum Einsatz kam, wurde zur Regulierung des Wasserstandes der einfacher konstruierte Schlegel verwendet: Er besteht lediglich aus einer Ablaufleitung und aus einem Verschlusszapfen, der sich herausziehen lässt. (WWA1)
→ Karpfenweiher - Trockenlegen, Bespannen und Abfischen

Fränkischer Karpfenführer

KARPFENWEIHER - TROCKENLEGEN, BESPANNEN UND ABFISCHEN (Text: Karpfenmuseum, Neustadt/Aisch)

Abfischen und Trockenliegen im Winter - Im Normalfall werden die Teiche (<u>Streckteiche</u> mit Satzfischen und <u>Abwachsteiche</u> mit den *fertigen* Speisefischen) im jährlichen Turnus, im Herbst, abgefischt und liegen den Winter über trocken. Dies stellt eine Möglichkeit dar, um die Mineralisierung von organischem Material zu fördern. Gleichzeitig dient es der Bekämpfung von Parasiten und hilft gegebenenfalls auch, unerwünschte Fischarten wie Giebel oder den Blaubandbärbling im entsprechenden Teich wirksam zu reduzieren. Allerdings wäre ein Auswintern der Teiche nicht in jedem Jahr notwendig.

Bespannen und Abfischen - Ein idealer Weiher liegt im Winter trocken und friert aus. Im Herbst gezogene Gräben verhindern, dass Wasser darin stehen bleibt. - Nach dem Verschließen des Weihermönches oder mittels des Schlegels im Frühjahr sammelt sich das Wasser bis zur gewünschten Stauhöhe. Der Weiher ist nun *bespannt* und bereit zur Aufnahme der etwa 200 bis 300 Gramm schweren zweisömmrigen <u>Setzlinge</u> (K2) oder der einsömmrigen <u>Brut</u> (K1, etwa 10 cm lang). Sie können nun den Sommer über zu idealen Speisekarpfen oder Setzlingen heranwachsen. - Zum Abfischen im Herbst wird der Mönch wieder geöffnet oder der Schlegel entfernt, das Wasser kann nun ablaufen. Wenn sich der Wasserspiegel so weit abgesenkt hat, dass der Weiher schließlich *fischig* ist, kann der Teichwirt die Fische herausholen. Meist wird dies, vor allem im Spätsommer, in die Morgenstunden gelegt, damit die Karpfen nicht höheren Temperaturen ausgesetzt sind.

Geräte zum Abfischen - Das <u>Zugnetz</u> wird beim Abfischen vor allem größerer Teiche eingesetzt. Es schleift über den Boden und treibt die Fische an einer zum Abfischen günstigen Stelle des Weihers zusammen, wo sie mit den Handnetzen, den <u>Hamen</u> (volkstümlich *Fischhammer* genannt), herausgeholt werden.

Das Aufsetzen der Fische - Ist der Weiher im Frühjahr bespannt und sollen Fische eingesetzt werden, müssen diese - egal ob Brut (K1) oder Setzlinge (K2) - erst längere Zeit *aufgesetzt* werden. Dazu werden sie in Weidenkörben oder Netzen einige Stunden an das neue Wasser gewöhnt. Erst dann können sie in ihre neue Umgebung entlassen werden. Dies ist unbedingt erforderlich, um Verluste möglichst gering zu halten. - Solche Vorrichtungen werden auch nach dem Abfischen im Herbst gebraucht: Darin hebt man die Karpfen zunächst einige Zeit auf, damit sie Schlamm und anhaftende Fischegel verlieren. - Vor der Verarbeitung sollten die Fische dann gleichfalls noch einige Tage in klarem Wasser verbringen (sie werden *gewässert*), damit die <u>Kiemen</u> frei von Verunreinigungen sind und der Karpfen beim Verzehr nicht unangenehm modrig schmeckt (*moort* oder *mooselt*).

KARPFENWEIHER - WEIHERORTE IM AISCHGRUND

Von den unzähligen schönen Weiher-Ortschaften in Aischgrund, entweder mit einem idyllischen Dorfweiher oder inmitten einer traumhaften Weihertreppenlandschaft gelegen, sei hier nur auf einige derer hingewiesen, über die man sich im Aischgründer Karpfenmuseum in Neustadt anhand hervorragender Luftaufnahmen ganz besonders ergötzen und erfreuen kann: → Gottesgab (Uehlfeld), Nackendorf (Gemeinde Höchstadt), → Neuhaus/Aisch (Adelsdorf), → Neustadt/Aisch, → Rohensaas (Uehlfeld) oder Traishöchstädt (Dachsbach).

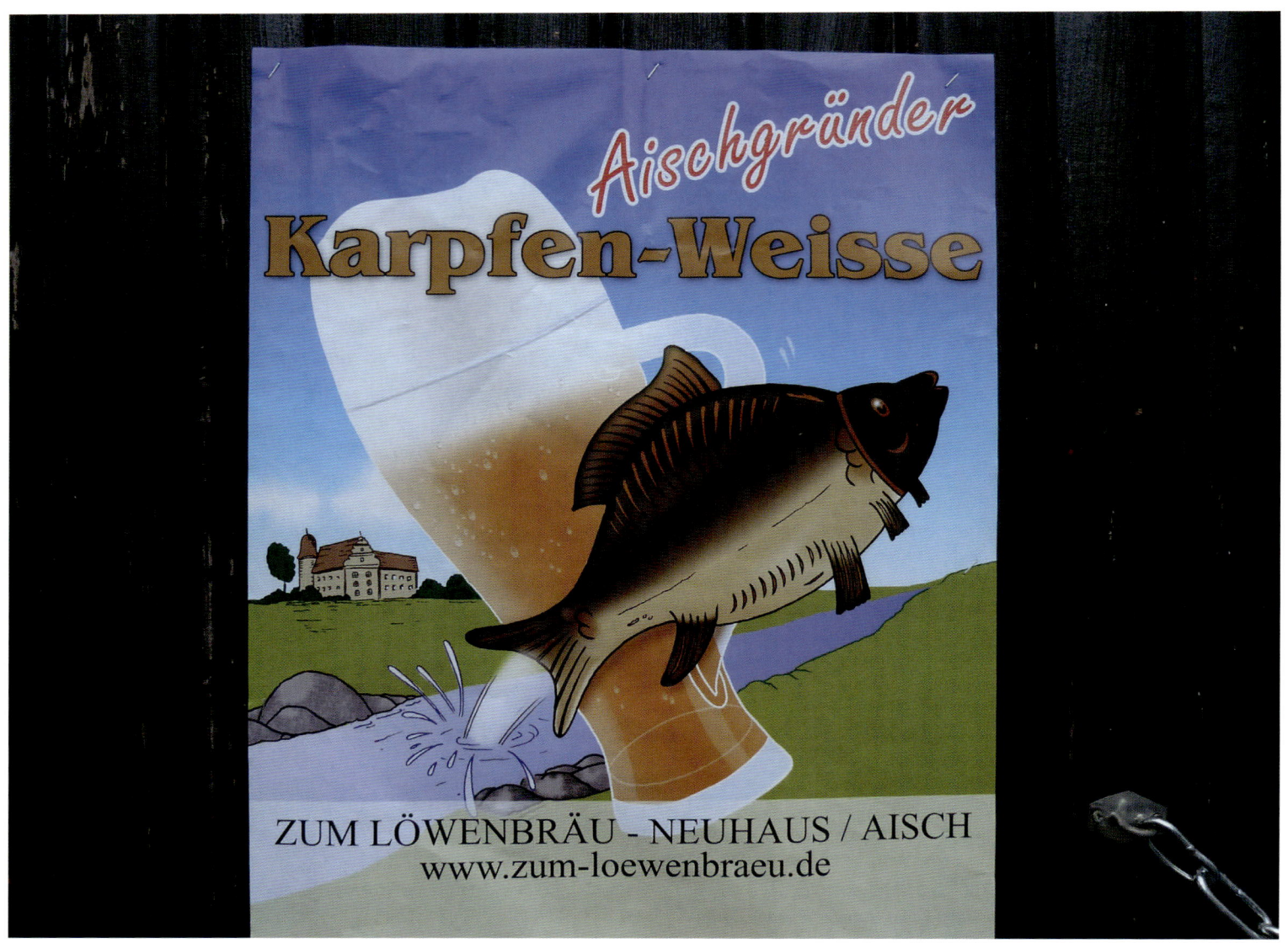

Fränkischer Karpfenführer

KARPFENWEIHER - ZAHL UND GRÖSSE (Text: Aischgründer Karpfenmuseum, Neustadt/Aisch)

Die Kleinräumigkeit Frankens und speziell des Aischgrundes spiegelt sich auch in der Teichwirtschaft wider: Heute werden die etwa 5.000 Weiher mit einer Wasserfläche, die insgesamt zwischen 3.000 und 3.500 Hektar liegt, von etwas über 1.000 Teich-wirten bewirtschaftet. Dies geschieht meist im Nebenerwerb. Es gibt nur wenige hauptberufliche Fischwirte wie Fisch-Jakob in Mühlhausen oder Fischzucht Oberle in Kosbach. Statistisch beträgt die Durchschnittsgröße eines Weihers rund dreiviertel Hektar, schwankt aber tatsächlich von nur wenigen 100 Quadratmetern bis hin zu über 30 Hektar.   → Teichwirte - hauptberuflich

KARPFEN-WEISSE

Aus den vielen Bieren, die Franken zu bieten hat, sticht bei Karpfenfreunden eines besonders hervor, zumindest wegen seines Namens: die *Aischgründer Karpfen-Weisse* wird im Karpfenort Adelsdorf-Neuhaus/Aisch gebraut, und zwar in der Brauereigast-stätte *Zum Löwenbräu* (→ Karpfenzucht - Öko: Mohrhof - Karpfen pur Natur).   → Zubereitung fränkischer Karpfen - Verdauung

KARPFENZUCHT (Text: Aischgründer Karpfenmuseum, Neustadt/Aisch)

Fortpflanzung in der Natur - Ursprünglich stammt der Karpfen aus Asien und wurde vermutlich von den Römern nach Europa gebracht. Vor allem im Donaudelta, wo mehr als 150 Fischarten leben, fanden Karpfen hinsichtlich ihrer natürlichen Fortpflanzung neben günstigen klimatischen Bedingungen auch ein für sie ideales Umfeld vor. Mit fast 4.500 qkm ist dies das größte Feucht-gebiet Europas, wo sich Schilfinseln und Binnenseen mit Lagunen, Kanälen und Sümpfen abwechseln, ausgezeichnete Voraus-setzungen, die der Karpfen als *Krautlaicher* für eine natürliche Vermehrung benötigt.

Natürliche Fortpflanzung im Aischgrund - Für eine natürliche Fortpflanzung des Karpfens bieten im Aischgrund die heimi-schen fließenden Gewässer keine günstigen Voraussetzungen. Die Aisch und ihre Nebenbäche weisen kaum die Flachwässer mit Pflanzenbewuchs auf, die der Karpfen braucht und die auch eine entsprechende Temperatur zum richtigen Zeitpunkt erreichen. Überflutete Aischauen gibt es nach starken Niederschlägen zwar häufig - auch während der Laichzeit im Mai, Juni oder Juli -, aber solche Überschwemmungen dauern meist nur wenige Tage und sind damit viel zu kurz, als dass sich der Karpfen hier natürlich vermehren könnte. Deshalb war die Aisch schon immer auf Satzkarpfen oder auf eine meist unbewusste Ergänzung des Bestandes beim Ablassen der Weiher angewiesen.

Fortpflanzung im Rahmen der Teichwirtschaft - Ein chinesisches Fachbuch beschreibt schon 475 vor Christus die Vermeh-rung des Karpfens in der Gefangenschaft. Zumindest seit dem frühen Mittelalter werden auch bei uns Karpfen zunehmend in Teichen gehalten und dort vermehrt. Ob das zu dieser Zeit bereits gezielt erfolgt ist oder zunächst noch dem Zufall überlassen wurde, ist nicht belegt, aber wahrscheinlich. Oft ufern aber viele der Weiher in einer Flachwasserzone mit Bewuchs von Wasser-pflanzen aus, günstige Voraussetzung schon vor tausend Jahren für eine natürliche Vermehrung unter vom Menschen geschaf-fenen Bedingungen. Es kommt auch heute immer wieder vor, dass größere dreijährige Fische *anschlagen*, wie der Teichwirt es nennt, und im Herbst finden beim Abfischen dann abertausende kleiner Karpfen in der Größe eines Zwetschgenkerns den Weg über Ablaufgräben und Bächen bis in die Aisch.

Fränkischer Karpfenführer

Gezielte Fortpflanzung in Dubisch-Teichen - Ein sehr naturnahes Verfahren ist das Ablaichen im Dubischteich. Dieser wurde Mitte des 19. Jahrhunderts in Schlesien von einem Fischmeister namens Dubisch entwickelt. Dabei handelt es sich um einen kleinen, mit Gras bewachsenen sehr flachen Weiher, der nur zur Laichzeit mit Wasser gefüllt wird. Hier werden die Zuchtkarpfen zum Ablaichen eingesetzt und ihnen dafür natürliche Voraussetzungen zum Ablaichen geboten. Befruchtete Eier benötigen bei 20 Grad C Wassertemperatur etwa drei bis vier Tage, bis aus dem Ei eine kleine Fischlarve schlüpft. Allerdings kann ein Temperatursturz oder eine länger anhaltende zu kalte Witterung die Nachzucht gefährden, was dann sogar zum Totalausfall von Satzfischen führen kann.

Laichbürsten in Brutbecken - An den langen Bürstenfäden kleben nach dem Ablaichen die Eier, aus denen sich die Fischlarven entwickeln. Damit werden die Gräser in den Dubisch-Teichen bzw. in der Natur simuliert. Mehrere solcher einzelner Bürsten sind in Gestelle montiert, die zeltartig in den Brutbecken aufgestellt werden.

Nahrung und Fütterung in den fränkischen Teichen - Die natürliche Nahrung des Karpfens bilden Würmer, Kleinkrebse, Insektenlarven und ähnliche Kleinbewohner des Wassers und der Bodenregion. Mit seinem weit vorgestülpten Maul, das durch die wulstigen Lippen wie ein Rüssel geformt werden kann, zieht er die Beute zu sich heran. - Um in den Weihern nach drei Sommern und zwei Wintern auf ein Gewicht von etwa knapp 1,5 kg zu kommen, muss allerdings, je nach Besatzdichte in den Weihern, zugefüttert werden. Im Aischgrund sind dies Roggen, Gerste, Weizen oder Triticale (eine Kreuzung aus Weizen und Roggen), die auch in der Region angebaut werden, oftmals sogar vom Teichwirt selbst. Lupinen und Erbsen sind als Zufütterung selten, Mais würde ein relativ traniges Fleisch ergeben. Fertigfutter kommt nur zeitweise für Jungfische zum Einsatz, Fischmehl und Fischöl sind für Speisekarpfen tabu.

Artgerechte Haltung - Im Durchschnitt werden im Aischgrund - je nach Weiherqualität - zwischen 500 und 1.000 zweisömmrige Karpfen pro Hektar besetzt. Ein Karpfen hat somit etwa 10 bis 20 m^3 Wasser für sich. Am Ende der Mastperiode im Herbst ergibt sich ein Fischbestand von 0,05 bis 0,15 kg/m^3 Wasser. In den intensivsten Verfahren der Aquakultur - in so genannten Warmwasserkreislaufanlagen - werden in einem Kubikmeter Wasser beispielsweise so viele Fische erzeugt wie in der fränkischen Teichwirtschaft in 10.000 Kubikmetern.

Karpfen in der Aquakultur → Karpfenzucht - Aquakultur

KARPFENZUCHT - AQUAKULTUR (Text: Aischgründer Karpfenmuseum, Neustadt/Aisch)

Karpfen in der Aquakultur - Der Karpfen gehört in Europa zu den wichtigsten Speisefischen der Aquakultur. 2007 wurden mindestens 70.000 Tonnen Karpfen mit einem Marktwert von 140 Millionen Euro erzeugt. Zu den Hauptproduzenten gehören Tschechien, Polen, Ungarn und Deutschland. Weltweit gehören Karpfenfische zu den bedeutendsten Fischen für die Aquakultur, wobei der Schwerpunkt der Produktion in Asien (China, Myanmar und Indonesien) liegt. Im Unterschied zur semi-extensiven Teichwirtschaft im Aischgrund, wo Karpfen einen großen Bestandteil ihrer Nahrung in ihrer natürlichen Umgebung suchen, werden in der *technischen* Aquakultur Karpfen - mit allen Nachteilen einer Massentierhaltung - ab einer bestimmten Größe bis hin zur

Fränkischer Karpfenführer

Schlachtreife ausschließlich in Bassins oder Netzkäfigen gemästet. Im Bereich des Aischgrundes gibt es diese Art der Massentierhaltung nicht. - Schwierigkeiten und Probleme: Bei der *technischen* Aquakultur können sich Schwierigkeiten und Probleme ergeben aus der Überdüngung von Gewässern, insbesondere in marinen Aquakulturen aufgrund nicht vollständig verwerteter Nahrung oder den Ausscheidungen der Fische. Die Fütterung basiert in intensiven Systemen auf Alleinfutter mit Anteilen von Fischmehl, Fischöl oder Sojaschrot und -öl, wobei Fischöl und Fischmehl eine nicht beliebig vermehrbare Ressource darstellen, im Gegensatz zum Getreide aus der heimischen Produktion.

Warmwasserkreislaufanlagen: Massentierhaltung zwischen Betonwänden - Bereits 1971 wurde von der Bundesforschungsanstalt für Fischerei eine ganzjährige Warmwasserhaltung von Karpfen in Kreislaufwirtschaft und Durchlaufanlagen konzipiert, was zu einem wesentlich schnelleren Wachstum und Erreichen der Schlachtreife dieser Fischart führte. Dadurch wird der Produktionszyklus der Speisekarpfen um mindestens ein Jahr verkürzt, weil die beiden Überwinterungsphasen des K1 und des K2 nicht mehr erforderlich sind. Solche Anlagen sind auch vereinzelt in Deutschland - vor allem im Umfeld von Kraftwerken - zu finden, dank deren Abwärme eine für die Haltung von Karpfen relativ konstante Wassertemperatur von 23 Grad C erwirkt werden kann, was es den Fischen ermöglicht, ihren Stoffwechsel ganzjährig aufrecht zu erhalten. Diese Fische erfahren allerdings nie, was Freiheit und natürliche Nahrung ist. Eine Wassermenge von rund 15 Kubikmeter pro Tier wie im Weiher steht ihnen in den Betonbehältern nicht zur Verfügung. Bei oft mehr als 50 kg/m^3 stehen sie deshalb relativ dicht zueinander im Wasser.

Satzfischerzeugung in der Aquakultur - Im Schatten des Kraftwerks *Schwarze Pumpe* (Spremberg/Brandenburg) wird seit einigen Jahren eine Satzfischerzeugung in Aquakultur betrieben. Dabei wird das Kühlwasser des Kraftwerks vor allem in den Winterhalbjahren genutzt. Die vier Rundbecken mit jeweils 175 qm Oberfläche (Durchmesser ca. 15 m) können rund 180.000 Satzkarpfen (K1) mit einer Stückmasse von je 40 Gramm aufnehmen. Diese Fische wachsen dann den Winter über zum K2 heran. Am Ende einer Produktionsperiode wird mit einer Abfischmenge von 78.000 kg gerechnet, bei einem Futteraufwand von ca. 90.000 kg. Verluste eingerechnet, hat jeder Fisch dann als Setzling (K2) das ideale Stückgewicht von rund 500 Gramm erreicht. - Vorteile: Beim Aufsetzen in die Abwachsteiche im Frühjahr sind die Tiere nicht geschwächt von der Überwinterung und haben eine bessere Konstitution. Außerdem sind sie dann zu groß, um von den Kormoranen gefressen zu werden. - Ein *Königsweg* auch für den Karpfen in der Aischgründer Teichwirtschaft?

KARPFENZUCHT - GLÜCKLICHE KARPFEN

Ob man die Karpfenzucht aus der Sicht eines Natur- und Tierfreundes betrachtet (artgerechte Haltung usw.) oder vom Standpunkt eines Liebhabers von Karpfengerichten (Fleischqualität und Geschmack) - es läuft auf das Gleiche hinaus: Ein Karpfen, der unter für ihn optimalen Bedingungen aufwächst, wird auch vom "Verbraucher" wegen seiner Qualität besonders geschätzt.

Für einen Karpfen sind die Lebensbedingungen dann optimal, wenn er stressfrei heranwachsen und leben kann. Um dies zu erreichen wird ein Teichwirt, der sich nicht nur an kurzfristigen Erträgen orientiert, dafür Sorge tragen, dass u.a. folgende karpfengerechten Lebensbedingungen und Maßnahmen stetig gewährleistet sind:

Fränkischer Karpfenführer: Iphofen-Birklingen

- gepflegte Teiche mit guter Wasserqualität: Karpfenteiche werden deshalb regelmäßig ökologisch desinfiziert (z.B. durch Brannt-kalk, der auch den ph-Wert stabilisiert), naturnah gedüngt (z.B. durch Ansähen von Getreide) und trockengelegt, zum Durch-frieren des Bodens oft auch den Winter hindurch.

- hoher Anteil an Naturnahrung, z.B. durch Eintragen von Heu und Schnittgras, ggf. ergänzt durch Getreidebeifütterung;

- geringe Besatz- und Bestandsdichten;

- fachkundige, sorgfältige und kontrollierte Aufzucht und Pflege sowie stressfreie Haltung der Karpfen.

Karpfen in einem derartigen Umfeld sind vitaler und durch ihre natürlichen Abwehrkräfte vor Krankheiten und Parasitenbefall bes-ser geschützt als andere. Wenn diese Karpfen nach dem Abfischen auch noch lange genug in Hälterungen mit klarem und kaltem Frischwasser ausgenüchtert werden, dann sollte es einem guten Küchenchef problemlos gelingen, seinen Gästen ein Karpfen-gericht zu servieren, welches diese in hohem Maße wertschätzen und loben. (FZG1; ERH4; BF) → Karpfenzucht - Öko

KARPFENZUCHT - JAHRESLAUF

Die sich periodisch wiederholenden Arbeiten eines fränkischen Karpfenbauern lassen sich grob in folgende Phasen gliedern:

März/April - Diejenigen Weiher, die man nach dem herbstlichen Abfischen nicht wieder hat volllaufen lassen, werden dann im Frühjahr mit Wasser gefüllt (*Bespannen*), um darin neue Karpfen einbringen zu können (*Aufsetzen*). Ab Ende März entnehmen die Teichwirte die Karpfen deshalb aus den Winterungen, bringen sie in Containern zu den Weihern und bestücken sie mit einsömm-rigen Brütlingen und mit zweisömmrigen Setzlingen (Karpfenbesatzmaßnahme), wobei sie für die K2 große Eimer, Kescher oder Netze verwenden und mit den typischen Wathosen ins Wasser der Abwachsteiche steigen.

Frühjahr/Sommer - Naturnahe Teichpflege (z.B. Ausmähen von Schilf und Grasbewuchs, Sorge um einen ausgeglichenen Wasserhaushalt) und naturnahe Karpfenpflege (z.B. Füttern und Überwachen der Gesundheit der Fische, Fernhalten von Karpfen-feinden wie Kormoranen oder Fischreihern).

September/Oktober - Ab Ende August werden die Weiher der Reihe nach abgelassen und abgefischt; im Zusammenhang mit dem Abfischen werden die aus den Teichen entnommenen Karpfen nach Größe und Alter sortiert, dann gewaschen und in Hälter-becken gebracht, die mit Frischwasser und Sauerstoff versorgt werden. Karpfen mit Schlachtgewicht (K3 oder K4) werden ver-marktet, die anderen (K1, K2 und kleine K3) im Oktober zur Überwinterung wieder ausgesetzt: entweder in besonders tiefe Winterteiche oder in die Weiher, die man nach dem Abfischen wieder mit Wasser gefüllt hat.

Herbst → Teichwirte - Vermarktung der Karpfen

Winter - In den trockengelegten *unbespannten* Teichen frieren die Böden aus, in den neu befüllten oder nicht abgelassenen, tieferen Teichen überwintern die jungen Fische. (KaMu1; KaMu; BF) → Karpfenweiher (Überwinterungsteiche)

→ Karpfenweiher - Trockenlegen, Bespannen und Abfischen; → Teichwirte - hauptberuflich (Oberle)

Fränkischer Karpfenführer

KARPFENZUCHT - ÖKO: *NATURLAND*-KARPFEN

Karpfen bevorzugen stehende oder langsam fließende Gewässer mit Sand- und Schlammgrund und reichem Pflanzenbewuchs. Neben Würmern, Kleinkrebsen und Insektenlarven ernähren sie sich von Unterwasserpflanzen und Plankton. Ziel der ökologischen Karpfenproduktion ist, dass sich die Karpfen zu einem möglichst hohen Anteil von dieser Naturnahrung ernähren. (Zitat aus: NL1)

Um dies zu erreichen, wird bei *Naturland* z.B. die Besatzdichte von Karpfen besonders niedrig gehalten, die Zugabe von organischen Düngern exakt dosiert und die Kalkung der Teichböden optimiert; zugefüttert wird nur aus ökologischer Landwirtschaft, z.B. Lupinen oder Getreide. Der Geschmack der so erzeugten Öko-Karpfen wird höchsten Ansprüchen gerecht.

Naturland gehört zu den größten Öko-Verbänden weltweit und zählt als Partner über 55.000 Bauern und über 500 Hersteller. Der einzige fränkische Karpfen-Partner von *Naturland* ist seit 2010 der Teich- und Gastwirt Georg Rittmayer in Hallerndorf-Willersdorf: Seine Öko-Karpfen leben in naturnahen Weihern (8,5 ha) und werden nur im eignen Lokal serviert. (NL1; NL2)   → Teil 3

KARPFENZUCHT - ÖKO: MOHRHOF - *KARPFEN PUR NATUR*

Im Aischgründer Naturschutzgebiet *Vogelfreistätte Mohrhof* zwischen Mohrhof und Poppenwind bewirtschaftet die Kreisgruppe Höchstadt-Herzogenaurach des Bund Naturschutz seit 40 Jahren eine aus sieben eigenen Weihern bestehende Weiherkette (Blätterweiher und Westfeldweiher). In dem Bestreben, der Natur und dem Artenschutz möglichst viel Platz einzuräumen - in dem Gebiet sind seltene Fische zu finden (z.B. der Schlammpeitzger) und viele gefährdete Vogelarten beheimatet - fressen dort auch die Karpfen nur das, was die Natur ihnen anbietet. Hinter dem Vermarktungsbegriff *Karpfen pur Natur* steht ein naturgerecht erzeugtes Produkt aus der Region sowie die Philosophie *Erst die Natur - dann das Produkt!* Die Karpfen leben in einer geringen Besatzdichte und ohne Zufütterung in Weihern, denen weder Düngemittel noch Kalk zugesetzt werden. Bei den *Karpfen pur Natur* erfolgen Brut, Besatz und Wachstum im Aischgrund, so dass sie die Regionalmerkmale der *Aischgründer Spiegelkarpfen* erfüllen. Weil außerdem ihr Fleisch besonders fest ist und ihr Fettanteil im unteren Bereich des üblichen Gehaltes von 1-5 g pro 100 g Filet liegt, werden sie als ein Spitzenerzeugnis der fränkischen Karpfenzucht vielfach besonders geschätzt. (NB10; KPN1; BF)

Mit dem Verzehr eines Aischgründer Karpfens tragen Sie dazu bei, die heimische Teichwirtschaft und die typische Weiherlandschaft des Aischgrundes zu erhalten. Mit dem "Karpfen pur Natur" unterstützen Sie darüber hinaus eine naturschutzorientierte Wirtschaftsweise - Ihr Beitrag zum Erhalt der Artenvielfalt! (Zitat aus: www.karpfenpurnatur.de = KPN1)

Weil viele *Karpfen pur Natur* größer und schwerer als üblich angeboten werden (3 bis 5 Pfund), eignen sie sich besonders für die kreative Karpfenküche, z.B. mediterran oder asiatisch. - Der Brauereigasthof *Zum Löwenbräu*, Adelsdorf-Neuhaus, serviert regelmäßig *Karpfen pur Natur* als Karpfenfilet; nach Vorbestellung angeboten werden sie z.B. auch im Landgasthof *Weichlein* in Wachenroth-Weingartsgreuth (→ Teil 3).

Das Projekt *Karpfen pur Natur* wird im Rahmen des LEADER+ - Projektes der LAG Aischgrund gefördert, und zwar vom Freistaat Bayern und der Europäischen Union. (KPN1)

Nähere Informationen zu *Karpfen pur Natur*, auch Bestellungen, beim Bund Naturschutz: Tel. (09195) 99 73 51 oder 82 17.

Fränkischer Karpfenführer

KARPFENZUCHT - SCHLAGMÜTTER (Text: Aischgründer Karpfenmuseum, Neustadt/Aisch)

So heißen die Mutterkarpfen mit sechs, acht oder gar zehn und mehr Pfund, die geschlechtsreif sind und zur Fortpflanzung dienen. Sie werden extra ausgesucht, sorgfältig überwintert und können mehrere Jahre lang zum Ablaichen herangezogen werden. Pro Kilogramm Körpergewicht können es leicht um die 200.000 Eier sein. Eine gute Schlagmutter kann im Lauf ihres Lebens so für viele Millionen kleiner Kärplein sorgen. Eine Mär übrigens, dass solche Fische nicht mehr schmecken. Zum halben Gebackenen sind sie natürlich viel zu groß, aber geräuchert, gebeizt oder als Karpfenschinken eine wahre Delikatesse!

Kiemen → Atmung - Wie atmet der Fisch? → Zubereitung fränkischer Karpfen - Beigeschmack;
    → Karpfenweiher - Trockenlegen, Bespannen und Abfischen
Koi → Karpfen - Zuchtformen; → Teichwirte - hauptberuflich: Gerstner

KORMORANE UND GRAUREIHER

Kormoranproblem - In den letzten Jahren ist der Kormoran in Mittel- und Südeuropa u.a. deshalb zu einem Problem geworden, weil er täglich etwa 0,5 kg Fisch frisst, weil er meist innerhalb einer Gruppe jagt und weil er sich schnell vermehrt hat: In Westeuropa gab es um 1970 etwa 30.000 Kormorane, heute sind es dort über 900.000. Solange die Vögel aus den Naturgewässern jährlich nicht mehr herausfressen als an Fischbiomasse nachwächst (etwa 20%), hält sich ihr verursachter Schaden in Grenzen, weil dann ihr Fischbestand durch die Fortpflanzungskette und Alterspyramide noch auf natürliche Art erhalten bleibt. Fressen die Kormorane mehr, stellen sie aus ökologischer und aus finanzieller Sicht ein Problem dar: ein ökologisches Problem deshalb, weil mit dem Rückgang des natürlichen Fischbestandes ein vorhandenes Gleichgewicht zunehmend gestört wird und damit die Artenstruktur und genetische Vielfalt verarmt; ein finanzielles Problem deshalb, weil der Fischverlust in den Teichen durch anzukaufende Besatzfische ausgeglichen werden muss und weil für vorbeugende Maßnahmen Kosten anfallen. (AT1)

Abschuss - Weil die Vögel des Jahres 2010, sie sind schwarz und bis zu 95 cm groß, seit Jahren zentnerweise Karpfen und andere Fische aus den Teichen fränkischer Teichwirte verspeisen, gehen immer mehr von ihnen dazu über, die Vögel selbst zu schießen, obwohl sie seit 1979 unter Naturschutz stehen. Sollte eine behördliche Erlaubnis zum Abschuss wegen Schäden in der Fischerei erteilt worden sein, dürfen Kormorane vom 16. August bis zum 15. März uneingeschränkt von denen bejagt werden, die eine Waffensachkunde- und Schießfertigkeitsprüfung abgelegt haben. (FP1; WO1; W14)

Geburtenkontrolle - Indem man in die Brutgebiete der Kormorane entsprechend eingreift, könnte man eine nachhaltige Wirkung erzielen. Diese Maßnahme wird von verschiedenen Seiten zwar empfohlen, u.a. von Vogelschutz-Instanzen, sie lässt sich aber dort nicht umsetzen, wo ihre Brutplätze unter Schutz gestellt sind; fränkische Teichwirte können hier ohnehin kaum aktiv eingreifen, weil viele Kormorane hier nur überwintern und ihre fischreichen Brutgebiete weit im Norden liegen. (AT1)

Schnüre - In Franken überspannen immer mehr Teichwirte ihre Teiche teilweise mit Schnüren, um so die Kormorane von einer gezielten Karpfenjagd abzuhalten: siehe Bild links. (BF)

Kunst-Karpfen (Motiv: Aischgründer Karpfenmuseum)

Weihnachtsbäume - Am Kauerlacher Weiher, in Mittelfranken nahe Hilpoltstein, wird seit März 2011 in einem Pilotprojekt ein neues Schutzsystem für Fische getestet, das den Kormoranen den Zugriff erschweren soll. Weil Kormorane gut tauchen und die Fische auch unter Wasser verfolgen können, versucht man dort, den Karpfen sichere Verstecke zu bieten: Man setzte in den Weiher 110 Gitterkäfige ein und füllte sie mit Weihnachtsbäumen, deren Zweige jagende Kormorane von den Karpfen abhalten sollen; schattenspendende Kunststoffplanen über den Käfigen erleichtern den Karpfen zudem den Weg in die Sicherheit. Auch das Schilf am Teichrand spielt als natürlicher Schutzraum für die Fische eine nicht zu unterschätzende Rolle. (MP1)

EU-Zusammenarbeit - *Das Europäische Parlament spricht sich für einen Europäischen Kormoran-Managementplan zur Reduzierung der zunehmenden Schäden durch Kormorane für Fischbestände, Fischerei und Aquakultur aus. Die starke Ausbreitung dieser Wasservögel habe in vielen Gebieten der EU zu unmittelbaren Auswirkungen auf die lokalen Fischpopulationen bzw. die Fischerei geführt. (...) Sie entnehmen jährlich über 300.000 Tonnen Fisch aus europäischen Gewässern, in vielen Mitgliedstaaten ist dies ein Vielfaches dessen, was die Binnenfischerei und Fischzucht an Speisefischen erzeugt. Besonders gravierend seien die Verluste bei ohnehin gefährdeten Fischarten. (...) Der Bestand an Kormoranen habe sich im Gebiet der Europäischen Union in den letzten 25 Jahren verzwanzigfacht und liegt heute bei einer Mindestschätzung von 1,7 bis 1,8 Millionen Vögeln. Inzwischen kommen die Vögel auch weit außerhalb ihrer traditionellen Brutstätten in Regionen vor, in denen sie früher nie vorgekommen sind. Weil kleinräumige Maßnahmen zur Eindämmung von Schäden durch die Kormoran-Populationen kaum gewirkt haben und weil es innerhalb der EU diesbezüglich keine ausreichende Koordinierung gibt, sei ein gemeinsamer Ansatz unbedingt erforderlich. Ein mehrstufiger europäisch koordinierter Bestandsmanagementplan könne die Kormoranbestände langfristig in die Kulturlandschaft integrieren.* (Kursiv zitiert aus: EUP1, 04.12.2008)

Roter Kormoran - Im Gegensatz zu anderen Kormoranen zählt der *Rote Kormoran* nicht zu einem Feind der Teichwirte und Karpfen.   → Roter Kormoran

Graureiher (Ardea cinerea) - Großer grauer Schreitvogel, etwa 1.600 Gramm schwer. Im Alterskleid heller Schnabel, schwarze Kopflängsstreifen, verlängerte Zierfedern am Hinterkopf, schwarze Abzeichen am Vorderhals und Flügelbug. - Der Graureiher ist ein Einzelgänger und Teilzieher in weiten Teilen Europas und Asiens. In Deutschland ist er überwiegend ein Standvogel, er fehlt im Mittelmeerraum. Er hält sich besonders gerne an seichten, durchwachsenen kleinen Tümpeln und Teichen auf, die möglichst umbuscht und umwaldet sind. Bewohnt Uferzonen der Binnengewässer. - Graureiher brüten kolonieweise, meist auf hohen Bäumen. Das Gelege besteht aus vier bis fünf hellblau-grünen Eiern. - Die Sterblichkeit der Jungreiher ist während der Nestzeit sehr groß. Es wird geschätzt, dass in den ersten sechs Monaten 70% der Jungtiere sterben. Überleben Graureiher ihre Jugendmonate, können sie bis zu 24 Monate alt werden. - Bei Teichwirten sehr unbeliebt. Regungslos am Ufer oder im seichten Wasser stehend, sticht er blitzschnell nach Fischen, Fröschen, Molchen, Schlangen und Wasserinsekten. Den größeren Schaden verursacht er meist dadurch, dass so mancher Fisch bei dieser Jagd zwar wieder entkommt, aber verletzt wird. - In der Kolonie sind vielfältige gurgelnde oder kreischende Rufe zu hören oder ein drohendes langgezogenes *gooo*. (Text: Karpfenmuseum, Neustadt)

Kosbach → Karpfen-Kirchweihen und Karpfen-Hoffeste; → Teichwirte - hauptberuflich (Oberle)

Fränkischer Karpfenführer: Neuhaus/Aisch

KRUSCH, AUGUST

Der Fischzuchtmeister August Krusch, geboren 1906 im schlesischen Ellguth-Tillowitz, hat durch seine Planung und Aufsicht dazu beigetragen, dass im Bereich von Uehlfeld-Rohensaas 1974 ein größeres Areal von Weihern entstand. (KaMu)
→ Karpfenweiher - Weiherorte im Aischgrund (Rohensaas)

Laichen von Karpfen → Karpfen - Fortpflanzung und Wachstum; → Karpfenzucht; → Teichwirte - hauptberuflich (Oberle)
Lederkarpfen → Karpfen - Zuchtformen
Markt Uehlfeld → Uehlfeld
Milchner → Karpfen - Fortpflanzung und Wachstum (Befruchtung); → Ingreisch
Mohrhof → Karpfenzucht - Öko: Mohrhof - Karpfen pur Natur
Mönch → Karpfenweiher - Mönch und Schlegel
Moorweiher → Karpfenweiher
Mühlhausen → Teichwirte - hauptberuflich: Jakob
Mühlweiher → Karpfenweiher
Müllerin Art → Zubereitung fränkischer Karpfen - Karpfen Müllerin Art
Nackendorf → Karpfenweiher - Weiherorte im Aischgrund
Naturland-Karpfen → Karpfenzucht - Öko: Naturland-Karpfen

NEUHAUS/AISCH

Neuhaus - Ein romantisches Kleinod am Rande des Aischgrundes: das Renaissance-Schloss von Neuhaus, an drei Seiten mit Wasser umgeben. (Text: Aischgründer Karpfenmuseum, Neustadt/Aisch.)

Naturkundliche Anlage im Aischgrund - Durch sie wollen die Fischer und Jäger der Region die Öffentlichkeit über das reichhaltige Leben in den heimischen Teichen und Flüssen, Wäldern, Wiesen, Feldern und Hecken informieren und somit u.a. dazu beitragen, dass diese empfindlichen Lebensräume verantwortungsbewusst genutzt werden. Zum Fang und zur Jagd gehört auch die Hege der Tiere, also die Erhaltung ihrer Lebensgrundlagen und die Sicherung ihres Bestandes: Fischer und Jäger sind also in den Naturschutz und in den Tierschutz aktiv eingebunden. Zu verdanken ist die Anlage dem Arbeitseinsatz der Fischerei-Hegegemeinschaft *Unterer Aischgrund* sowie der Kreisjägerschaft Höchstadt/Aisch.

Das **Jagd- und Fischereimuseum**, untergebracht in einem ehemaligen Fischhälter-Haus, zeigt u.a. alte Fischereigeräte, präparierte Tiere des Aischgrundes sowie Werkzeuge für Fischerei und Jagd. - Es ist geöffnet von April bis Oktober, immer sonntags von 13 - 17 Uhr, der Eintritt ist frei. - Kontakt (09193) 88 78 oder (09132) 47 87. - Eine ausführliche Beschreibung der Ausstellung und dortigen Lehrpfade gibt der Anlagen-Führer, erhältlich im Museum oder in örtlichen Gastwirtschaften und Geschäften. - Den **Fischerei-Lehrpfad** durchwandert man vom Museum aus nach Norden, vorbei an ökologisch wertvollen Nasswiesen, Verlandungszonen und Hecken und zwischen Teichen in unberührter Landschaft; während des 2 km langen Weges informieren viele

Frankli, der Steinkarpfen am Bleichweiher in Neustadt

Logo des Aischgründer Karpfenmuseums, Neustadt

Bleichweiher in Neustadt

Vor dem Aischgründer Karpfenmuseum, Neustadt

Fränkischer Karpfenführer: Neustadt/Aisch

Schrift- und Bildtafeln über die Einzigartigkeit dieser Fischregion, über Fische und Fischzucht, über die Entstehung der Fischerei im Aischgrund sowie über den dortigen Naturschutz; auf halber Strecke lassen sich auf einer Beobachtungskanzel beim *Angerweiher* seltene Vögel beobachten. - Der **Naturlehrpfad Jagd** zeigt auf einem 3 km langen Rundweg das Zusammenspiel von Jagd, Forst und Naturschutz. (Nach: www.karpfenradwege-franken.de → Allgemein → Museen; www.edelkrebs.de/lehr1.htm; BF)

Fisch-Paulus - In Neuhaus befindet sich auch die regional bedeutsame Fischgroßhandlung Paulus: Der Inhaber Werner Humann betreibt eine Karpfenzucht und handelt mit lebenden Fischen, vorwiegend Karpfen und Forellen (Schloßstr. 1, Tel. 09195/7284).

NEUSTADT/AISCH

Aischgründer Karpfenmuseum - Dem im Jahr 2008 eröffneten Museum wird sehr großes Interesse entgegengebracht, zählt es doch jährlich etwa 10.000 Besucher. Neben dem verbreiteten Informationsbedürfnis zum Thema *Karpfen* liegt dies wohl auch daran, dass das Museum mustergültig gestaltet ist, sowohl was die Exponate anbelangt als auch hinsichtlich der eingesetzten Medien und pädagogisch aufgearbeiteten Wissenseinblicke: So wird der Rundgang für Jung und Alt zu einem Erlebnis, bei dem man in gut portionierten kleinen Einheiten und oft spielerisch neue Kenntnisse erlangt. Folgende Schwerpunkte werden dabei gesetzt und in je einem Raum dargestellt: Jahreskreislauf -- Historischer Aspekt -- Ökologischer Aspekt -- Aquarium -- Züchterischer Aspekt -- Künstlerischer Aspekt -- Kulinarischer Aspekt -- Medienraum Teichwirtschaft. - Das Karpfenmuseum befindet sich im Museum im Alten Schloss, Untere Schlossgasse 8, und es ist geöffnet am Di von 19 - 21 Uhr, am Sa von 10.30 - 13 Uhr sowie am So von 14 - 17 Uhr (Gruppen nach Vereinbarung); der Eintritt beträgt 3 Euro.
Informationen: Kulturamt Neustadt, Tel. (09161) 666 14; www.karpfenmuseum.de. (KaMu1; BF) → Danksagungen

Bleichweiher - Er liefert nicht nur Karpfen, der Neustädter *Bleichweiher* dient ebenso der Naherholung: Im Sommer bietet er schattige Plätze, im Winter ist er eine beliebte Eisfläche. Der Neustädter Bleichweiher am Rande der Altstadt, nachgewiesen seit mehr als fünfhundert Jahren. Nur hieß er früher wegen der runden Form *Kuglet-Weiher*. (Text: Karpfenmuseum, Neustadt/Aisch.)

Oberle (Restaurant, Satzfischzucht, Teichwirtschaft) → Karpfen-Kirchweihen und Karpfen-Hoffeste; → Teichwirte - hauptberuflich
Oberle, Martin Dr. (Bayerische Landesanstalt für Fischerei) → Aischgrund - Uehlfeld; → Danksagungen; → Karpfenlied /1
Obervolkach → Teichwirte - hauptberuflich (Gerstner)
Öko-Karpfen → Karpfenzucht - Öko
Plätzer, Sabine → Karpfenkönigin - Karpfenprinzessin
Praus, Helmut (Altbürgermeister des Marktes Uehlfeld) → Aischgrund - Uehlfeld
Proske, Christian Dr. (Fischzüchter in Uehlfeld-Rohensaas) → Aischgrund - Uehlfeld
Pur Natur Karpfen → Karpfenzucht - Öko: Mohrhof
r-Regel, verschärft → Karpfensaison
Rezepte → Zubereitung fränkischer Karpfen
Rittmayer (Hallerndorf-Willersdorf) → Karpfenzucht - Öko: Naturland-Karpfen;
　　　　　　　　　　　　　　　→ Zubereitung fränkischer Karpfen - Karpfen gebacken: Rezept

Wachenroth-Weingartsgreuth (Foto: Bildarchiv Erich Weichlein, Weingartsgreuth)

Rogner → Karpfen - Fortpflanzung und Wachstum (Befruchtung); → Ingreisch
Rohensaas (Uehlfeld) → Krusch, August; → Aischgrund - Uehlfeld; → Karpfenweiher - Weiherorte im Aischgrund
Römer, Barbara → Karpfenkönigin - Karpfenprinzessin

ROTER KORMORAN - EBERHARD IRLINGER (SPD)

Weil Eberhard Irlinger, SPD-Landrat des Kreises Erlangen-Höchstadt, z.B. während einer Karpfensaison in 40 verschiedenen Gast-stätten 72 Karpfen verspeist hat, setzte sich für ihn in der Region der Beiname *Roter Kormoran* allgemein durch und gilt dort als Ehrentitel. Dass Irlinger, im Gegensatz zum Kormoran, ein ausgesprochener Karpfenfreund ist - für ihn sind die Karpfen *die Seele des Landkreises* -, zeigt sich auch an seinem weitgefächerten Engagement für die fränkische Karpfenwirtschaft: so lässt er z.B. seit dem Jahr 2004 regelmäßig Übersichten der Karpfengaststätten seines Landkreises veröffentlichen (*Hier gibts unseren leckeren Karpfen*), eröffnet in einem Gasthaus des Landkreises alljährlich feierlich und mit prominenten Gästen die neue Karpfensaison, ehrt die herausragenden Liebhaber von Karpfengerichten (→ Karpfenpass) oder bringt gerne sein musikalisches Talent als singen-der Gitarrist beim *Karpfenlied* oder *Karpfenwalzer* ein (→ Karpfenlied/1; → Karpfenwalzer). (NB1; ERH2; NB7; BF)

Schlagmütter → Karpfenzucht - Schlagmütter
Schlegel → Karpfenweiher - Mönch und Schlegel
Schloss Seehof → Teichwirte - hauptberuflich: Oberle
Schneider, Berthold → Steinkarpfen
Schuppenkarpfen → Karpfen - Zuchtformen
Setzlinge → Karpfenweiher - Trockenlegen, Bespannen und Abfischen;
          → Karpfen - Fortpflanzung und Wachstum (Besatz und Erträge)
Spiegelkarpfen → Karpfen - Zuchtformen

STANG, GEORG - FISCHZÜCHTER (Text: Aischgründer Karpfenmuseum, Neustadt/Aisch)

Zu den bedeutendsten Karpfenzüchtern in Mittelfranken gehört Gerhard Stang aus Gerhardshofen (1865 - 1934), eigentlich ein gelernter Bierbrauer. Er hatte sich um 1900 ausschließlich auf die Karpfenzucht verlegt und in enger Zusammenarbeit mit dem damaligen mittelfränkischen Fischereiberater Dr. Josef Hoffmann die besonders hochrückige Aischgründer Rasse erfolgreich weitergezüchtet. Als mustergültig für die Aischgründer Teichwirtschaft galt sein Teichgut Tanzenhaid, das den Teichwirten als Vor-bild diente. Nicht nur die mittelfränkischen Teichwirte belieferte er mit Satzfischen, schon um 1910 exportierte er Jungbrut bis nach Brasilien und Java. Von dort erhielt er einen Papagei bzw. Teichrosen als Geschenk. Aufgrund seiner Verdienste wurde Stang 1929 von der Bayerischen Staatsregierung mit dem Titel *Ökonomierat* ausgezeichnet, und Kreisbauernkammer und Kreisfischerei-verein Mittelfranken ehrten ihn mit einer *Silbernen Ehrendenkmünze*. Georg Stang hat außerdem den Weihermönch weiter ent-wickelt, so wie er heute tausendfach in den Weihern eingebaut ist.
→ Aischgrund - Uehlfeld; → Karpfenweiher - Mönch und Schlegel

K1-Karpfen, etwa 100 g (Foto: Bildarchiv Michaela Gerstner-Scheller, Obervolkach)

Steinkarpfen → Höchstadt a.d. Aisch
Streckteiche → Karpfenweiher - Trockenlegen, Bespannen und Abfischen
Tanzenhaid - Teichgut und ehemaliges Rittergut (Emskirchen) → Stang, Georg
Teichketten → Karpfenweiher

TEICHWIRTE - HAUPTBERUFLICH

Weil die kleinräumige fränkische Karpfenteichwirtschaft von über 1.000 Fischwirten bewirtschaftet wird, betreiben diese ihr Gewerbe fast ausschließlich im Nebenerwerb und als zusätzliche Einkommensquelle. Von den wenigen hauptberuflichen Teichwirten in Franken sei hier nur auf die wohl bekanntesten und größten Betriebe hingewiesen (in alphabetischer Reihenfolge):

Gerstner (Obervolkach/Wellheim) - Der wohl vielseitigste und leistungsfähigste teichwirtschaftliche Betrieb in Bayern beschäftigt vier Fischzuchtmeister und 15 Mitarbeiter, die über 30 verschiedene Fischarten vermehren und in allen Größen verkaufen. Der zwischen Gaibach und Obervolkach gelegene Hauptbetrieb bewirtschaftet ca. 150 ha Teichflächen, in denen die Fische möglichst naturnah aufwachsen; in Wellheim bei Eichstätt befindet sich die Forellenzucht. Das Sortiment umfasst Speise- und Besatzfische, Köder- und Futterfische sowie Zier- und Biotopfische, z.B. Bitterlinge, Gründlinge, Moderlieschen, Stichlinge, Rotaugen und Rotfedern sowie Teichmuscheln; wegen der Herpesgefahr bei Importen stammen alle Koi-Karpfen aus eigener Aufzucht und sind attestiert herpesfrei. - Nur abhängig von Jahreszeit und Wachstum werden alle Fische in allen Größen und Stückzahlen abgegeben. Innerhalb Deutschlands liefern Fahrzeuge mit Spezialbehältern größere Mengen direkt ans Gewässer, und zwar so, dass die Fische bestmöglich mit Frischwasser und Sauerstoff versorgt und vor dem Besatz schonend akklimatisiert werden; beim Speditionsversand werden die Fische fachgerecht in Plastiksäcke mit Wasser und Sauerstoff verpackt. Speisefische - lebend werden sie nur an Gastwirte und Wiederverkäufer abgegeben - sind ganzjährig im Angebot, z.B. lebendfrische und küchenfertige Karpfen, Waller oder Störe. Die Fischzucht Gerstner beteiligt sich am Programm *Offene Stalltür* des Bayerischen Bauernverbandes und erfüllt dessen Kriterien für eine kontrollierte Erzeugung. - Fischzucht Gerstner, Inhaberin Michaela Gerstner-Scheller, Im Seegrund 1, Volkach-Obervolkach, Tel. 09381/10 79. (Vgl.: www.fischzucht-gerstner.de) → Danksagungen

Jakob (Mühlhausen) - Der karpfenorientierte Betrieb wurde vom *FischMagazin* als bundesweit *Beste Direktvermarktung ab Teich* mit dem SeafoodStar 2009 ausgezeichnet. Karpfen aus eigener Produktion und von Teichwirten aus der Region erhält man dort ganzjährig und in verschiedenen Variationen. Saisonal angeboten werden u.a. hausgemachte Spezialitäten wie Karpfenpastete, Karpfenschinken oder Karpfensäckchen; außerdem erhält man z.B. Karpfen-Innereien, Karpfenschnetzel, Karpfenkotelett, Karpfen geräuchert, Karpfensalat, Bratkarpfentopf oder marinierte Karpfen. - In der Fischzucht widmet man sich im Aisch- und Ebrachgrund überwiegend den Karpfen, und zwar in über 60 Naturteichen mit mehr als 45 ha Wasserfläche - im Einklang mit der Natur und sowohl traditionell als auch mit modernster Technik; der Schwerpunkt liegt in der Zucht von Satzfischen aller Altersgrößen, z.B. Spiegelkarpfen, Graskarpfen (Amur) oder Schuppenkarpfen. Zum Kundenkreis zählen Gastwirte aus der Region sowie Teichwirte und Angelvereine in ganz Bayern: Die Hälterung in Erdteichen mit Steigerwald-Quellwasser und in Frischwasser-Bassins sorgt für Frische, eigene landwirtschaftliche Nutzflächen liefern das Getreide zur Fütterung und moderne Abfischmethoden mit viel

Hofweiher in Erlangen-Kosbach (Oberle)

Wasser minimieren den Stress der Fische, die alle mit ausreichender Sauerstoffversorgung transportiert werden. - Fisch Jakob, Inh. Walter Jakob, Kleine Dorfstraße 3, Mühlhausen, Tel. 09548/83 62, www.fischjakob.de. - Walter Jakob ist auch Vorsitzender der Teichgenossenschaft Aischgrund (www.aischgründer-karpfen.de = www.karpfenland-aischgrund.de = www.teichgenossenschaft-aischgrund.de). → Karpfen-Kirchweihen und Karpfen-Hoffeste

Oberle (Kosbach/Seehof) - Die Satzfischzucht und Teichwirtschaft wird auf über 100 ha Wasserfläche von etwa 40 Teichen betrieben, wovon sich die eine Hälfte rund um Kosbach befindet und die andere bei Schloss Seehof nahe Bamberg; manche Teiche der Anlage Seehof wurden bereits im 14. Jahrhundert urkundlich erwähnt. - Die Fischzucht des Betriebes beginnt in den Laichbecken des eigenen Bruthauses, in dem Bürsten das natürliche Ufer simulieren und die Fische zum Ablaichen stimulieren. Etwa 4 Tage nach dem Ablaichen schlüpfen die kleinen Karpfen aus dem Ei und nach weiteren 2 Tagen hat sich ihre Schwimmblase gefüllt, so dass sie in die eingesäten und entsprechend vorbereiteten Vorstreckteiche ausgesetzt werden können. Neben Karpfen und Wildkarpfen werden auch Hechte und Zander im Bruthaus vermehrt und in separaten Teichen vorgestreckt. - Zwischen Ende März und Ende April werden einerseits vor allem die Brut und die Setzlinge für den Besatz in Teichwirtschaften abgefischt und andererseits alle Teiche mit Karpfen neu besetzt. Gegen Ende September, beim Abfischen, lässt man das Wasser aus den Teichen weitgehend ab und fängt die Fische behutsam mit einem Zugnetz; danach werden sie auf dem Sortiertisch nach Art, Größe und Fettgehalt getrennt und in die Hälterung gegeben: In Kosbach werden die Fische schonend in knotenfreien Netzgehegen im über zwei Meter tiefen Hofweiher mit Naturboden zum Abtransport bereit gehalten, in Seehof in einer frostsicher isolierten Fischhälterhalle. Weil die Kunden, hauptsächlich Fischereiverbände, Fischerei- und Angelvereine, ihre Gewässer ab Oktober neu besetzen, werden die verkauften Satzfische dann in eigenen speziellen Fischfahrzeugen dorthin transportiert - höchst frisch, schonend und stressfrei. Zum Verkauf angeboten werden alle Altersstufen, sowohl die frisch geschlüpfte bzw. fressfähige bzw. vorgestreckte Brut als auch ein-, zwei- und dreisömmrige Fische sowie besonders große Exemplare. Im Zentrum der betrieblichen Arbeit steht die Gesundheit und das Wohlergehen der artgerecht und natürlich großgezogenen Fische, z.B. Karpfen, Schleien, Hechte, Zander, Welse, Barsche, Rotfedern, Rotaugen, Moderlieschen: *aus der Natur - für die Natur*. - Paul und Christoph Oberle, Am Deckersweiher 24, Erlangen-Kosbach, Tel. 09131/455 56. (Vgl.: www.fischerei-oberle.de) → Karpfen-Kirchweihen und Karpfen-Hoffeste; → Danksagungen

TEICHWIRTE - BEWAHRER DER KULTURLANDSCHAFT (Text: Aischgründer Karpfenmuseum, Neustadt/Aisch)

Im Einklang mit der Natur - Die vielen Karpfenteiche im Aischgrund - rund 5.000 sollen es sein - bilden aischabwärts großflächige Weiherketten oder -haufen. Ursprünglich seit dem Mittelalter künstlich angelegt, ist hier infolge günstiger geologischer und klimatischer Verhältnisse eine der größten Weiherlandschaften Mitteleuropas entstanden. - Über die Jahrhunderte haben sich diese Feuchtgebiete zum einzigartigen Lebensraum vieler seltener Tier- und Pflanzenarten entwickelt. - Da der Aischgrund eine der wärmsten Regionen Bayerns ist, eignet er sich auch hervorragend für den Karpfen, dessen Haltung ein wichtiger Beitrag zur Erhaltung dieser Kulturlandschaft bedeutet. (→ Frankenland - Karpfenland)

Sauerstoffversorgung (Lüfter) im Hälter-Teich

Sortiertisch mit Wannenständer vor abgefischtem Teich

Hälternetze

Sauerstoffzufuhr vorne, Transport-Container hinten

Fränkischer Karpfenführer

Kulturlandschaft - Teichgebiete sind als ökologisch besonders wertvolle Lebensräume das Kernstück zahlreicher Natur- und Vogelschutzgebiete. Dieser Status resultiert allein aus der nachhaltigen Bewirtschaftung durch die Teichwirte. Allein diese Bewirtschaftung stellt sicher, dass die Teichlandschaften auch weiterhin erhalten bleiben. Wo der Teichwirt aufgibt, verschwinden innerhalb weniger Jahre auch seine Weiher. - Das Erreichen von Schutzzielen durch den Naturschutz ist auf Gedeih und Verderb davon abhängig, dass ein Teichwirt vor Ort ist und seine Arbeit verrichtet. Dieser Teichwirt ist wiederum zwingend darauf angewiesen, mit seiner Arbeit einen Ertrag zu realisieren, von dem er am Ende tatsächlich leben kann oder bei der Bewirtschaftung im Nebenerwerb - persönlichen Zeitaufwand nicht mitgerechnet - zumindest nicht zuzahlt.

TEICHWIRTE - VERMARKTUNG VON KARPFEN (Text: Aischgründer Karpfenmuseum, Neustadt/Aisch)

Vermarktung und Qualität - Wie viele Karpfen jährlich in den Aischgründer Weihern heranwachsen, darüber gibt es nur grobe Schätzungen. Es wird davon ausgegangen, dass es wohl so um die 2.000 Tonnen sind, die jährlich im Herbst abgefischt werden. Das ergäbe dann etwa eineinhalb Millionen Speisefische und damit drei Millionen Portionen. Die Besonderheit: Alle Fische werden auch in der Region vermarktet und verspeist. Das wiederum bedeutet, dass auch die Transportwege sehr kurz sind. Es geht nach dem Abfischen meist direkt zum Gastwirt oder Händler. Die geplante Eintragung des Aischgründer Karpfens als geschützte geografische Angabe nach der EWG Verordnung 2081/92 entspricht daher vollkommen den Wünschen der Verbraucher. In diesem Zusammenhang wird von einigen Gastwirten zusätzlich eine Festlegung von Erzeugungsbedingungen gewünscht, um eine hochwertige Qualität zu gewährleisten.   → Aischgrund - Uehlfeld; → Karpfen - Zuchtformen in Franken (Aischgründer Karpfen)

Vermarktung und Verkauf - Im Aischgrund gewachsene Karpfen sind Lebensmittel der kurzen Wege. Sie finden in aller Regel den Weg nach dem Abfischen vom Weiher weg direkt in die Fischküche einer der zahlreichen Gastwirtschaften der Umgebung. - Abgewogen werden die Fische meist immer noch auf der altbewährten Dezimalwaage, der Preis wird per Handschlag besiegelt. Diese Direktvermarktung an jahrelange Stammkundschaft bringt für den Teichwirt als Lohn der Mühe meist einen etwas höheren Ertrag als der Verkauf an den Händler. - Ein zeitlich versetztes Abfischen zwischen Mitte August bis in den November hinein sorgt dabei für ein stets gleich bleibendes Angebot an Karpfen höchster Qualität und somit frischer Ware. Um die 35 Stück unserer Spiegelkarpfen sollten auf den Zentner gehen, dann ist das Idealgewicht des fränkischen Karpfens mit zweieinhalb bis drei Pfund gegeben, dann ist eine Hälfte gerade die richtige Portion, egal ob gebacken oder blau zubereitet.

Transport - Ein Transport von Karpfen über kürzere Strecken oder für kürzere Zeit ist, vor allem wenn die Außentemperaturen nicht allzu hoch sind, mit relativ wenig Wasser möglich. Heute werden hierzu meist spezielle Fischcontainer aus Kunststoff genutzt. Bei längeren Strecken ist allerdings eine zusätzliche Sauerstoffzufuhr erforderlich. - Typische Transportbehälter früher waren hölzerne Bottiche oder Fässer, in denen die Karpfen mit dem Fuhrwerk oder sogar Schubkarren zum Verkauf bis nach Nürnberg, Fürth oder Erlangen transportiert wurden. Beim ständigen Schütteln während der Fahrt konnte sich das Wasser mit Sauerstoff anreichern. - In den 1950er Jahren gab es bereits Fässer und Bottiche mit integrierten Sauerstoffflaschen. Bei kürzeren Entfernungen wurden für einzelne Tiere und für Vorstreckbrut (K0) oder Brut (K1) auch einfache Milchkannen verwendet.
→ Teichwirte - hauptberuflich

Fränkischer Karpfenführer

TELLERKARPFEN

Weil mit der Ausbreitung der klösterlichen Lebensweise im Hochmittelalter auch die fränkische Teichwirtschaft erblühte und weil auch die Zisterzienser die Karpfen als Fastenspeise besonders schätzten, ist es nicht verwunderlich, dass uns - zumindest einer frommen Sage nach - ein Bamberger Bischof zum hochrückigen *Aischgründer* verholfen hat. In der Fastenzeit einen Karpfen zu verzehren, der über den Tellerrand hinausragt, galt damals als unschicklich: Der Kirchenfürst befahl seinen Teichwirten deshalb, einen Karpfen zu züchten, der ihm den Teller bis zum Rand ordentlich fülle, und bald darauf konnte man den überaus rundlichen Aischgründer *Tellerkarpfen* verspeisen. (Gegen Ende des 15. Jahrhunderts war ein Karpfen, lassen wir ihn 2 Kilo wiegen, übrigens mehr wert als 10 kg Ochsenfleisch.) (KaMu1)

Traishöchstädt → Karpfenweiher - Weiherorte im Aischgrund
Transport von Fischen → Teichwirte - Vermarktung von Karpfen

Uano, Katrin → Karpfenkönigin - Karpfenprinzessin
Überwinterung → Karpfenweiher (Überwinterungsteiche); → Karpfen - Fortpflanzung und Wachstum (Überwinterung); → Karpfenzucht - Aquakultur
Uehlfeld → Aischgrund - Uehlfeld; → Fränkische Karpfenradwege; → Krusch, August; → Rohensaas

Verdauung → Zubereitung fränkischer Karpfen - Verdauung
Vorstreckteich → Teichwirte - hauptberuflich (Oberle)

Wappen mit Karpfen → Karpfenwappen
Warmwasserkreislaufanlagen → Karpfenzucht - Aquakultur

WASSERTRÜDINGEN - FISCHEREIMUSEUM

Beim Besuch des kleinen Fischereimuseums, das sich im Nordtor der Stadtmauer von Wassertrüdingen befindet, werden einem sowohl Urmenschen beim Fischen liebevoll präsentiert als auch die gegenwärtigen Methoden der Fischzucht und des Fischfangs nahe gebracht; man erhält Informationen über heimische Fischarten und über Tiere, die im Bereich von Weihern und Flüssen leben. - Fischereimuseum des Fischereivereines Wassertrüdingen im Nordturm (*Törle*), geöffnet vom 01.04. bis 15.10., immer am Mi und Fr von 14 - 16 Uhr; Eintritt 2 Euro. Kontakt: Tel. (09836) 968 33. (Nach: www.karpfenradwege-franken.de → Museen)

Weiher → Karpfenweiher
Weihermönch → Karpfenweiher - Mönch und Schlegel
Weiherhaufen → Karpfenweiher
Weihertreppen → Karpfenweiher

Fränkischer Karpfenführer

WEIHNACHTSKARPFEN (Text: Aischgründer Karpfenmuseum, Neustadt/Aisch)

Der Weihnachtskarpfen ist in Mittel- und Osteuropa eines der traditionellen Gerichte am Heiligen Abend. Dieser Brauch entstand, als man der christlichen Lehre entsprechend die Adventszeit als Fastenzeit beging. Der Heilige Abend als Höhepunkt des Advents und Vorabend des Weihnachtstages sollte besonders gefeiert und ein spezielles Fastengericht dem gerecht werden. In Schleswig-Holstein und der Lausitz ist der Karpfen blau ein beliebtes Gericht zu Silvester. In Franken hat diese Tradition nie eine Rolle gespielt. Der Verzehr erstreckt sich mit lokalen Spitzen über eine ganze Saison hinweg, die um Ostern herum, meist mit dem Karfreitag, ausklingt.

Werner, Robert → Karpfenwalzer
Wildkarpfen → Karpfen - Zuchtformen

WUNDER, GEORG DR. - Der Erlanger Fisch-Professor (Text: Aischgründer Karpfenmuseum, Neustadt/Aisch)

Am 31. August 1991 verstarb mit 93 Jahren Georg Wunder, einer der großen deutschen Fischereibiologen, geboren im pfälzischen Alsenborn, aber mit fränkischen Wurzeln: 1820 starb in Neustadt sein hier als Forstmeister tätig gewesener Ur-Ur-Großvater Georg Wilhelm Wunder. Der Assistent des späteren Nobelpreisträgers Karl von Frisch hatte zunächst in Rostock gearbeitet, habilitierte 1925 in Breslau, war dort Privatdozent, ab 1930 apl. Professor, von 1949 an dann Professor an der Universität Erlangen. - Bereits in Schlesien hatte sich Wunder mit Zucht und Vererbung beim Karpfen beschäftigt. Als Standardwerk erschien 1936 seine *Physiologie der Süßwasserfische*. Wunder sah die Arbeit eines Fischbiologen nicht nur in der Grundlagenforschung, sondern betonte, dass diese auch der Praxis dienen müsse. - Wunder veröffentlichte mehr als 200 wissenschaftliche Arbeiten, überwiegend zum Karpfen. Am Ende seiner Laufbahn galt das Interesse den schädigenden Einflüssen von Schwermetallen in Fabrikabwässern, worüber ebenfalls zahlreiche Abhandlungen erschienen sind.

ZUBEREITUNG FRÄNKISCHER KARPFEN

Halbe Karpfen - Wer in Franken "einen Karpfen" bestellt - egal, ob blau oder gebacken -, erhält immer einen ausgenommen Karpfen, der vom Kopf bis zur Schwanzflosse der Länge nach durchgeschnitten wurde; die Schwanzflosse ist mittig geteilt, nur eine Hälfte enthält die Rückengräte. In manchen Speisekarten wird extra darauf hingewiesen, dass es sich bei dem Karpfen nicht um einen ganzen, sondern um einen halben Karpfen handelt, in anderen geht man von diesem Brauch stillschweigend aus. (Viertel-Karpfen sind extra ausgewiesen, sie gibt es aber nur selten, z.B. in Nürnberg, *Steichele*.) Serviert wird dem Gast ein halbierter Karpfen deshalb entweder mit oder ohne der Rückengräte, und der Kopf zeigt auf dem Teller entweder nach links oder nach rechts, je nachdem, welche Hälfte man erhalten hat. Es gibt übrigens auch Gäste, die - möglicherweise wegen ihrer speziellen Eigenheiten beim Zerlegen des Karpfens - bei der Bestellung angeben, auf welcher Tellerseite sie den Kopf wünschen. (BF)
→ Zubereitung fränkischer Karpfen - Halbe Karpfen

Der hochrückige Aischgründer, geräuchert (Foto: Bildarchiv Helmut Praus, Uehlfeld)

Frische Karpfen - Weil sich (halbe) Karpfen, im Gegensatz zu Karpfenfilets, nicht dazu eignen, eingefroren, aufgetaut und dann zubereitet zu werden, kommen sie im Lokal immer mehr oder weniger *lebendfrisch* auf den Tisch: sei es, weil sie der Fischhändler frisch geschlachtet kurz vorher angeliefert hat oder weil sie in der Gaststätte im Bassin oder Hälterbecken gewässert und erst direkt vor dem Verzehr "fangfrisch" geschlachtet wurden. Bei gebackenen Karpfen kann sich der Gast an folgender fränkischer Regel orientieren: Wenn der Karpfen sein Hinterteil nach oben hochwölbt und sich somit vom Servierteller wie hochgeklappt abhebt, dann ist er frisch. (Nach Meinung des Fischspezialisten Jürgen Schörger, Neustadt/Aisch, deutet ein nicht hochgewölbtes Hinterteil jedoch nur darauf hin, dass der Karpfen nicht geschickt genug ausgebacken worden ist.) - Eine direkte Folge der Tradition, dass in fränkischen Karpfengaststätten überwiegend halbe Karpfen angeboten werden, ist somit die Frische der Karpfen, aber auch die Gewähr, dass sie i.d.R. mit höchstens 1,5 kg dreijährig geschlachtet wurden. In anderen Regionen, z.B. in Österreich oder Tschechien, servieren Karpfengaststätten häufig ausschließlich Karpfenfilets, und zwar von Karpfen, bei denen der Gast weder Schlachtgewicht noch Alter kennt: Man kann dort also durchaus ein Filet eines 10-Kilo-Karpfens serviert bekommen, den der Wirt vor geraumer Zeit einem Angler abgekauft und dann filetiert eingefroren hat. - Bei einem zum Kauf angebotenen geschlachteten Karpfen sollte man darauf achten, dass er nicht (nach Fisch) riecht, dass seine Schleimhaut feucht ist und seine Bauchseiten goldgelb, die Kiemen dunkelrot und die Augen klar sind. Ein frisch geschlachteter Karpfen kann manchmal auch noch zucken, z.B. wenn seine Nerven auf das Einsalzen reagieren. (BF; MP2)

Karpfengröße - Die Größe des gewünschten halben Karpfens bestimmt der Gast bei der Bestellung selbst, indem er entweder *klein*, *mittel* oder *groß* angibt (etwa 25 - 40 cm). Weil in Franken das Schlachtgewicht der (dreijährigen) Karpfen etwa zwischen 1 kg und 1,5 kg liegt, hat ein halber Karpfen ein Gewicht zwischen 500 g und 750 g. (Beim Karpfenfilet liegt eine Portion bei etwa 150 g.) Schmecken (kleinere) Karpfen strohig, so haben sie möglicherweise einen zu geringen Fettanteil, sollten (größere) Karpfen modrig schmecken, so wurden sie vor dem Schlachten nicht lange genug in kaltem Wasser gehalten (→ Zubereitung fränkischer Karpfen - Beigeschmack).

Karpfenpreise - Der Preis für einen Karpfen wird in den Speisekarten entweder für die drei Standardgrößen angegeben (klein, mittel, groß) oder mit dem Hinweis, dass er vom speziellen Gewicht des servierten Karpfens abhängig ist (*nach Größe*). Bei einem Preis von z.B. 2 Euro pro 100 g, würde ein Karpfen somit zwischen 10 Euro und 15 Euro kosten. In manchen Lokalen sind die Beilagen darin bereits inbegriffen, in anderen werden sie extra berechnet: die Karpfenpreise pro 100 g sind also nur dann aufschlussreich, wenn man auch erfährt, was die Beilagen kosten oder ob sie bereits im Preis eingeschlossen sind. (BF)

Vorarbeiten - Ein *lebendfrisch* angebotener Karpfen wird zunächst aus einem Bassin oder Hälterbecken mit Frischwasser herausgefischt, im dortigen Lagerraum getötet oder betäubt, dann ausgenommen und halbiert; in der Küche wird er ggf. abgeschuppt und gewaschen. Weil in Kiemen abgesetzter Schlick modrig schmecken kann, werden sie manchmal entfernt. (MP2; BF)
→ Zubereitung fränkischer Karpfen - Beigeschmack; → Karpfenweiher - Trockenlegen, Bespannen und Abfischen

Zubereitung in Franken - Karpfen werden in Franken überwiegend gebacken verspeist, regen Zuspruch finden sie aber auch gekocht (Karpfen blau) und gebraten (entweder nur mehliert oder Müllerin Art); gedünstete oder geräucherte Karpfen werden in Gaststätten nur selten angeboten. - Bei den Karpfenfilets gibt es einige Küchen, die sich für Neuerungen offen zeigen und sie

Fränkischer Karpfenführer

kreativ und unkonventionell zubereiten, z.B. süßsauer oder mit Wein-Safran-Soße oder auf Cocos-Curry-Soße oder mit Jasmin-Reis (z.B. in Erlangen-Kosbach, *Die Fischerei - Oberle*, oder in Adelsdorf-Neuhaus, *Zum Löwenbräu*, oder in Markt Nordheim - Ulsenheim, *Schwarzer Adler*). - Der aufgeschlossene Liebhaber von Karpfengerichten kann sich an Karpfensushi heranwagen, auch an Karpfenschinken, Karpfenpresssack oder Karpfenbratwürste (z.B. in Markt Erlbach - Linden, *Zum Stern*, oder in Markt Bibart - Ziegenbach, *Zur Traube*); serviert werden außerdem Karpfensülze, Karpfengulasch oder Blaue Zipfel vom Karpfen mit aufgeschäumter Butter (z.B. in Marloffstein, *Alter Brunnen*). → Teil 3

Ob nun traditionell oder innovativ zubereitet - mit jedem verspeisten Karpfen aus fränkischen Weihern unterstützt man ihre naturnahe Haltung in einer historisch gewachsenen Teichlandschaft. (BF)

Karpfen - eine gesunde und frische Alternative zu bedrohten Seefischarten. (Wolf-Dietrich Nahr) (NB1)

Internet-Rezepte - Unter den vielen im Internet abrufbaren Karpfenrezepten sei hier beispielhaft nur auf folgende Stellen hingewiesen: www.karpfenschmeckerwochen.de/rezepte.html; www.chefkoch.de - Karpfen

ZUBEREITUNG FRÄNKISCHER KARPFEN - Beigeschmack (Text: Aischgründer Karpfenmuseum, Neustadt/Aisch)

Nach dem Abfischen sollte der Karpfen erst einige Tage in klarem Trink- oder Quellwasser *gewässert* werden, damit er beim späteren Verzehr nicht mooselt oder moorig schmeckt. Dieser Beigeschmack entsteht, wenn die Fische bestimmte Blaualgen aufgenommen haben, in der Regel die Teichschwingalge oder deren Gattungsverwandte. Sie wachsen flächig am Grund, wo die Karpfen typischerweise ihre Nahrung suchen. Haben sich die Kiemen im klaren Wasser gereinigt, ist diese Beeinträchtigung des Fleischgeschmackes verschwunden. Als zweckmäßig wird deshalb angesehen, die Kiemen vor der Zubereitung ganz zu entfernen.

ZUBEREITUNG FRÄNKISCHER KARPFEN - Grätenschneider (Text: Karpfenmuseum, Neustadt/Aisch)

Karpfen haben neben dem Achsenskelett - dem Kopf und Rückgrat - noch im Durchschnitt etwa 48 so genannte Zwischenmuskelgräten, die ihrer Form wegen auch *Y-Gräten* genannt werden. Versuche in den 1960er Jahren, die Zahl dieser Gräten züchterisch zu reduzieren, schlugen allerdings fehl. Aber diese Gräten sind kein Problem mehr: Von den rotierenden Messern eines Grätenschneiders werden diese im Filet auf etwa zwei bis drei Millimeter zerkleinert. Damit stören sie nicht mehr und können problemlos mitgegessen werden beziehungsweise verbraten sich sogar vollständig in der Pfanne.

ZUBEREITUNG FRÄNKISCHER KARPFEN - Halbe Karpfen (Text: Aischgründer Karpfenmuseum, Neustadt/Aisch)

Halb - und doch ein ganzer Fisch: Es ist schon eine Besonderheit für Franken, dass ein halber gebackener Karpfen, wenn er schön goldgelb auf dem Teller liegt und den gebogenen Schwanz in die Höhe reckt, aussieht wie eine ganzer. So mag man ihn besonders gern. In drei Jahren zum Zweieinhalb- bis Dreipfünder gewachsen, ist er halbiert eben gerade die richtige Portion. Das Teilen des Kopfes ist dabei kein Problem, dass dies aber auch beim sowieso schon recht dünnen Schwanz möglich ist, dazu gehört schon eine ganze Menge Erfahrung. Also: Hälften ohne Schwanz gibt es nicht!

Fränkischer Karpfenführer: blauer Karpfen

ZUBEREITUNG FRÄNKISCHER KARPFEN - Karpfen blau

Ein blauer Karpfen ist ein in einem speziellen Sud <u>gekochter Karpfen</u>, der wegen seiner fettfreien Zubereitung besonders bekömmlich ist. Er heißt deshalb so, weil sich die Schleimschicht seiner Haut blass-blau färbt, wenn sie mit Säure in Berührung kommt (z.B. Essig oder Weißwein) oder gekocht wird. Die Schleimhaut sollte möglichst kurz der Luft ausgesetzt sein und keine Verletzungen aufweisen; der nur am Rücken mit Schuppen versehene Spiegelkarpfen eignet sich für diese Zubereitungsart deshalb besonders gut, weil er nicht abgeschuppt werden muss und seine Schleimhaut unverletzt bleibt.

Der schlachtfrische Karpfen wird zunächst mit (kochendem) Essig beträufelt und danach in einem leicht kochenden Sud sanft gegart (die Augen des Karpfens sind dann weiß). Die Zusammensetzung des Suds hängt vom speziellen Rezept der Küche ab: Neben Wasser enthält er meist Essig oder Weißwein sowie Salz, Pfeffer, Lorbeerblätter, Gewürznelken, Pimentkörner, Suppengrün und Zwiebeln, manchmal auch gelbe Rüben und Sellerie. In Franken wird ein blauer Karpfen meist mit zerlassener Butter serviert, dazu Salzkartoffeln, Sahnemeerrettich und ggf. Salat und Zitrone. Weil der Karpfen zwischen 20 und 60 Minuten im Blausud ziehen muss, empfiehlt sich in manchen Lokalen eine Vorbestellung (oder ein wenig Geduld). (CK1; W9; BF)

ZUBEREITUNG FRÄNKISCHER KARPFEN - Karpfen blau: Rezept (Frau Schönleben, Hagenbüchach)

Zutaten für 2 Personen - 1/2 Aischgründer Karpfen pro Person, 3 l Wasser, 1/4 l Essig, 1 TL Salz, 2 EL Zucker, 5 weiße Pfefferkörner, 10 Wacholderbeeren, 1/2 TL Senfkörner, 2 Lorbeerblätter, 5 Nelken, 1/2 Pfund Zwiebeln (in Ringe geschnitten).

Zubereitung - Wasser, 1/8 l Essig und alle Zutaten in einem großen Topf ansetzen und kochen bis die Zwiebeln glasig, aber nicht zu weich sind. Karpfenhälften mit 1/8 l kochendem Essig auf der Hautseite überbrühen, kurz ruhen lassen. Danach in den Zwiebelsud legen und nicht mehr kochen, sondern nur bei reduzierter Hitze ziehen lassen. Nach ca. 20 Minuten servieren, garniert mit Zitronenscheiben und Zwiebeln. Als Beilage reicht man Salzkartoffeln, gemischten Salat und heiße zerlassene Butter.

(Nach: www.karpfenradwege-franken.de → Allgemein → Rezepte)

ZUBEREITUNG FRÄNKISCHER KARPFEN - Karpfen gebacken

Von *gebackenen* Karpfen oder von *gebackenen* Karpfenfilets spricht man in Franken dann, wenn sie frittiert, also schwimmend gegart herausgebacken worden sind; zu diesem Zweck verwendet man eine speziell tiefe Pfanne oder eine Friteuse sowie Butterschmalz oder Fett (z.B. ungehärtetes Palmfett) oder reines Pflanzenöl (z.B. Erdnuss-Öl).

Panade - Vor dem Ausbacken wird der halbe Karpfen oder das Karpfenfilet in einer Panade gewälzt, die in Franken, abhängig von der kleinräumigen Gegend, traditionell hauptsächlich besteht ...

- nur aus Mehl (in den meisten Teilen Frankens) oder nur aus dem etwas gröberen *Dunst*;
- aus Mehl mit Bierteig (sog. *mittelfränkisch gebackener* Karpfen); aus Mehl und Grieß;
- aus Mehl und Semmelbröseln (mit oder ohne Ei); nur aus Semmelbröseln (besonders in West-Mittelfranken). (BF)

→ Zubereitung fränkischer Karpfen - Karpfen gebacken: Panade

Karpfen-Schnetzel

Beilagensalat zum gebackenen Karpfen

Fränkischer Karpfenführer

Die Panade wirkt in zweifacher Hinsicht geschmacksfördernd: einerseits durch die Aromastoffe der gerösteten Panade selbst und andererseits dadurch, weil sie das Ausbackfett bindet, in dem die typischen Karpfenaromen gespeichert sind. (W3)

Gebackene Karpfen - Gebackene Karpfen im weiteren Sinn erscheinen auf den Speisekarten in drei verschiedenen Formen: entweder als *gebackene Karpfen* (im engeren Sinn) oder als *Karpfen in Bierteig* oder als *Pfefferkarpfen*. Garniert werden sie in Franken mit einer Zitronenscheibe (und Petersilie). Man serviert sie immer mit (täglich frisch hausgemachtem) Kartoffelsalat, meist auch mit gemischten Blattsalaten und selten außerdem mit Sahnemeerrettich (z.B. *Resengörg* in Ebermannstadt oder *Post* in Ebern); bei den Beilagen sollte in einigen Regionen auch der wintergemäße Endivien oder Sellerie beigemischt sein. Früher wurde, zumindest in einigen Teilen Frankens, regelmäßig auch noch eine Scheibe Schwarzbrot gereicht, u.a. deshalb, weil sich Gräten in der Speiseröhre mit Brot angeblich entfernen lassen; bis heute erhalten hat sich diese fast untergegangene Sitte z.B. bei *Müller* in Stegaurach-Debring. - Beim Verzehr des gebackenen Karpfens beginnt man am besten mit den Flossen, denn je heißer sind, desto röscher und knuspriger schmecken sie.

- **Gebackene Karpfen** (im engeren Sinn) - Die halbierten Karpfen werden zunächst gesalzen und ggf. gepfeffert, manchmal vorher auch kurz in Bier getaucht. Danach werden sie in der für die Region oder Gaststätte typischen Panade gewälzt und in der Friteuse bei 180 Grad etwa 10 Minuten beidseitig goldbraun ausgebacken, auf ein Abtropfgitter gestellt und heiß serviert. (BF)

- **Karpfen in Bierteig** - Sie werden in Mehl gewendet und vor dem Ausbacken durch einen Bierteig gezogen. Ein *Bierteig* ist ein dickflüssig haftender Teig aus Mehl und Bier: indem man ihm Ei oder Eigelb unterrührt, wird er knuspriger; mit steif geschlagenem Eiweiß wird das Ausgebackene luftig-voluminöser, durch Salz oder/und Pfeffer pikanter. - Wenn man in einer fränkischen Region mit Bierteig-Tradition einen *gebackenen* Karpfen bestellt, erhält man unausgesprochen einen *in Bierteig gebackenen* Karpfen. (W4; BF)

- **Pfefferkarpfen** sind (ggf. in Bierteig) gebackene Karpfen, die mit gemahlenem oder geschrotetem Pfeffer speziell gewürzt wurden, und zwar je nach Rezept entweder vor dem Panieren und/oder in der Panade und/oder auf dem ausgebackenen Karpfen selbst.

Karpfen-Bäckchen - Die Backen eines gebackenen Karpfens - sie befinden sich unterhalb des Auges, schräg hinten - gelten bei fränkischen Karpfenliebhabern als besondere Delikatesse, die sich nur der Kultur des Karpfenessens Unkundige entgehen lässt: Wer sein Karpfenessen also abschließt, ohne das herausgelöste Bäckchen verspeist zu haben, muss deshalb mit der Kritik seiner Tischgenossen rechnen: *Und was ist mit dem Bäckchen, du Banause?!*

Gebackene Karpfenfilets - Sie erfreuen sich zunehmender Beliebtheit, insbesondere bei Karpfen-Laien, Kindern und Senioren, weil sie häufig als *(fast) grätenfrei* angeboten werden.   → Zubereitung fränkischer Karpfen - Grätenschneider

Karpfen-Chips / Knusper-Karpfen / Karpfen-Schnetzel sind Teile grätenfreier Karpfenfilets, die in fingerbreite Streifen geschnitten und dann gesalzen (und ggf. gepfeffert), in einer Panade gewendet und knusprig ausgebacken wurden. Als Beilage eignen sich Dips und Brot, Salzkartoffeln und Salat, Meerrettich und Toast, Pommes usw.

Fränkischer Karpfenführer: gebackener Karpfen

Ingreisch → Ingreisch

Getränke - Zu einem gebackenen Karpfen trinkt man in Franken am liebsten heimisches Bier oder fränkischen Weißwein sowie danach ggf. einen Verdauungsschnaps.
→ Zubereitung fränkischer Karpfen - Verdauung; → Karpfen-Bocksbeutel; → Karpfen-Weisse; → Karpfenschnaps

ZUBEREITUNG FRÄNKISCHER KARPFEN - Karpfen gebacken: Panade (Text: Karpfenmuseum, Neustadt/Aisch)

... Mehl, um den halben Karpfen zu panieren. Oder doch ein Mehl-Grieß-Gemisch? Oder Dunst (feiner als Grieß, aber nicht so fein wie Mehl)? Vielleicht gar Semmelbrösel? Hierzu finden sich in Franken die kleinen lokalen Unterschiede. Im Neustädter Bereich ist es üblich, ein Mehl-Grieß-Gemisch zu verwenden, im Bamberger Bereich wird eher eine Panade aus Semmelbrösel bevorzugt. Vor dem Panieren kommt allerdings erst das Würzen. Hier sind die Klassiker Salz und Pfeffer, meist schon als Mischung vorbereitet. Der Pfiff: Eine Prise Ingwer, das fördert die Verdauung ist durchaus nichts Modernes. In vielen Familiengaststätten im Aischgrund war und ist dies heute noch seit Generationen üblich.

ZUBEREITUNG FRÄNKISCHER KARPFEN - Karpfen gebacken: Rezept (Fam. Rittmayer, Hallerndorf-Willersdorf)

Zutaten - 1/2 Karpfen, Salz, Pfeffer, 100 g Mehl, viel Butterschmalz zum Backen.

Zubereitung - Die Karpfenhälfte gut trocknen, salzen und pfeffern und in Mehl wenden. Den Karpfen in einer tiefen Pfanne mit reichlich heißem Butterschmalz solange braten, bis die Außenschicht goldbraun ist. Den Karpfen herausnehmen und das Fett auf Küchenkrepp abtropfen lassen. Mit Petersilie und Zitronenscheiben garnieren. Als Beilage passen Kartoffelsalat und gemischter Salat. (Nach: Homepage Landgasthof Rittmayer, Hallerndorf-Willersdorf 108, FO/Ofr, www.rittmayer.com)

ZUBEREITUNG FRÄNKISCHER KARPFEN - Karpfen gebacken in Bierteig: Rezept

Zutaten - 2 halbe Karpfen, küchenfertig vorbereitet; für den Ausbackteig: 1/4 l Bier, 200 g Mehl, etwas Öl (oder 1 TL zerlassene Butter), 3 Eier, Salz, Pfeffer, Zitrone; zum Ausbacken: 1 kg Butterfett.

Zubereitung - Die Karpfenhälften waschen und abtrocknen. Bier, Mehl, Öl (Butter), Eigelbe und Gewürze in einer großen Schüssel gut verrühren. Eiweiße zu festem Schnee schlagen, unter den Ausbackteig heben und alles zu einem leicht flüssigen Teig verrühren. Die Karpfenhälften darin gut wenden, in das erhitzte Butterfett geben und goldgelb ausbacken. (Nach: GO1)

ZUBEREITUNG FRÄNKISCHER KARPFEN - Karpfen gedünstet

Gedünstete Karpfen werden z.B. mit ein wenig Butter oder Wein und mit Gemüse meist in der Pfanne und als Filet zubereitet; dazu gibt es Salzkartoffeln, häufig auch Reis, sowie Gemüse, Salate oder Sahnemeerrettich. Als halbe Karpfen gibt es sie u.a. beim Karpfenhoffest der Familie Jordan in Falkendorf bei Herzogenaurach/ERH (→ Karpfen-Kirchweihen und Karpfen-Hoffeste).

Halbe Karpfen, mehliert

Karpfen, gesalzen

Gebackener Karpfen mit Semmelbrösel-Panade

Beilagensalat zum gebackenen Karpfen

Fränkischer Karpfenführer

ZUBEREITUNG FRÄNKISCHER KARPFEN - Karpfen Müllerin Art

Ein Karpfen *nach Art der Müllerin* ist ein in der Pfanne mit Butter goldbraun <u>gebratener Karpfen</u>, der vorher durch gesalzene Milch gezogen und in Mehl gewendet wurde. Mit gehackter Petersilie bestreut werden dazu Zitrone, zerlassene Butter und gekochte Kartoffeln serviert, ggf. auch Meerrettich und Salate. Ein Karpfen, der vor dem Anbraten nur in Mehl gewendet wurde, heißt in Franken *mehliert*. (W3; BF)

ZUBEREITUNG FRÄNKISCHER KARPFEN - Karpfen sauer

Um Karpfen oder Karpfenfilets *sauer* zuzubereiten, werden sie meist zunächst in einem Essig-Gewürze-Sud gekocht, dann über Nacht eingelegt und kalt mariniert serviert; der Einfallsreichtum der Küchenchefs lässt jedoch auch ganz andere Varianten zu, z.B. gebraten und kalt eingelegt, mit Lebkuchensoße usw. In Effeltrich (*Zur Linde*) oder Pinzberg (*Schrüfer*) beispielsweise werden saure Karpfen mit Klößen und Salaten angeboten. (BF)   → Teil 3

ZUBEREITUNG FRÄNKISCHER KARPFEN - Verdauung (Text: Aischgründer Karpfenmuseum, Neustadt/Aisch)

Dass der Karpfen dreimal schwimmen soll, ist eine Binsenwahrheit. Jeder im Fränkischen kennt diesen Ausspruch. Zuerst drei Sommer und zwei Winter lang im Wasser des Weihers, dann, wenn er als halber Karpfen gewürzt und paniert in der Pfanne oder Friteuse goldgelb herausgebacken wird und zum dritten Mal, wenn das gute Essen im Magen gelandet ist und ein kühles Bier oder ein kräftiger trockener Frankenwein und ein gehaltvoller Obstler zur Verdauung folgen. Nach einem Karpfenessen soll man übrigens nicht übersättigt sein, sondern eben gerade so satt, dann war es ein Genuss.   → Karpfen-Bocksbeutel; → Karpfen-Weisse

Zugnetz → Karpfenweiher - Trockenlegen, Bespannen und Abfischen
Zum Löwenbräu, Adelsdorf-Neuhaus/Aisch → Karpfen-Weisse; → Karpfenzucht - Öko: Mohrhof - Karpfen pur Natur

Fränkischer Karpfenführer - Die Fränkischen Regierungsbezirke

Teil 2 - Karpfengaststätten in den fränkischen Regierungsbezirken
Teil 2-1: Karpfengaststätten in <u>Mittelfranken</u>
<u>geordnet nach den Kfz-Kennzeichen</u> AN - ER - ERH - FÜ - LAU - N - NEA - RH - SC - WUG

AN (Ansbach, Stadt und Landkreis)

Ansbach-Brodswinden: Käßer
Ansbach-Eyb: Schwedenschanz
Bechhofen-Rottnersdorf:
- Fischhaus Wiesethgrund
Brodswinden → Ansbach
Dietenhofen: Albrecht; Zur Krone
Dietenhofen-Leonrod: Weinländer
Dietenhofen-Warzfelden: Schwarzer Adler
Dinkelsbühl:
- Deutsches Haus; Fränkischer Hof
- Goldene Kanne; Goldene Rose
- Goldner Hirsch; Weißes Roß
- Zum Wilden Mann; Zur Glocke
Dorfgütingen → Feuchtwangen
Eyb → Ansbach
Feuchtwangen-Dorfgütingen: Zum Roß
Flachslanden: Rose
Flachslanden-Virnsberg: Zum Kreuz
Gebsattel-Kirnberg: Zur Linde
Gotzenmühle → Lichtenau
Hornau → Windelsbach
Kirnberg → Gebsattel
Leonrod → Dietenhofen
Lichtenau-Gotzenmühle: Gotzenmühle
Linden → Windelsbach
Neuendettelsau: Sonne

Ohrenbach-Reichardsroth:
- Zur Frohen Einkehr
Reichardsroth → Ohrenbach
Retzendorf → Windsbach
Rothenburg:
- Reichsküchenmeister; Zum Ochsen
Rottnersdorf → Bechhofen
Schillingsfürst: Die Post
Veitsaurach → Windsbach
Virnsberg → Flachslanden
Warzfelden → Dietenhofen
Windelsbach-Hornau: Zur Altmühlquelle
Windelsbach-Linden: Linden
Windsbach-Retzendorf: Rezatgrund
Windsbach-Veitsaurach: Schwarz

ER (Erlangen, Stadt)

Erlangen
- Biergarten am Röthelheim
- Blaue Traube im Turnerbund
- Kitzmann BräuSchänke
- König Humbert
- Nützel
- Waldschießhaus; Zum Angerwirt
ER-Bruck: Mußgiller; Ritter St. Georg
ER-Büchenbach:
- BSC Erlangen; Zur Einkehr - Güthlein

ER-Dechsendorf: Mayd; Rangau
ER-Eltersdorf: St. Kunigund
ER-Frauenaurach: Goldener Schaumlöffel
ER-Hüttendorf: Krone; Popp
ER-Kosbach:
- Die Fischerei - Oberle; Polster
ER-Kriegenbrunn: Zur Linde - Rottner
ER-Tennenlohe: Zur Wied

ERH (Erlangen-Höchstadt, Landkreis)

Adelsdorf: Drei Kronen; Ganzmann
Adelsdorf-Aisch: Rittmayer; Scharold
Adelsdorf-Lauf: Fischer
Adelsdorf-Neuhaus:
- Niebler; Schmidt Bräu; Zum Löwenbräu
Adelsdorf-Weppersdorf: Utz
Aisch → Adelsdorf (ERH)
Baiersdorf: Weißes Lamm; Zum Schützla
Beutelsdorf → Herzogenaurach
Bubenreuth: Mörsbergei; Zur Post
Buch → Weisendorf
Burgstall → Herzogenaurach
Dannberg → Heßdorf
Dondörflein → Herzogenaurach
Eckenhaid → Eckental
Eckental-Eckenhaid: Schloss Eckenhaid
Eckental-Eschenau: Rotes Ross

Eckental-Forth: Hofmann
Erhardshöhe → Heroldsberg
Eschenau → Eckental
Forth → Eckental
Gremsdorf: Göb; Scheubel
Gremsdorf-Krausenbechhofen:
- Geier; Zum Vogelsberg
Gremsdorf-Poppenwind: Walter
Greuth → Höchstadt/Aisch
Hemhofen: Zum Goldenen Schwan
Heroldsberg:
- Föhrenhof; Gelber Löwe
- Rotes Ross; Waldschänke
Heroldsberg-Erhardshöhe: Erhardshöhe
Herzogenaurach:
- Frische Quelle; Krone
- Zum Fasanengarten
- Zum Roten Ochsen
Herzogenaurach-Beutelsdorf:
- Sankt Hubertus
Herzogenaurach-Burgstall: Bär
Herzogenaurach-Dondörflein: Schuh
Heßdorf: Staudigel
Heßdorf-Dannberg: Gerner
Heßdorf-Hesselberg: Jägersruh
Heßdorf-Klebheim: Staudigel
Heßdorf-Obermembach: Gumbrecht
Heßdorf-Röhrach: Jägerheim
Hesselberg → Heßdorf
Höchstadt/Aisch:
- Aischblick; Weberskeller; Zur Post
Höchstadt-Greuth: Fischer
Höchstadt-Jungenhofen: Dürrbeck
Höchstadt-Nackendorf: Zur Waldschänke
Höchstadt-Sterpersdorf:
- Lauberberg - Beßler

Jungenhofen → Höchstadt/Aisch
Kalchreuth:
- Drei Linden; Meisel
- Schlossgaststätte Kalchreuth
- Sußner; Zum Roten Ochsen
Kalchreuth-Käswasser: Reif
Kalchreuth-Kreuzweiher: Kreuzweiher
Kalchreuth-Röckenhof:
- Zum Schloss Röckenhof; Zur Linde
Käswasser → Kalchreuth
Klebheim → Heßdorf
Kleinseebach → Möhrendorf
Krausenbechhofen → Gremsdorf
Kreuzweiher → Kalchreuth
Lauf/Aisch → Adelsdorf (ERH)
Lonnerstadt: Zur Sonne - Hausmann
Markt Eckental → Eckental
Marloffstein: Alter Brunnen
Marloffstein-Adlitz: Zur Ludwigshöhe
Möhrendorf: Förster
Möhrendorf-Kleinseebach: Schuh
Möhrendorf-Oberndorf: Reck
Mühlhausen: Bär
Nackendorf → Höchstadt/Aisch
Neuhaus → Adelsdorf (ERH)
Obermembach → Heßdorf
Oberndorf → Möhrendorf
Oberreichenbach: Geyer
Poppenwind → Gremsdorf
Rezelsdorf → Weisendorf
Röckenhof → Kalchreuth
Röhrach → Heßdorf
Röttenbach: Fuchs
Sterpersdorf → Höchstadt/Aisch
Uttenreuth:
- Fürsattel; Rundblick; Schwarzer Adler
Wachenroth: Grüner Baum

Wachenroth-Warmersdorf: Herting
Wachenroth-Weingartsgreuth: Weichlein
Warmersdorf → Wachenroth
Weingartsgreuth → Wachenroth
Weisendorf: Goldner Engel
Weisendorf-Buch:
- Heller; Süß
Weisendorf-Rezelsdorf: Lunz
Weppersdorf → Adelsdorf (ERH)
Zentbechhofen → Höchstadt/Aisch

FÜ (Fürth, Stadt und Landkreis)
Anwanden → Zirndorf
Bertelsdorf → Stein
Bronnamberg → Zirndorf
Cadolzburg: Zur Friedenseiche
Cadolzburg-Deberndorf:
- Schloss-Gaststätte
Cadolzburg-Egersdorf: Grüner Baum
Cadolzburg-Steinbach: Zum Wiesental
Cadolzburg-Vogtsreichenbach:
- Herboldsheimer
Cadolzburg-Wachendorf:
- Zum Dorfbrunnen
Cadolzburg-Zautendorf:
- Zu den drei Linden
Deberndorf → Cadolzburg
Deutenbach → Stein
Egersdorf → Cadolzburg
Fernabrünst → Großhabersdorf
Fürth:
- Grüner Baum; Südstadt
- Tucherbräu-Stüberl; Walhalla
- Wilhelmshöhe
- Zum Schützenhaus; Zum Stadtwappen
- Zum Tannenbaum; Zur Hardhöhe
Fürth-Vach: Vacher Fischhäusla

FÜ /2

Großhabersdorf: Zum Roten Ross
Großhabersdorf-Fernabrünst: Zur Linde
Großhabersdorf-Unterschlauersbach:
- Däumler - Zum Wiesengrund
Gutzberg → Stein
Hiltmannsdorf → Seukendorf
Horbach → Langenzenn
Kreben → Markt Wilhermsdorf
Langenzenn-Horbach: Seerose
Langenzenn-Laubendorf: Rotes Ross
Laubendorf → Langenzenn
Markt Wilhermsdorf - Kreben:
- Zum Goldenen Karpfen - Arlt
Oberasbach: Kettler
Oberasbach-Rehdorf: Zur Frischen Quelle
Rehdorf → Oberasbach
Seukendorf-Hiltmannsdorf:
- Zum Schinkenwirt
Stein-Bertelsdorf: Vergißmeinnicht
Stein-Deutenbach: Simon
Stein-Gutzberg: Schwarzer Adler
Steinbach → Cadolzburg
Unterschlauersbach → Großhabersdorf
Vach → Fürth
Veitsbronn: Sportgaststätte im Hamesbuck
Vogtsreichenbach → Cadolzburg
Wachendorf → Cadolzburg
Wilhermsdorf → Markt Wilhermsdorf
Zautendorf → Cadolzburg
Zirndorf:
- Goldener Löwe
- Wilhelm Tell
- Zum Eiffelturm
Zirndorf-Anwanden: Morgensonne
Zirndorf-Bronnamberg: Peter
Zirndorf-Lind: Linder Grube

LAU (Nürnberger Land, Landkreis)

Alfeld-Lieritzhofen: Sörgel
Altdorf/Nürnberg: Alte Nagelschmiede
Altensittenbach → Hersbruck
Behringersdorf → Schwaig
Bullach → Lauf/Pegnitz
Burgthann: Blaue Traube; Burgschänke
Egensbach → Offenhausen
Haimendorf → Röthenbach-Rockenbrunn
Happurg:
- Obere Mühle; Seeterrassen
Henfenfeld: Zum Wirtshaus
Hersbruck: Bauer; Schwarzer Adler
Hersbruck-Altensittenbach:
- Fuchsau - das Gasthaus
Heuchling → Lauf/Pegnitz
Kirchensittenbach-Kleedorf:
- Zum alten Schloß
Kirchensittenbach-Morsbrunn: Heißmann
Kirchröttenbach → Schnaittach
Kleedorf → Kirchensittenbach
Kucha → Offenhausen
Lauf/Pegnitz:
- Zur Post
- Zwinger-Melber
Lauf-Bullach:
- Grüner Baum; Zur Krone
Lauf-Heuchling:
- Herzog
- Zur Linde - Wollnersaal
Lauf-Letten: Waldgasthof Am Letten
Lauf-Neunhof: Wiethaler
Lauf-Nuschelberg: Hallerschlösschen
Lauf-Oedenberg: Schloß Oedenberg
Leinburg-Unterhaidelbach:
- Zum Haidelbach
Letten → Lauf/Pegnitz

Lieritzhofen → Alfeld
Morsbrunn → Kirchensittenbach
Neuhaus/Pegnitz: Wolfsberg
Neuhaus-Krottensee: Grottenhof
Neunhof → Lauf/Pegnitz
Neunkirchen/Sand:
- Wolfshöher Bräustüberl
Nuschelberg → Lauf/Pegnitz
Oedenberg → Lauf/Pegnitz
Offenhausen-Egensbach:
- Zum Stillen Bächlein
Offenhausen-Kucha: Grüner Baum
Osternohe:→ Schnaittach
Ottensoos: Rotes Ross
Pfeifferhütte → Schwarzenbruck
Pommelsbrunn: Vogel
Reichenschwand:
- Leuzenberger-Hof; Zur Grünen Eiche
Röthenbach/Pegnitz: Sailersberg
Röthenbach-Rockenbrunn: Rockenbrunn
Schnaittach:
- Kampfer
- Oberes Tor - Schlenk
Schnaittach-Kirchröttenbach:
- Fleischmann
- Goldener Stern - Zöllner
Schnaittach-Lillinghof:
- Zur Schönen Aussicht
Schnaittach-Osternohe:
- Goldener Stern
- Igelwirt
- Schwarzer Adler
Schwaig-Behringersdorf: Weisses Ross
Schwarzenbruck-Pfeifferhütte: Erlbacher
Simmelsdorf: Lang
Unterhaidelbach → Leinburg
Velden: Zur Traube - Bammler

N (Nürnberg, Stadt)

Nürnberg:
- Beim Königshof
- Böhms Herrenkeller
- Bratwurst Röslein
- Fleischerinnung
- Graf
- Heilig Geist Spital
- Petzengarten
- Pirckheimer
- Platnersanlage - Vasdekis
- Saalbau Waldschänke
- Schützenhof
- Steichele
- Tucherbräu am Opernhaus
- Zum Falkenheim
- Zum Holzlöffel
- Zum Spießgesellen
- Zum Wilden Jäger
N-Altenfurt: Daucher
N-Buch: Bammes
N-Buchenbühl: ASV Sportheim
N-Erlenstegen: Schießhaus
N-Fischbach: Zum Blauen Stern
N-Kornburg:
- Grüner Baum - Blödel
- Weißes Lamm - Müller
N-Kraftshof: Alte Post
N-Krottenbach: Zum Hirschen
N-Mögeldorf: Doktorshof
N-Neunhof: Zum Alten Forsthaus
N-Weiherhaus: Messthaler
N-Zerzabelshof:
- Jägerheim
- Valzner Weiher

NEA (Neustadt - Bad Windsheim, LK)

Adelsdorf → Neuhof/Zenn
Bad Windsheim:
- Wirtshaus am Freilandmuseum
- Zum Birnbaum
Birnbaum → Gerhardshofen
Burgbernheim-Wildbad: Zum Wildbad
Burghaslach: Melbers Schoppeneck
Dachsbach:
- Zum Brandenburger Adler - Hieronymus
Dietersheim-Oberroßbach: Fiedler
Emskirchen: Zum Erlengrund
Eschenbach → Markt Erlbach
Forst → Gerhardshofen
Frankfurt → Markt Taschendorf
Gallmersgarten-Steinach/Ens: Sämann
Gerhardshofen-Birnbaum:
- Zur Hammerschmiede
Gerhardshofen-Forst: Zur Einkehr
Gutenstetten:
- Zum Feuchten Trennungspunkt
Gutenstetten-Pahres: Hofmann
Hechelbach → Obernzenn
Herpersdorf → Oberscheinfeld
Ipsheim-Weimersheim: Winzerstube
Linden → Markt Erlbach
Markt Bibart - Ziegenbach: Zur Traube
Markt Erlbach: Rosenau
Markt Erlbach - Eschenbach: Wick
Markt Erlbach - Linden: Zum Stern
Markt Erlbach - Mosbach:
- Gasthaus im Aurachgrund
Markt Erlbach - Rimbach:
- Roderus Siegfried
Markt Ipsheim → Ipsheim

Markt Nordheim - Ulsenheim:
- Schwarzer Adler
Markt Taschendorf: Wellmann
Markt Taschendorf - Frankfurt:
- Zur frohen Einkehr - Schwab
Markt Uehlfeld → Uehlfeld
Mosbach/NEA → Markt Erlbach
Münchsteinach: Krone - Loscher
Neuhof/Zenn: Riesengebirge
Neuhof-Adelsdorf/NEA: Zenntaler Hof
Neuhof-Neuselingsbach: Hammer
Neuselingsbach → Neuhof/Zenn
Neustadt/Aisch: Zur Sonne
Obernzenn-Hechelbach: Grüne Au
Oberroßbach → Dietersheim
Oberscheinfeld: Münich
Oberscheinfeld-Prühl: Zur Rose
Pahres → Gutenstetten
Prühl → Oberscheinfeld
Rimbach → Markt Erlbach
Schornweisach → Uehlfeld
Steinach/Ens → Gallmersgarten
Sugenheim: Ehegrund
Sugenheim-Ullstadt: Zur Wolfsschlucht
Trautskirchen: Goldener Stern
Uehlfeld/Aisch: Prechtel; Zwanzger
Uehlfeld-Schornweisach:
- Wirtshaus am Dorfbrunnen
Uffenheim: Lichterhof; Schwarzer Adler
Ullstadt → Sugenheim
Ulsenheim → Markt Nordheim
Weimersheim → Ipsheim
Wildbad → Burgbernheim
Wilhelmsdorf: Brennereistuben
Ziegenbach → Markt Bibart

RH (Roth, Landkreis)
Abenberg: Landhaus Kaiser
Alfershausen → Thalmässing
Allersberg:
- Goldener Löwe; Seehof
- Zum Deutschen Reich
- Zum Roten Ochsen
Allersberg-Ebenried: Zum Goldenen Lamm
Allersberg-Göggelsbuch:
- Endres - Zum Lamm
Barthelmesaurach → Kammerstein
Büchenbach: Heyder
Büchenbach-Kühedorf:
- Kraft
- Zum Heidenberg - Odorfer
Dechendorf → Rohr
Ebenried → Allersberg
Eckersmühlen → Roth
Enderndorf → Spalt
Fuchsmühle → Hilpoltstein
Georgensgmünd: Eichhorn
Georgensgmünd-Rittersbach: Böbel
Georgensgmünd-Untersteinbach:
- Zum Grünen Tal
Göggelsbuch → Allersberg
Großweingarten → Spalt
Günzersreuth → Kammerstein
Güsseldorf → Spalt
Haag → Kammerstein
Hagsbronn → Spalt
Heideck-Laffenau: Rathmann
Heideck-Rudletzholz:
- Zu den 3 Linden - Speth
Heuberg → Hilpoltstein
Hilpoltstein:
- Zum Hirschen
- Zum Schwarzen Roß

Hilpoltstein-Fuchsmühle: Fuchsmühle
Hilpoltstein-Heuberg: Burgblick
Hilpoltstein-Sindersdorf: Sindersdorfer Hof
Hofstetten → Roth
Kammerstein-Barthelmesaurach: Gundel
Kammerstein-Günzersreuth:
- Zur Linde - Ziegler
Kammerstein-Haag: Meyerle
Kammerstein-Neppersreuth: Ossmann
Kammerstein-Poppenreuth:
- Zum Grünen Tal
Kammerstein-Rudelsdorf: Zwick
Kleinschwarzenlohe → Wendelstein
Kühedorf → Büchenbach (RH)
Laffenau → Heideck
Leuzdorf → Rohr
Mosbach → Spalt
Neppersreuth → Kammerstein
Obersteinbach → Roth
Offenbau → Thalmässing
Pfaffenhofen → Roth
Polsdorf → Allersberg
Poppenreuth → Kammerstein
Rednitzhembach: Rabus
Rittersbach → Georgensgmünd
Rohr
- Bierlein
- Böhm
Rohr-Dechendorf: Krug
Rohr-Leuzdorf: Zum Goldenen Hammer
Roth:
- Lohgarten
- Seerose
- Stadthallen Stüberl
Roth-Eckersmühlen:
- Zum Goldenen Hirschen - Gugel
Roth-Hofstetten: Zur Linde

Roth-Obersteinbach: Alte Linde
Roth-Pfaffenhofen: Jägerhof
Roth-Rothaurach: Böhm
Rothaurach → Roth
Rudelsdorf → Kammerstein
Rudletzholz → Heideck
Sindersdorf → Hilpoltstein
Spalt:
- Hans-Gruber-Keller
- Hoffmanns-Keller
- Krone
Spalt-Enderndorf: Zum Hochreiter
Spalt-Großweingarten: Adler
Spalt-Großweingarten: Zum Lindenwirt
Spalt-Güsseldorf: Forster - Zur Einkehr
Spalt-Hagsbronn: Zur Frischen Quelle
Spalt-Mosbach: Stache
Spalt-Stiegelmühle: Blumenthal
Stiegelmühle → Spalt
Thalmässing-Alfershausen:
- Zum Goldenen Ochsen - Winkler
Thalmässing-Offenbau:
- Pauckner - Zur Linde
Untersteinbach → Georgensgmünd
Wendelstein: Goldenes Herz
Wendelstein-Kleinschwarzenlohe:
- Leo's Goldener Stern

SC (Schwabach, Stadt)
Limbach → Schwabach
Schwabach:
- Gartenlaube
- Goldener Stern
- Weisses Lamm
Schwabach-Limbach: Das Limbacher
Schwabach-Wolkersdorf: Drexler
Wolkersdorf → Schwabach

WUG (Weißenburg-Gunzenhausen, Landkreis)

Absberg: Jägerhof
Dietfurt → Treuchtlingen
Fiegenstall → Höttingen
Gunzenhausen: Adlerbräu
Gunzenhausen-Pfofeld: Kleemann
Gunzenhausen-Schlungenhof:
- Jungmeier

Haundorf-Oberhöhberg: Höhenluft
Hohenweiler → Pleinfeld
Höttingen-Fiegenstall: Zur Sonne
Muhr am See: Zur Eisenbahn
Oberhöhberg → Haundorf
Pfofeld → Gunzenhausen
Pleinfeld-Hohenweiler:
- Ritzers Karpfenhof
Pleinfeld-Stirn: Zur Linde

Pleinfeld-Veitserlbach:
- Hubertushof - Paul
Schlungenhof → Gunzenhausen
Stirn → Pleinfeld
Treuchtlingen-Dietfurt: Enten Stub'n
Veitserlbach → Pleinfeld

Teil 2-2: Karpfengaststätten in <u>Oberfranken</u>

<u>geordnet nach den Kfz-Kennzeichen BA - BT - CO - FO - HO - KU - LIF - WUN</u>

BA (Bamberg, Stadt und Landkreis)

Abtsdorf → Frensdorf
Altendorf: Egloffsteiner Hof
Ampferbach → Burgebrach
Aschbach → Schlüsselfeld
Attelsdorf → Schlüsselfeld
Bamberg:
- Bamberger Weissbierhaus
- Klosterbräu Bamberg; Wilde Rose
Bamberg-Wildensorg: Heerlein
Breitengüßbach: Hümmer
Breitengüßbach-Zückshut: Rieneck
Burgebrach:
- Goldener Hirsch; Schwan; Steigerwald
Burgebrach-Ampferbach: Herrmann
Burgebrach-Oberharnsbach: Dellermann

Burgebrach-Stappenbach:
- Kutscherstübla; Zum Wirt - Dreßel
Buttenheim:
- Löwenbräu; Löwenbräu Keller
Buttenheim-Gunzendorf: Sauer
Debring → Stegaurach
Deusdorf → Lauter
Ebing → Rattelsdorf
Ebrach:
- Landidyll Historikhotel Klosterbräu
- Zum Alten Bahnhof
Erlau → Walsdorf
Frensdorf: Messingschlager; Pickel
Frensdorf-Abtsdorf: Beck
Frensdorf-Herrnsdorf:
- Barnikel; Herrmann

Frensdorf-Reundorf: Schmausenkeller
Frensdorf-Schlüsselau: Bittel
Friesen → Hirschaid
Geisfeld → Strullendorf
Großbuchfeld → Hirschaid
Hallstadt: Königshof; Maastümpfl
Heiligenstadt: Heiligenstadter Hof
Heiligenstadt-Oberleinleiter: Ott
Herrnsdorf → Frensdorf
Hirschaid:
- Göller; Kraus; Schwarzer Bär
Hirschaid-Friesen: Brütting
Hirschaid-Großbuchfeld: Weber
Hirschaid-Röbersdorf:
- Weber
- Wurm

BA /2

Hirschaid-Rothensand:
- Adam Walz; Fischer

Kemmern: Leicht

Lauter - Deusdorfer Mühle: Forellenhof

Limbach → Pommersfelden

Lisberg-Trabelsdorf:
- Altes Kurhaus; Beck

Litzendorf-Schammelsdorf: Knoblach

Memmelsdorf: Drei Kronen; Höhn

Memmelsdorf-Drosendorf: Göller

Mühlendorf → Stegaurach

Mürsbach → Rattelsdorf

Oberleinleiter → Heiligenstadt

Pommersfelden-Limbach: Volland

Pommersfelden-Sambach: Hennemann

Pommersfelden-Stolzenroth: Hopf

Rattelsdorf: Zur Goldenen Krone

Rattelsdorf-Ebing: Schwanen-Bräu

Rattelsdorf-Mürsbach: Zur Sonne

Reckendorf: Schloßbräu Reckendorf

Reundorf → Frensdorf

Röbersdorf → Hirschaid

Roßdorf/Forst → Strullendorf

Sambach → Pommersfelden

Schammelsdorf → Litzendorf

Scheßlitz: Goldener Anker

Scheßlitz-Würgau:
- Hartmann; Schweizer Hof; Sonne

Schlüsselau → Frensdorf

Schlüsselfeld: Zum Storch

Schlüsselfeld-Attelsdorf: Panorama

Schönbrunn: Wernsdörfer - Zum Lips

Stappenbach → Burgebrach

Stegaurach:
- Der Krug; Windfelder am See

Stegaurach-Debring: Müller

Stegaurach-Mühlendorf:
- Alte Mühle
- Zur Linde

Stegaurach-Unteraurach: Hümmer

Stolzenroth → Pommersfelden

Strullendorf-Geisfeld: Büttel

Strullendorf - Roßdorf/Forst: Sauer

Strullendorf-Wernsdorf: Schiller

Trabelsdorf → Lisberg

Unteraurach → Stegaurach

Viereth-Trunstadt: Mainlust

Walsdorf: Weißes Lamm

Walsdorf-Erlau:
- Erlauer Biergarten - Kiessling

Wernsdorf → Strullendorf

Wildensorg → Bamberg

Würgau → Scheßlitz

Zapfendorf: Drei Kronen

Zückshut → Breitengüßbach

BT (Bayreuth, Stadt und Landkreis)

Aufseß:
- Rothenbach - Zur Sonne - Sonnenhof

Bayreuth: Eremitenhof

Bayreuth-Glocke: Schwenksaal

Betzenstein-Schermshöhe: Schermshöhe

Glocke → Bayreuth

Kirchenbirkig → Pottenstein

Pottenstein: Forellenhof

Pottenstein-Kirchenbirkig: Bauernschmitt

Schermshöhe → Betzenstein

Waischenfeld: Zur Post

CO (Coburg, Stadt und Landkreis)

Coburg: Festungshof

Rödental-Schönstädt: Am Froschgrundsee

Schönstädt → Rödental

FO (Forchheim, Landkreis)

Bärenfels → Obertrubach

Dachstadt → Igensdorf

Ebermannstadt:
- Resengörg; Schwanenbräu; Sonne

Effeltrich: Zur Linde

Eggolsheim-Drosendorf: Zehner

Eggolsheim-Rettern: Hubert

Eggolsheim-Weigelshofen: Pfister

Egloffstein: Zur Post

Egloffstein-Mostviel: Zum Schloßblick

Forchheim: Eichhorn; Schweizer Grom

Forchheim-Reuth: Schweizer Keller

Gosberg → Pinzberg

Gößweinstein: Scheffel; Stern

Gräfenberg-Thuisbrunn: Seitz

Hagenbach → Pretzfeld

Hallerndorf: Lieberth

Hallerndorf-Pautzfeld:
- Kammerer; Schneider

Hallerndorf-Schnaid:
- Friedel - Brauhaus am Kreuzberg

Hallerndorf-Stiebarlimbach: Roppelt

Hallerndorf-Trailsdorf: Schwarzmann

Hallerndorf-Willersdorf:
- Rittmayer; Vasold
- Zum Grünen Baum - Fischer

Heroldsbach: Lindenhof

Heroldsbach-Poppendorf: Dippacher

Hetzles: Schwarzer Adler

Hundsdorf → Obertrubach

Igensdorf: Schwabachtal

Kirchehrenbach:
- Schwarzer Adler - Sponsel
- Zum Walberla
- Zur Sonne - Dennerschwarz

Kunreuth-Regensberg: Hötzelein

FO /2

Langensendelbach: Alter Peter; Zametzer
Leutenbach-Oberehrenbach:
- Zur Sonne - Salb
Mostviel → Egloffstein
Muggendorf → Wiesenttal
Neunkirchen/Brand: Klosterhof - Polster
Neunkirchen/Brand - Großenbuch:
- Kugler-Wirt
Oberehrenbach → Leutenbach
Obertrubach: Fränkische Schweiz
Obertrubach-Bärnfels:
- Drei Linden; Zur Einkehr
Obertrubach-Hundsdorf:
- Zum Signalstein - Stanglwirt
Obertrubach-Reichelsmühle: Treiber
Pautzfeld → Hallerndorf
Pinzberg: Schrüfer
Pinzberg-Gosberg: Schuhmann
Poppendorf → Heroldsbach
Pretzfeld-Hagenbach: Richter
Pretzfeld-Wannbach: Mühlhäuser
Regensberg → Kunreuth
Reichelsmühle → Obertrubach
Rettern → Eggolsheim
Rothensand → Hirschaid
Schlaifhausen → Wiesenthau
Schnaid → Hallerndorf
Stiebarlimbach → Hallerndorf
Thuisbrunn → Gräfenberg
Trailsdorf → Hallerndorf
Wannbach → Pretzfeld
Weigelshofen → Eggolsheim
Weilersbach:
- Hubert; Waldesruh - Schnörla
Weißenohe: Klosterbrauerei Weißenohe
Wiesenthau-Schlaifhausen:
- Ehrenbürg; Schüpferling
Wiesenttal-Muggendorf:
- Goldner Stern; Zur Wolfsschlucht
Willersdorf → Hallerndorf

HO (Hof, Stadt und Landkreis)

Berg-Tiefengrün: Zur Hulda
Neudorf → Schauenstein
Schauenstein-Neudorf:
- Heinrich - Zum Schwarzen Roß
Selbitz-Sellanger: Sellanger
Sellanger → Selbitz
Tiefengrün → Berg

KU (Kulmbach, Landkreis)

Hermes → Marktleugast
Kulmbach: Hagleite
Marktleugast-Hermes: Haueis
Thurnau: Schorrmühle
Wirsberg: Ocker-Mühle

LIF (Lichtenfels, Landkreis)

Bad Staffelstein: Adam Riese
Lichtenfels-Reundorf: Müller
Reundorf → Lichtenfels
Weihersmühle → Weismain
Weismain-Weihersmühle: Forelle

WUN (Wunsiedel, Landkreis)

Göpfersgrün → Wunsiedel
Höchstädt im Fichtelgebirge:
- Reichsadler
Hohenberg/Eger: Zur Burg
Schönwald: Ploss
Selb-Vielitz: Schades Schmankerl Stubn
Vielitz → Selb
Wunsiedel-Göpfersgrün:
- Wirtshaus im Gut - Gläßl

HAS (Haßberge, Landkreis)
Ebern:
- Post
- Stern
Kirchlauter-Pettstadt: Andres
Oberaurach-Dankenfeld: Böllner
Oberaurach-Oberschleichach: Zenglein
Oberaurach-Tretzendorf: Schaaf
Oberschleichach → Oberaurach
Pettstadt → Kirchlauter
Rauhenebrach-Schindelsee:
- Hofmann
Rauhenebrach-Theinheim:
- Zum Grünen Baum - Bayer
Theinheim → Rauhenebrach
Tretzendorf → Oberaurach

KT (Kitzingen, Landkreis)
Birklingen → Iphofen
Castell: Zum Schwan
Einersheim → Markt Einersheim
Escherndorf → Volkach
Geiselwind: Stern
Geiselwind-Rehweiler: Zehnder
Hellmitzheim → Iphofen
Hüttenheim → Willanzheim
Iphofen: Goldene Krone
Iphofen-Birklingen: Augustiner am See
Iphofen-Hellmitzheim: Zum Grünen Baum
Iphofen-Laubendorf: Rotes Ross
Kleinlangheim: Zum Bären
Markt Einersheim: Rotes Roß
Prichsenstadt: Zum Storch
Prichsenstadt-Neuses: Landhotel Neuses
Rehweiler→ Geiselwind
Schwarzach-Stadtschwarzach: Schwab
Stadtschwarzach → Schwarzach
Volkach: Behringer; Zum Storchen
Volkach-Escherndorf:
- Vogelsburg
- Zur Mainaussicht
Volkach-Schloss Hallburg:
- Schloss Hallburg
Willanzheim-Hüttenheim: May

MIL (Miltenberg, Landkreis)
Obernburg: Zum Karpfen

MSP (Main-Spessart, Landkreis)
Lohr: Forellenhof

NES (Rhön-Grabfeld, Landkreis)
Ginolfs → Oberelsbach
Oberelsbach-Ginolfs: Fischerhütte Edwin

SW (Schweinfurt, Stadt u. Landkreis)
Frankenwinheim: Zur Sonne
Grafenrheinfeld: Alte Amtsvogtei
Oberschwarzach-Breitbach: Zur Traube
Oberschwarzach-Handthal:
- Forellenhof - Baumann

WÜ (Würzburg, Stadt und Landkreis)
Nordheim/Main: Zehnthof
Randersacker:
- Bären - Bärwirt
- Urlaub's Weinstuben - Alte Brauerei
Veitshöchheim:
- Fischerbärbel
- Sonnenschein
Würzburg:
- Bürgerspital
- Juliusspital
- Schiffbäuerin

Fränkischer Karpfenführer

Abenberg
91183 RH-Mfr
Windsbacher Str. 32
Fam. Elisabeth Kaiser
Tel. (09178) 99 80 89-0
www.kaiser-landhaus.de

Landhaus Kaiser (Gasthof - Hotel)

Zimmer pro Nacht, mit Frühstück: EZ/DZ ab 46/68 Euro
Warme Speisen (Mo Ruhetag): Di bis Do: ab 17 Uhr; Fr bis So: mittags und abends
Während der r-Monate Karpfen aus hauseigenen Weihern: Karpfen blau / Karpfen gebacken
Das Lokal nimmt teil an der Aktion *Original Regional - aus dem Landkreis Roth: Heimischer Fisch frisch auf den Tisch.* - Bier vom Fass: Veldensteiner

Absberg
91720 WUG-Mfr Brombachsee
Deutschordenstr. 4
Familie Jäger
Tel. (09175) 865
www.jaegerhof-absberg.de

Jägerhof (Landgasthaus)

Zimmer pro Nacht, mit Frühstück: EZ/DZ ab 35/64 Euro
Öffnungszeiten (Mi Ruhetag): 11 - 15 Uhr, 17 - 23 Uhr
Gebackene Karpfen während der r-Monate
Bier vom Fass: Felsenbräu (Thalmannsfeld)

Abtsdorf (BA) → **Frensdorf**

Adelsdorf
91325 ERH-Mfr Aischgrund
Hauptstr. 8
Fam. Pöllmann / Fam. Schmitt
Tel. (09195) 92 00
www.3kronen.de

Drei Kronen (Restaurant - Landhotel) - barrierefrei

Zimmer pro Nacht, mit Frühstück und Nutzung des Wellnessbereiches: EZ/DZ ab 55/75 Euro
Warme Speisen (kein Ruhetag): 11.30 - 14 Uhr, 17.30 - 22 Uhr
Aischgründer Spiegelkarpfen, aufgezüchtet nur in eigenen Gewässern und nur mit Naturfutter.
Karpfen, je 100 g 2,00:
- Karpfen blau, mit zerlassener Butter, Salzkartoffeln und Sahnemeerrettich
- Karpfen gebacken / Pfefferkarpfen, mit Kartoffel- und Blattsalat
Karpfenfilet Müllerin Art, mit Kartoffeln und Salat (10,50); Karpfenchips mit Salat
Bier vom Fass, u.a. Kitzmann, Gunzendorfer

Adelsdorf
91325 ERH-Mfr Aischgrund
Marktplatz 7
Inh.: Sigmund Rittmayer
Tel: (09195) 92 29 64

Ganzmann (Gasthaus)

Gästezimmer im Nebenhaus (09195/5181 - Ganzmann): EZ/DZ mit Frühstück 50/70 Euro
Ruhetage: Montag, Dienstag. - Karpfengerichte während der r-Monate:
- Karpfen blau / Karpfen gebacken / Pfefferkarpfen / Karpfenfilet in verschiedenen Variationen

Adelsdorf-Aisch
91325 ERH-Mfr Aischgrund
Aischer Hauptstr. 5
Inh.: Alois Rittmayer
Tel. (09195) 72 22
www.rittmayer-aisch.de

Rittmayer (Gasthof - Brauerei) - barrierefrei, Hunde nicht erlaubt

Warme Speisen (Mo Ruhetag): 11 - 14 Uhr, 17 - 21 Uhr
Während der r-Monate täglich frische Karpfen, u.a. Aischgründer Spiegelkarpfen aus eigenen Weihern.
Karpfen, je 100 g 1,40:
- Karpfen blau in würzigem Kräutersud, mit Salzkartoffeln und Sahnemeerrettich
- Karpfen gebacken / Pfefferkarpfen, mit Kartoffelsalat und grünem Salat
Karpfenfilet:
- gebacken (auch pfeffergewürzt), mit Kartoffelsalat und buntem Salatteller: 9,50
- gebacken in Meerrettichrahmsoße, mit Salzkartoffeln und buntem Salatteller: 10,30
Bunter Salatteller mit knusprigen Karpfenstreifen: 4,00
Bier vom Fass, aus der eigenen Brauerei:
- Hausbier naturtrüb, gezapft ohne künstliche Kohlensäure: 2,00
- zur Abfüllung: Hausbrau-Bier (nur Mi, 13.30 - 15 Uhr)

Adelsdorf-Aisch
91325 ERH-Mfr Aischgrund
Aischer Hauptstr. 8
Familie Scharold
Tel. (09195) 25 00

Scharold (Landgasthof) - barrierefrei

Zimmer pro Nacht, mit Frühstück: EZ/DZ 35/60 Euro (2011).
Öffnungszeiten (Di Ruhetag): 9 - 23 Uhr.
Von Mitte September bis April Gerichte von Karpfen aus eigenen Weihern, die zunächst etwa 14 Tage in der Aisch gewässert wurden und dann in die hauseigenen Bassins kommen.
- Karpfen blau / Karpfen gebacken / Pfefferkarpfen
- Karpfenfilet in verschiedenen Variationen / Karpfenstreifen / Karpfen-Salat
Bier vom Fass: St. Georgen

Adelsdorf-Lauf
91325 ERH-Mfr Aischgrund
Lauf 16
Helmut Fischer
Tel: (09195) 15 58

Fischer (Gasthaus)

Geöffnet: Freitag bis Sonntag.
Karpfengerichte während der r-Monate:
- Karpfen blau / Karpfen gebacken / Pfefferkarpfen
- Karpfenfilet / Karpfen-Chips

Adelsdorf-Neuhaus
91325 ERH-Mfr Aischgrund
Neuhauser Hauptstr. 30
Inh.: Frank Niebler
Tel. (09195) 8682
www.landgasthof-niebler.de

Adelsdorf-Neuhaus
91325 ERH-Mfr Aischgrund
Schloss-Str. 10
Inh.: Leni Schmidt
Tel. (09195) 72 91
www.schmidt-braeu.de

Adelsdorf-Neuhaus
91325 ERH-Mfr Aischgrund
Neuhauser Hauptstr. 3
Benno und Monika Wirth
Tel. (09195) 7221
www.zum-loewenbraeu.de

Niebler (Landgasthof) - barrierefrei

Zimmer pro Nacht, mit Frühstück: EZ/DZ ab 49/74 Euro
Öffnungszeiten (Mi Ruhetag): 11.30 - 14 Uhr (außer Mo), 17.30 - 23 Uhr
Karpfengerichte während der r-Monate:
- Karpfen-Suppe / Karpfen blau / Karpfen gebacken / Pfefferkarpfen / Karpfen geräuchert
- Karpfenfilet / Karpfenfilet geräuchert / Karpfen-Rouladen

Schmidt Bräu (Gaststätte)

Warme Speisen (Do Ruhetag): 11 - 21 Uhr
Karpfengerichte während der r-Monate: Karpfen blau/gebacken / Karpfenfilet gebacken.
(Die Brauerei hat ihren Betrieb 1994 eingestellt.)

Zum Löwenbräu (Gasthof - Brauerei - Hotel) - barrierefrei

Zimmer pro Nacht, mit Frühstück (Flair-Hotel): EZ/DZ ab 56/80 Euro
Warme Speisen (Mo Ruhetag): 11 - 14 Uhr (außer Di); 17.30 - 21.30 Uhr.
Während der r-Monate Gerichte von Aischgründer Spiegelkarpfen, die von heimischen
Erzeugern abgefischt, in großen Bassins gewässert und frisch geschlachtet werden, z.B.:
Karpfen blau im Weinsud (je 100 g 1,80),
            mit Salzkartoffeln, Sahnemeerrettich, kleinem Salat und zerlassener Butter
Karpfen gebacken / Pfefferkarpfen (je 100 g 1,80), mit Kartoffelsalat und Grünem
Karpfen-Knusper, mit Salatbouquet, Knoblauch-Malz-Dip und Malzschrotbrot: 7,50
Karpfen-Schnetzel, mit Knoblauch-Malz-Dip, Kartoffelsalat und Blattsalaten: 11,90
Karpfen-Geschnetzeltes
Karpfenfilets *Pur Natur*: die Karpfen stammen aus Weihern des Bund Naturschutzes und
werden nicht gefüttert; weil sie sich ausschließlich von natürlichen Inhaltsstoffen des Weihers
ernähren, dauert ihr Wachstum i.d.R. ein Jahr länger; ihr Fleisch ist besonders fettarm und
fest und hat einen besonders herzhaften Geschmack.
(→ Teil 1: Karpfenzucht - Öko: Mohrhof - *Karpfen pur Natur*.)
- gebacken, mit Kartoffelsalat und Blattsalaten: 11,80
- gebraten, in Bier-Senf-Soße, Kartoffel-Speck-Krapfen und Blattsalaten: 12,20
- asiatisch-pikant, auf Zitronengras-Spieß mit Wokgemüse und Jasmin-Reis: 13,20
Bier vom Fass, aus der eigenen Brauerei: Hausbräu-Hefetrüb (2,40), Zwickel-Pilsner (2,40),
Aischgründer Karpfen-Weisse (2,50)   → Teil 1: Karpfen-Weisse

Adelsdorf-Weppersdorf
91325 ERH-Mfr Aischgrund
Weppersdorf 13
Inh.: Andreas Utz
Tel: (09195) 73 60
www.landgasthaus-utz.de

Utz (Landgasthaus) - barrierefrei

Warme Speisen (Mi Ruhetag): 17 - 20.30 Uhr; Do bis So auch 11 - 14 Uhr
Karpfengerichte während der r-Monate:
- Karpfen blau in Wurzelsud
- Karpfen gebacken / Pfefferkarpfen
- diverse Karpfenfilets

Adelsdorf (NEA) → **Neuhof/Zenn**
Adlitz (ERH) → **Marloffstein**
Aisch (ERH) → **Adelsdorf (ERH)**

Alfeld-Lieritzhofen
91236 LAU-Mfr Lieritzhofen 25
Fam. Reinhard Sörgel
Tel. (09157) 256
www.landgasthof-soergel.de

Sörgel (Landgasthof - Metzgerei)

Zimmer pro Nacht, mit FS: EZ/DZ 35/65 Euro (2011). Ruhezeiten: Mo; Do (ab 14 Uhr).
Während der r-Monate täglich Karpfengerichte, z.B.: Karpfen blau / Karpfen gebacken
Bier vom Fass: Lederer

Alfershausen (RH) → **Thalmässing**

Allersberg
90584 RH-Mfr
Marktplatz 4
Josef Haußner und
Martina Schroll-Haußner
Tel. (09176) 265

Goldener Löwe (Gasthof - Metzgerei)

Warme Speisen: 8.30 - 22 Uhr; Mo 14 - 18 Uhr, So 14 - 17.30 Uhr
Während der r-Monate gebackene Karpfen (je 100 g 1,90), mit Kartoffelsalat und Salat
Bier vom Fass: Tucher, u.a. Hell (2,20), Hefeweizen (2,50)

Allersberg
90584 RH-Mfr
Hilpoltsteiner Str. 1
Fam. Richard Gerngroß
Tel. (09176) 275

Seehof (Gasthof - Hotel)

Zimmer pro Nacht, mit Frühstück: EZ/DZ ab 49/65 Euro
Warme Speisen (Mi Ruhetag): 11.30 - 14 Uhr, 17 - 21.30 Uhr; Sa durchgehend
Karpfengerichte von September bis Karfreitag: Karpfen blau / Karpfen gebacken

Allersberg
90584 RH-Mfr
Gilardistr. 8
Dieter Wohlrab
Tel. (09176) 76 04

Zum Deutschen Reich (Landgasthof)

Zimmer pro Nacht, mit Frühstück: EZ/DZ 30/60 Euro (2011)
Warme Speisen (Mo Ruhetag): 9 - 24 Uhr
Während der r-Monate Karpfen aus eigenen Frischwasserbecken:
- Karpfen gebacken, mit Kartoffelsalat und Salatteller. Bier vom Fass: Pyraser

Allersberg 90584 RH-Mfr
Marktplatz 6
Martina Schwab
Tel. (09176) 980 30
www.gasthof-zum-roten-ochsen.de

Zum Roten Ochsen (Gasthof - Hotel)

Zimmer pro Nacht, mit Frühstück: EZ/DZ ab 39/66 Euro (2011)
Warme Speisen (Di Ruhetag): 11.30 - 14 Uhr; 17.30 - 21 Uhr
Während der r-Monate frische Karpfen aus eigenem Bassin (je 100 g 1,50):
- Karpfen blau / Karpfen gebacken / Karpfen in Mehl gebacken
Bier vom Fass (Friedenfelser): Hell, Pils (0,4 l): 2,40

Allersberg-Ebenried 90584 RH-Mfr
Ebenried 121
Familie Blank
Tel. (09179) 55 62
www.zum-goldenen-lamm.de

Zum Goldenen Lamm (Gasthaus) - barrierefrei

Zimmer pro Nacht, mit Frühstück: EZ/DZ: ab 30/50 Euro
Warme Speisen (kein Ruhetag): 11 - 13 Uhr; 17 - 20.30 Uhr
Gebackene Karpfen von September bis Karfreitag. - Bier vom Fass: Tucher

Allersberg-Göggelsbuch
90584 RH-Mfr
Göggelsbucher Hauptstr. 27
Inh.: Hermann Endres
Tel. (09174) 90 52
www.gasthof-endres.de

Endres - Zum Lamm (Gasthof)

Zimmer pro Nacht, mit Frühstücksbuffet: EZ/DZ ab 33/48 Euro
Warme Speisen: bis 20.30 Uhr; So/Feiertag: bis 14 Uhr
Gebackene fränkische Karpfen während der r-Monate, mit Kartoffelsalat u. Salat: 8,00 - 12,00
Bier vom Fass (Pyraser), z.B. Helles 2,30

Altdorf b. Nürnberg
90518 LAU-Mfr
Oberer Markt 13
Claudia Recknagel
Tel. (09187) 952 70
www.alte-nagelschmiede.com

Alte Nagelschmiede (Gasthof - Hotel) - barrierefrei

Zimmer pro Nacht, mit Frühstück: EZ/DZ ab 49/75 Euro
Warme Speisen (So Ruhetag): 11.30 - 14 Uhr, 17 - 21 Uhr
Aischgründer Karpfengerichte während der r-Monate:
- Karpfen blau (je 100 g 2,20),
  mit zerlassener Butter, Petersilienkartoffeln und Salatteller: ab 9,50
- Karpfen gebacken (je 100 g 2,20), mit großem Salatteller: ab 9,50
- Karpfenfilet gebacken, mit Preiselbeer-Sahnemeerrettich, Petersilienkartoffeln u. Salatteller

Altendorf
96146 BA-Ofr
Egloffsteiner Ring 2
Werner Fleischmann
Tel. (09545) 313
www.egloffsteiner-hof.de

Egloffsteiner Hof (Gasthof) - barrierefrei

Öffnungszeiten (Mo Ruhetag): 11 - 14 Uhr, ab 17 Uhr; Sa/So: durchgehend
Karpfengerichte von September bis Mitte April, z.B.:
- Karpfen blau / Karpfen gebacken / Chili-Karpfen / Karpfen in Knoblauchweißweinsoße
- Karpfenfilet in Senfsoße, mit Kartoffeln und kleinem Salat
Jeder Karpfen mit dem rot-weißen *fränkischen Karpfenfähnla* (Initiative *Karpfen aus Franken bekennen Farbe*). - Bier vom Fass: St. Georgen (Buttenheim)

Altenfurt (N) → **Nürnberg**
Altensittenbach (LAU) → **Hersbruck**
Ampferbach (BA) → **Burgebrach**

Ansbach-Brodswinden
91522 AN-Mfr
Brodswinden 102-106
Hermann Käßer
Tel. (0981) 970 18-0
www.landgasthof-kaesser.de

Käßer (Landgasthof - Hotel)

Zimmer pro Nacht, mit Frühstücksbuffet: EZ/DZ ab 68/90 Euro
Warme Speisen (Sa Ruhetag): 11.30 - 14 Uhr; 17.30 - 21.30 Uhr
Fränkische Karpfen, saisonal (je 100 g 1,80):
- Karpfen blau im Wurzelsud / Karpfen gebacken / Karpfenfilet gebacken

Ansbach-Eyb
91522 AN-Mfr
Zur Schwedenschanz 1
Fam. Peter und Ingrid Schorr
Tel. (0981) 25 12
www.schwedenschanz.de

Schwedenschanz (Gaststätte) - barrierefrei

Karpfengerichte ganzjährig! Die Karpfen stammen von regionalen Teichwirten, werden in Winterungen in Zandt gewässert, von dort in die Fischbecken unterhalb der Gaststätte gebracht und bei Bestellung frisch geschlachtet.
- Karpfen (je 100 g 1,90): Karpfen blau / Karpfen gebacken (mit Semmelbrösel, in Pflanzenöl)
- Karpfenfilet gebacken, mit gemischtem Salat: 9,80
- Karpfenfilet gebraten nach "Art der Müllerin", mit Salzkartoffeln: 9,80
Bier vom Fass: Tucher, z.B. Hell 2,50

Anwanden (FÜ) → **Zirndorf**
Attelsdorf (BA) → **Schlüsselfeld**

Aufseß
91347 BT-Ofr
Im Tal 70
Fam. Ernst Rothenbach
Tel. (09198) 92 92-0
www.brauereigasthof-rothenbach.de

Rothenbach - Zur Sonne - Sonnenhof (Gasthof - Brauerei)

Zimmer pro Nacht, mit FS: EZ/DZ 39/64 Euro (2011); von April bis Okt. nicht am Fr und Sa
Täglich geöffnet (Mo Ruhetag: von November bis März)
Karpfengerichte von September bis Karfreitag, z.B.:
- Karpfen blau, mit Sahnekren, zerlassener Butter, Salzkartoffeln und Salaten
- Karpfen gebacken, mit Kartoffelsalat und verschiedenen Salaten
Jeder Karpfen mit dem rot-weißen *fränkischen Karpfenfähnla* (Initiative *Karpfen aus Franken bekennen Farbe*). - Bier vom Fass, aus der eigenen Sonnenbräu: Aufsesser Dunkel/Pils (2,00)

Bad Staffelstein
96231 LIF-Ofr
Bamberger Str. 1
Frau Bulheller
Tel. (09573) 47 06
www.adam-riese-badstaffelstein.de

Adam Riese (Gasthof)

FeWo pro Nacht für 2 Personen: ab 31 Euro. - Warme Speisen (Do Ruhetag): 11 - 21 Uhr
Während der r-Monate täglich frische Karpfen aus Bad Staffelstein:
- Karpfen blau / Karpfen gebacken
- Fisch-Buffet (warm/kalt): jeden 1. Freitag im r-Monat

Bad Windsheim
91438 NEA-Mfr Aischgrund
Bernhard-Bickert-Weg
Fam. Birgit Rienecker
Tel. (09841) 43 01
www.wirtshausamfreilandmuseum.de

Wirtshaus am Freilandmuseum

Öffnungszeiten (Mo Ruhetag): täglich ab 9 Uhr
Während der r-Monate Aischgründer Karpfen aus eigenen Gewässern: Karpfen blau/gebacken
Spezielle Karpfengerichte, zumindest während der *Aischgründer Karpfenschmeckerwochen*
(September bis Oktober/November), z.B.: Karpfenfilet Müllerin Art.
Bier vom Fass: Museumsbier (Döbler)

Bad Windsheim
91438 NEA-Mfr Aischgrund
Knörrgasse 5
Inh.: Cornelia Rühl
Tel. (09841) 15 65
www.zum-birnbaum.de

Zum Birnbaum (Gasthof)

Zimmer pro Nacht, mit Frühstück: EZ/DZ ab 27/52 Euro. - Ruhetag: Montag
Aischgründer Karpfen während der r-Monate: Karpfen gebacken / Karpfenfilet
Bier vom Fass: Oechsner (Ochsenfurt)

Baiersdorf
91083 ERH-Mfr
Hauptstr. 29
Familie Horvath
Tel: (09133) 35 58

Weißes Lamm (Gasthaus)

Öffnungszeiten (Do Ruhetag): 11 - 14 Uhr, 17 - 24 Uhr
Karpfengerichte während der r-Monate: Karpfen blau / Karpfen gebacken / Karpfenfilet

Baiersdorf
91083 ERH-Mfr
Hauptstr. 5
Inh.: Stefan Streng
(09133) 607 79 69

Zum Schützla (Gaststätte)

Ruhetag: Montag
Karpfengerichte während der r-Monate: Karpfen gebacken / Pfefferkarpfen
Bier vom Fass: St. Georgen (Buttenheim)

Bamberg
96052 BA-Ofr
Obere Königstr. 38
Barbara Rottenfußer
Tel. (0951) 255 03
www.bamberger-weissbierhaus.de

Bamberger Weissbierhaus

Zimmer pro Nacht, mit Frühstück: EZ/DZ 26/48 Euro (2011)
Öffnungszeiten: 11 - 14 Uhr (außer Mo/Di); 16.30 - 23 Uhr (außer So)
Karpfengerichte während der r-Monate: Karpfen blau (Vorbestellung) / Karpfen gebacken
Bier vom Fass: Maisel (Bamberg)

Bamberg
96049 BA-Ofr
Obere Mühlbrücke 1-3
Anne-Rose Braun-Schröder
Tel. (0951) 522 65
www.klosterbraeu.de

Klosterbräu Bamberg (Gaststätte - Brauerei)

Warme Speisen (kein Ruhetag): 11.30 - 14 Uhr, 17 - 22 Uhr
Von Oktober bis April täglich Karpfengerichte, z.B.: Karpfen blau / Karpfen gebacken
Bier vom Fass, aus der eigenen Brauerei

Bamberg
96047 BA-Ofr
Keßlerstr. 7
Inh.: Andrea Konrad
Tel. (0951) 98 18 20
www.hotel-wilde-rose.de

Wilde Rose (Gasthof - Brauerei - Hotel) - barrierefrei

Zimmer pro Nacht, mit Frühstück: EZ/DZ ab 65/98 Euro (2011)
Warme Speisen: 11.30 - 14; 18 - 21.30 Uhr (außer So)
Während der r-Monate Karpfen aus der Region, z.B.:
- Karpfen blau / Karpfen gebacken.
Bier vom Fass, u.a. aus der eigenen Brauerei (Keller, Pils), Schlenkerla, Keesmann

Bamberg-Wildensorg
96049 BA-Ofr
Wildensorger Hauptstr. 57
Helmut Heerlein
Tel. (0951) 531 37
www.heerlein.de

Heerlein (Landgasthof - Café) - barrierefrei

Zimmer pro Nacht, mit Frühstück: EZ/DZ 40/65 Euro (2011)
Öffnungszeiten (Fr Ruhetag): täglich ab 11 Uhr
Während der r-Monate frische Aischgründer Karpfen aus eigener Haltung, z.B.:
- Karpfen blau
- Karpfen gebacken.
Bier vom Fass: Sauer (Rossdorf), Keesmann

Bärnfels (FO) → **Obertrubach**
Barthelmesaurach (RH) → **Kammerstein**

Bayreuth
95448 BT-Ofr
Eremitenhofstr. 34
Fam. Strömsdörfer
Tel. (0921) 921 31
www.eremitenhof.de

Eremitenhof (Gaststätte)

Warme Speisen (Do Ruhetag): ab 10.30 Uhr
Karpfengerichte während der r-Monate:
- Karpfen blau, mit Salzkartoffeln und Salat
- Karpfen gebacken, mit Kartoffelsalat und Salat

Bayreuth-Glocke
95447 BT-Ofr
Pottensteiner Str. 12
Inh.: Günther Schwenk
Tel. (0921) 657 54
www.schwenksaal-bayreuth.de

Schwenksaal (Gaststätte)

Zimmer pro Nacht, mit Frühstück: EZ/DZ 30/50 Euro
Warme Speisen: täglich von 11.30 bis 21.30 Uhr
Während der r-Monate täglich lebendfrische Karpfen, z.B.:
- Karpfen blau, mit brauner Butter, Sahnemeerrettich, Kartoffeln u. Salat: 10,90
- Karpfen blau in Frankenweinrahm, mit Kartoffeln und Salat: 10,90
- Karpfen im Bierteig gebacken, mit Kartoffelsalat und Salat: 10,90
- Karpfen gebraten mit Dunkelbiersoße, dazu Klöße und Salat: 11,90
- Karpfenfilet paniert, mit Kartoffelsalat und Salat: 11,90
Bier vom Fass: Maisel, Aktien, Glenk

Bechhofen-Rottnersdorf
91572 AN-Mfr
Rottnersdorf 1
Fam. Johannes Beck
Tel. (09822) 75 50
fischhaus-wiesethgrund.de

Fischhaus Wiesethgrund (Gaststätte - Fischzucht)

Warme Speisen (Mo/Di Ruhetage): 11 - 13.30 Uhr, 17 - 20.30 Uhr
<u>Ganzjährig</u> frische Karpfen aus eigener Teichwirtschaft (ca. 6 Hektar) mit extensivem
Fischbesatz und mit naturgemäß selbsterzeugtem Getreide als Zufutter
- Karpfen blau
- Karpfen gebacken
- Karpfen geräuchert
- Karpfenfilet gebacken / gedünstet
- <u>Graskarpfensteaks</u> gebacken (nicht am Sonntag-Mittag)

Behringersdorf (LAU) → **Schwaig**

Berg-Tiefengrün
95180 HO-Ofr
Tiefengrüner Str. 1
Inh.: Andrea Geisler
Tel. (09293) 637
www.gasthaus-zur-hulda.de

Zur Hulda (Gasthaus)

Öffnungszeiten (Mo Ruhetag): ab 11.00 Uhr; So ab 9.00 Uhr
Von Mitte September bis Februar täglich fangfrische Karpfen, z.B.:
- Karpfen blau / Karpfen gebacken / Karpfenfilet.
Ausgezeichnete Fischgaststätte: *Oberfranken-Fisch - krönt den Tisch*

Bertelsdorf (FÜ) → **Stein**

Betzenstein-Schermshöhe
91282 BT-Ofr
Schermshöhe 1
Fam. Ippisch-Scherm
Tel. (09244) 466
www.schermshoehe.de

Schermshöhe (Gasthof - Hotel)

Zimmer pro Person, mit Frühstück: DZ 70 Euro (2011); hauseigenes Hallenbad.
Täglich geöffnet (im November geschlossen).
Während der r-Monate lebendfrische Karpfen, z.B.: Karpfen blau / Karpfen gebacken

Beutelsdorf (ERH) → **Herzogenaurach**
Birklingen (KT) → **Iphofen**
Birnbaum (NEA) → **Gerhardshofen**
Breitbach (SW) → **Oberschwarzach**

Breitengüßbach
96149 BA-Ofr
Bamberger Str. 22
Inh.: Thomas Hümmer
Tel. (09544) 203 44
www.brauerei-gasthof-huemmer.de

Hümmer (Gasthof)

Öffnungszeiten (Mo Ruhetag): 10 - 13.30 Uhr; ab 17 Uhr (außer Mi)
Karpfengerichte während der r-Monate: Karpfen gebacken / Pfefferkarpfen.
Die eigene Brauerei hat ihren Betrieb im Mai 2011 eingestellt.

Breitengüßbach-Zückshut
96149 BA-Ofr
Hauptstr. 36
Inh.: Günther Reitz
Tel. (09544) 24 46
www.gasthof-rieneck.de

Rieneck (Gasthof) - barrierefrei

Zimmer pro Nacht, mit Frühstück: DZ 54 Euro (2011)
Öffnungszeiten (Mi Ruhetag): ab 14.30 Uhr; Sa/So/Feiertag: ab 10 Uhr
Von Mitte September bis April Karpfen aus eigenem Bassin:
- Karpfen gebacken
- Karpfenfilet
Bier vom Fass: Mahr (Bamberg)

Brodswinden (AN) → **Ansbach**
Bronnamberg (FÜ) → **Zirndorf**
Bruck (ER) → **Erlangen**

Bubenreuth
91088 ERH-Mfr
Hauptstr. 14
Susanne Hipp und Kai Müller
Tel: (09131) 977 99 90
www.moersbergei.de

Mörsbergei (Landgasthof - Hotel)

Zimmer pro Nacht, mit Frühstück: EZ/DZ ab 48/72 Euro (2011)
Öffnungszeiten (kein Ruhetag): 11.30 - 14.30 Uhr, 17.30 - 24 Uhr
Karpfengerichte von Mitte September bis April, z.B. Karpfen gebacken

Bubenreuth
91088 ERH-Mfr
Hauptstr. 12
Inh.: Milan Minarik
Tel. (09131) 667 98

Zur Post (Gasthaus) - barrierefrei

Öffnungszeiten (Mo Ruhetag): Di bis Do ab 17 Uhr; Fr/Sa ab 11 Uhr; So ab 10 Uhr
Karpfengerichte während der r-Monate:
- Karpfen blau (ggf. vorbestellen) / Karpfen gebacken / Pfefferkarpfen
- Karpfenvariationen mit Pfeffer und Chili / Karpfenfilet

Buch (ERH) → **Weisendorf**
Buch (N) → **Nürnberg**
Büchenbach (ER) → **Erlangen**

Büchenbach
91186 RH-Mfr
Rother Str. 20
Hermann Heyder
Tel. (09171) 79 94

Heyder (Gasthof - Metzgerei)

Öffnungszeiten (Mi Ruhetag): 9 - 22 Uhr
Gebackene Karpfen von September bis Februar.
Bier vom Fass: Tucher

Büchenbach-Kühedorf
91186 RH-Mfr
Ritterstr. 5
Inh.: Andrea Kraft
Tel. (09171) 89 22 15
www.landgasthof-kraft.de

Kraft (Landgasthof) - barrierefrei

Zimmer pro Nacht, mit Frühstücksbuffet: EZ/DZ ab 28/51 Euro
Öffnungszeiten (Mo/Di Ruhetage):
- 10 - 23 Uhr. (Betriebsurlaub während der Schulferien im Herbst, an Fasching und Pfingsten.)
Während der r-Monate täglich frische Karpfen aus heimischen Weihern:
- Karpfen (je 100 g 2,00) / Karpfenfilet (fast grätenfrei)
Karpfen-Spezialitäten, jeden Freitag im r-Monat:
- Pfefferkarpfen, mit Salatteller
- Karpfen-Bruschetta:
  Karpfenfilet geräuchert, mit Tomaten, Gurken u. Basilikum auf geröstetem Bauernbrot: 5,50
- Karpfenfilet in Bierteig / in Senf-Dill-Panade, mit Kartoffeln und Salatteller: 13,50
- Karpfenchips, mit Salatteller: 12,50
- Spezialitätenteller vom Karpfen, von überall etwas, mit Salatteller: 14,50
Das Lokal nimmt teil an der Aktion *Original Regional - aus dem Landkreis Roth: Heimischer Fisch frisch auf den Tisch.* - Bier vom Fass: Felsenbräu (Thalmannsfeld)

Büchenbach-Kühedorf
91186 RH-Mfr
Ritterstr. 1 und 4
Inh.: Fam. Ernst und Gisela Odorfer
Tel. (09171) 84 40
hotel-gasthof-zum-heidenberg.de

Zum Heidenberg - Odorfer (Gasthof - Hotel - Metzgerei)

Zimmer pro Nacht, mit Frühstück: EZ/DZ ab 49/72 Euro. - Ruhetag: Montag
Während der r-Monate Karpfen aus heimischen Weihern: Karpfen blau / gebacken
Das Lokal nimmt teil an der Aktion *Original Regional - aus dem Landkreis Roth: Heimischer Fisch frisch auf den Tisch.* - Bier vom Fass: Tucher

Buchenbühl (N) → **Nürnberg-Buchenbühl**
Bullach (LAU) → **Lauf/Pegnitz**

Burgbernheim-Wildbad
91593 NEA-Mfr
Wildbad 1-3
Fam. Edda Hofmann
Tel. (09843) 13 21
www.waldgasthof-wildbad.de

Zum Wildbad (Waldgasthof - Hotel)

Zimmer pro Nacht, mit Frühstücksbuffet: EZ/DZ 38/65 Euro (2011)
Warme Speisen (Di Ruhetag): 11.30 - 14 Uhr, 18 - 21 Uhr
Von September bis Weihnachten und an Ostern Karpfen aus hauseigenem Quellwasserbecken
(Mi bis Fr nur nach Vorbestellung): Karpfen blau / Karpfen gebacken (11,90)

Burgebrach
96138 BA-Ofr
Hauptstr. 14
Fam. Inge und Friedrich Butterhof
Tel. (09546) 92 11 38
www.goldener-hirsch-burgebrach.de

Goldener Hirsch (Gasthof - Hotel) - barrierefrei

Zimmer pro Nacht, mit Frühstück: EZ/DZ 35/52 Euro (2011)
Warme Speisen (Fr Ruhetag): ab 11.30 Uhr
Karpfengerichte während der r-Monate: Karpfen blau / Karpfen gebacken
Bier vom Fass: Veldensteiner, Weiherer

Burgebrach
96138 BA-Ofr
Hauptstraße 16
Inh. Konrad Lechner
Tel. (09546) 306
www.schwanawirt.de

Schwan (Gasthof - Brauerei - Bierkeller)

Zimmer pro Nacht, mit Frühstück: EZ/DZ 27/40 Euro (2011).
Öffnungszeiten (Di Ruhetag): ab 15.30 Uhr; Sa ab 11 Uhr; So ab 9 Uhr
Gerichte von Karpfen aus dem hauseigenen Bassin von Ende September bis April, z.B.:
- Karpfen blau / Karpfen gebacken / Karpfen im Bierteig
- Ofen-Karpfen mit Gemüse

Burgebrach
96138 BA-Ofr
Häfnergasse 1
Inh.: Familie Nitschke
Tel. (09546) 333
gasthof-steigerwald-burgebrach.de

Steigerwald (Gasthof) - barrierefrei

Zimmer pro Nacht, mit Frühstück: EZ/DZ: 28/56 Euro (2011)
Warme Speisen (Mo Ruhetag): 11 - 21.30 Uhr
Karpfengerichte von Oktober bis März, immer am Fr und Sa:
- Karpfen blau (Vorbestellung) / Karpfen gebacken / Karpfenfilet
Bier vom Fass: Mönchshof, Weiherer

Burgebrach-Ampferbach
96138 BA-Ofr
Brückenstr. 3
Familie G. Herrmann
Tel. (09546) 372
brauerei-herrmann.franken-regio.de

Herrmann (Gastwirtschaft - Brauerei)

Öffnungszeiten (Di Ruhetag):
ab 9 Uhr; bei Kellerbetrieb (Mitte April - Ende September) ist das Lokal geschlossen.
Karpfengerichte während der r-Monate:
- Karpfen blau, mit zerlassener Butter und Salzkartoffeln
- Karpfen gebacken / Pfefferkarpfen, mit gemischtem Salat
Bier vom Fass, aus der eigenen Brauerei

Burgebrach-Stappenbach
96138 BA-Ofr
Stappenbach 29
Georg Pielenhofer
Tel. (09546) 83 48
www.kutscherstuebla.de

Kutscherstübla (Gaststätte)

Warme Speisen (Mo/Di Ruhetage): 16.30 - 21 Uhr; So 10.30 - 14 Uhr, 16 - 21 Uhr.
Karpfengerichte während der r-Monate, jeden Freitag, Samstag und Sonntag:
- Karpfen gebacken, Pfefferkarpfen
Bier vom Fass: Wagner (Merkendorf), Fischer (Greuth). Kerwa zum 1. Sonntag im September

Burgebrach-Stappenbach
96138 BA-Ofr
Stappenbach 15
Fam. Sebastian Dreßel
Tel. (09546) 411
www.zumwirt.de

Zum Wirt - Dreßel (Gastwirtschaft)

Öffnungszeichen (Di/Mi Ruhetage): ab 16 Uhr; So/Feiertag ab 10 Uhr.
Während der r-Monate täglich diverse Karpfengerichte.
Bier vom Fass: Dreßel (gebraut nach altem Rezept).
Kerwa am 1. Sonntag im September

Burgebrach-Oberharnsbach
96138 BA-Ofr
Burgebracher Str. 5
Fam. Franz Dellermann
Tel. (09546) 15 06

Dellermann (Gasthaus)

Montag Ruhetag.
Karpfengerichte von Ende August bis April, immer am Freitag (Sa/So auf Vorbestellung):
- Karpfen blau / Karpfen gebacken / Karpfenfilet

Burghaslach
96152 NEA-Mfr Haslach
Neustädter Str. 2
Dieter Artmeyer
Tel. (09552) 60 11
www.schoppeneck.de

Melbers Schoppeneck

Warme Speisen (Mo Ruhetag): 10 - 14 Uhr, ab 16 Uhr; Fr/Sa/So/Feiertag durchgehend
Aischgründer Karpfen vom 1. Sonntag im September bis Karfreitag:
- Karpfen blau / Karpfen gebacken / Pfefferkarpfen / Karpfen Müllerin / Karpfenfilet
Bier vom Fass: Hofmann (Pahres), z.B. Landbier hell 1,80, Hefeweizen 2,00

Burgstall (ERH) → **Herzogenaurach**

Burgthann
90559 LAU-Mfr Schwarzachtal
Schwarzachstr. 7
Stefanie Eckardt
Tel. (09183) 75 55
www.landgasthof-blauetraube.de

Blaue Traube (Landgasthof)

Zimmer pro Nacht, mit Frühstück: EZ/DZ ab 36/68 Euro
Warme Speisen (Mo/Di Ruhetage): 11.30 - 14 Uhr, 17 - 21.00 Uhr
Karpfen saisonal (Fischzucht Härlein, Winkelhaid): Karpfen blau/gebacken (je 100 g 1,90)
Bier vom Fass: Tucher, z.B. Pils (0,4 l) 2,50, Hefeweizen hell 2,80

Burgthann
90559 LAU-Mfr Schwarzachtal
Burgbergweg 4
Fam. Robert Reichinger
Tel. (09183) 37 30
www.burg-schaenke.de

Burgschänke (Panorama-Gasthof)

Zimmer pro Nacht, mit Frühstück: EZ/DZ 48/78 Euro (2011)
Warme Speisen (Mi Ruhetag): 11.30 - 14 Uhr, 17 - 21 Uhr
Karpfengerichte von Mitte September bis April, z.B.:
- Karpfen (je 100 g 2,20): Karpfen blau (Vorbestellung) / Karpfen gebacken
- Pfeffer-Karpfenfilet, mit Kartoffelsalat und bunten Salaten: 11,90
- Karpfenfilet vom Grill, auf Zwiebel-Tomatenragout mit Pesto-Kartoffeln und Salaten: 12,20
- Karpfencremesuppe mit frischem Meerrettich und Kartoffelstroh: 3,30
Bier vom Fass: Kaiser (Neuhaus)

Buttenheim
96155 BA-Ofr
Marktstr. 8
Inh.: Johann Modschiedler
Tel. (09545) 332
www.loewenbraeu-buttenheim.de

Löwenbräu (Gasthof - Brauerei) - barrierefrei

Zimmer pro Nacht, mit Frühstück: EZ/DZ 29/45 Euro (2011)
Warme Speisen (Mo Ruhetag): 11 - 14.30 Uhr, 16.30 -21 Uhr; So: 11 - 15 Uhr
Während der r-Monate Karpfengerichte in allen traditionellen Variationen
Jeder Karpfen mit dem rot-weißen *fränkischen Karpfenfähnla* (Initiative *Karpfen aus Franken bekennen Farbe*) - Bier aus der eigenen Brauerei: Lager, ungespundet

Buttenheim
96155 BA-Ofr
Eremitage 1/3
Inh.: Manfred Modschiedler
Tel. (09545) 50 93 46

Löwenbräu Keller (Gaststätte - Bierkeller)

Warme Speisen (Di Ruhetag; September - April: auch Mi): 11.30 - 14 Uhr, 16.30 - 21 Uhr
Karpfengerichte von Mitte September bis April, immer von Do bis So, z.B.:
- Karpfen blau / Karpfen gebacken / Pfefferkarpfen
Jeder Karpfen mit dem rot-weißen *fränkischen Karpfenfähnla* (Initiative *Karpfen aus Franken bekennen Farbe*)
Bier vom Fass, aus der eigenen Brauerei

Buttenheim-Gunzendorf
96155 BA-Ofr
Jurastraße 30
Jürgen Kabitz
Tel. (09545) 35 99 38
www.brauereigasthof-sauer.de

Sauer (Gasthof - Brauerei) - Ferienwohnung für 4 Personen

Öffnungszeiten (Mo - Mi Ruhetage): 17 - 22.30 Uhr, So ab 10.30 Uhr
Vom 1. Wochenende im September bis Karfreitag Gerichte von Karpfen aus heimischen Gewässern (Fischerei Schmitt, Hirschaid), z.B.:
- Karpfen blau (Vorbestellung)
- Karpfen gebacken / Pfefferkarpfen
Bier vom Fass aus der eigenen Brauerei Sauer, z.B. Lager 1,90

Cadolzburg
90556 FÜ-Mfr
Nürnberger Str. 15
Inh.: Georg List
Tel. (09103) 82 60

Zur Friedenseiche (Gaststätte - Metzgerei)

Zimmer pro Nacht, mit Frühstück: EZ/DZ 16/32 Euro (2011)
Öffnungszeiten: 9.30 - 21 Uhr; Mi/Do/So nur bis 14 Uhr
Karpfengerichte während der r-Monate:
- Karpfen blau (Vorbestellung) / Karpfen gebacken

Cadolzburg-Deberndorf
90556 FÜ-Mfr
Freiherr von Diemar Str. 3
Michael Rögner
Tel. (09103) 87 51
schlossgaststaette-deberndorf.de

Schloss-Gaststätte Deberndorf

Warme Speisen (Mo/Di Ruhetage): 11.30 - 13.30 Uhr, 17.30 - 21 Uhr; So durchgehend
An den Wochenenden während der r-Monate gebackene Aischgründer Karpfen

Cadolzburg-Egersdorf
90556 FÜ-Mfr
Dorfstr. 11
Familie Rögner
Tel. (09103) 71 57-43
www.gruenerbaum-egersdorf.eu

Grüner Baum (Gasthof - Landhotel)

Zimmer pro Nacht, mit Frühstück: EZ/DZ ab 56/86 Euro (2011)
Warme Speisen: täglich 11.30 - 22 Uhr
Fränkische Karpfen während der r-Monate, z.B.: Karpfen blau / Karpfen gebacken

Cadolzburg-Steinbach
90556 FÜ-Mfr
Seeleite 1
Familie Zimmermann
Tel. (09103) 79 73 27
www.gasthaus-zum-wiesental.de

Zum Wiesental (Gasthaus) - barrierefrei

Warme Speisen (Di/Mi Ruhetage): 11 - 14, 17 - 21 Uhr
Gebackene Karpfen während der r-Monate
Bier vom Fass: Ammerndorfer

Cadolzburg-Vogtsreichenbach
90556 FÜ-Mfr
Vogtsreichenbach 4
Familie Herboldsheimer
Tel. (09103) 15 35

Herboldsheimer (Gasthaus)

Ruhetage: Mo; Do; Fr (bis 16 Uhr)
Gebackene Karpfen während der r-Monate. - Bier vom Fass: Ammerndorfer

Cadolzburg-Wachendorf
90556 FÜ-Mfr
Alte Fürther Str. 21
Inh.: Walter Besold
Tel. (09103) 79 73 53
www.dorfbrunnen-wachendorf.de

Zum Dorfbrunnen (Gaststätte)

Warme Speisen (Mo/Di Ruhetage): 11.30 - 14 Uhr, 17 - 21 Uhr; Sa/So: durchgehend
Karpfengerichte während der r-Monate:
- Karpfen gebacken / Pfefferkarpfen, mit hausgemachtem Kartoffelsalat und gemischtem Salat
Bier vom Fass: Tucher

Cadolzburg-Zautendorf
90556 FÜ-Mfr
Zautendorf 26
Inh.: Richard Hofmann
Tel (09103) 79 73 29
www.hofmann-zautendorf.de

Zu den drei Linden (Gasthaus)

Warme Speisen (Mo/Di Ruhetag): 10.30 - 20.00. Karpfengerichte während der r-Monate, z.B.:
- Karpfen gebacken (je 100 g 1,90), mit gemischtem Salat
- Karpfenfilet, mit Kartoffelsalat und gemischtem Salat: 8,50
- Karpfenknusper, mit Kartoffelsalat und gemischtem Salat: 6,00
- Karpfenchips, mit Kartoffelsalat: 3,30
Bier vom Fass: Dorn-Bräu (Bruckberg), Zirndorfer

Castell
97355 KT-Ufr
Birklinger Str. 2
Inh.: Markus Lösch
Tel. (09325) 901 33
www.schwan-castell.de

Zum Schwan (Gasthaus - Weinbau)

Zimmer pro Nacht, mit Frühstück: EZ/DZ ab 45/65 Euro (2011)
Öffnungszeiten (Di/Mi Ruhetage): 11 - 14 Uhr, ab 17.00; So: ab 11 Uhr
Karpfengerichte während der r-Monate, z.B.:
- Karpfen blau
- Karpfen gebacken
In Unterfranken prämiert als *Ausgezeichnetes Fischlokal - Goldener Fisch* (→ Teil 1: Fischgaststätten - Auszeichnungen).
Weine aus eigenem Anbau

Coburg
96450 CO-Ofr
Festungshof 1
Jakob Stadlmeyer
Tel. (09561) 80 29-0
www.hotel-festungshof.de

Festungshof (Hotel)

Zimmer pro Nacht, mit Frühstück: EZ/DZ ab 50/75 Euro (2011)
Karpfengerichte während der r-Monate: Karpfen blau im Wurzelsud / Karpfen Müllerin
Bier vom Fass: Paulaner, z.B. Hell 3,40

Dachsbach
91462 NEA-Mfr Aischgrund
Bamberger Str. 1
Familie Hieronymus
Tel. (09163) 292
www.gasthof-hieronymus.de

Zum Brandenburger Adler - Hieronymus (Landgasthof)

Zimmer pro Nacht, mit Frühstück: EZ/DZ 35/55 Euro (2011)
Warme Speisen (Di Ruhetag): abends; Sa/So/Feiertag: mittags und abends
Aischgründer Karpfengerichte vom 1. September bis April:
- Karpfen blau (je 100 g 1,80), mit Salzkartoffeln, heißer Butter und Sahnemeerrettich
- Karpfen gebacken (je 100 g 1,70), mit hausgemachtem Kartoffelsalat und Salatteller
Spezielle Karpfengerichte, zumindest während der *Aischgründer Karpfenschmeckerwochen*
(September bis Oktober/November), z.B.:
- Karpfen nach böhmischer Art (je 100 g 1,90), mit Mandelsplittern und Rotweinsauce,
  dazu Herzoginkartoffeln und gemischter Salat
- Karpfenfilet in verschiedenen Zubereitungsarten, z.B.:
  gebacken; gebacken - pfefferscharf;
  gebacken in feiner Pfefferrahmsoße; gebacken - in Weißweinsoße;
  nach böhmischer Art
Bier vom Fass, z.B. Hell 2,50

Dachstadt (FO) → **Igensdorf**
Dankenfeld (HAS) → **Oberaurach**
Dannberg (ERH) → **Heßdorf**
Deberndorf (FÜ) → **Cadolzburg**
Debring (BA) → **Stegaurach**
Dechendorf (RH) → **Rohr**
Dechsendorf (ER) → **Erlangen**
Deusdorf (BA) → **Lauter**
Deutenbach (FÜ) → **Stein**

Dietenhofen
90599 AN-Mfr
Bahnhofstr. 10
Norbert Albrecht
Tel. (09824) 257
www.albrecht-dietenhofen.de

Albrecht (Gasthof - Metzgerei)

Zimmer pro Nacht, mit Frühstück: EZ/DZ 35/59 Euro (2011)
Warme Speisen (Mo Ruhetag): 11 - 14 Uhr, 17 - 21 Uhr.
Fränkische Karpfen während der r-Monate, z.B.:
- Karpfen blau / Karpfen gebacken

Dietenhofen
90599 AN-Mfr
Rüderner Str. 8
Inh.: Claus Link
Tel. (09824) 247
www.krone-dietenhofen.de

Zur Krone (Gasthof) - barrierefrei

Zimmer pro Nacht, mit Frühstück: EZ/DZ ab 38/55 Euro (2011)
Warme Speisen (Di Ruhetag): 11 - 14 Uhr, ab 17.30 Uhr
Gebackene Karpfen von September bis Karfreitag

Dietenhofen-Leonrod
90599 AN-Mfr
Leonrod 19
Fam. Paul Weinländer
Tel. (09824) 254
www.weinlaender.de/gasthaus

Weinländer (Gasthaus - Metzgerei)

Ruhetage: Mittwoch, Sonntag
Karpfengerichte während der r-Monate, immer Fr und Sa: Karpfen blau / Karpfen gebacken
Bier vom Fass, z.B. Helles 2,10

Dietenhofen-Warzfelden
90599 AN-Mfr
Warzfelden 4
Roland und Gerhard Trinkaus
Tel. (09824) 920 18-0
www.landgasthof-schwarzer-adler.de

Schwarzer Adler (Landgasthof)

Zimmer pro Nacht, mit Frühstück: EZ/DZ ab 45/75 Euro (2011)
Von Mitte September bis Ostern: Karpfengerichte an Sonn- und Feiertagen.
- Karpfen gebacken / Karpfen glutenfrei (ggf. auf Vorbestellung).
Glutenfreie Speisen gemäß Absprache im Lokal

Dietersheim-Oberroßbach
91463 NEA-Mfr Aischgrund
Oberroßbach 3
Inh.: Markus Fiedler
Tel. (09161) 24 25
www.wirtshausnet.de

Fiedler (Landgasthof) - barrierefrei

Zimmer pro Nacht, mit Frühstück: EZ/DZ ab 48/75 Euro
Warme Speisen (Mi Ruhetag): 11 - 14 Uhr, 17 - 21.30 Uhr; So/Feiertag: bis 14 Uhr
Aischgründer Karpfengerichte während der r-Monate: Karpfen blau / Karpfen gebacken.
Spezielle Karpfengerichte, zumindest während der *Aischgründer Karpfenschmeckerwochen*
(September bis Oktober/November), z.B.:
- Pfefferkarpfen / Karpfen heiß geräuchert / Karpfenfilet / Karpfenmenü (3 Gänge)
Wein-Sonderfüllung: Fiedlers Aischgründer Karpfen-Bocksbeutel

Dietfurt (WUG) → **Treuchtlingen**

Dinkelsbühl
91550 AN-Mfr
Weinmarkt 3
Fam. Beate und Richard Kellerbauer
Tel. (09851) 60 58
www.deutsches-haus-dkb.de

Deutsches Haus (Restaurant - Hotel)

Zimmer pro Nacht, mit Frühstück: EZ/DZ 79/ 129 Euro (2011)
Karpfengerichte von Mitte September bis April, z.B.:
- Karpfen blau / Karpfen gebacken / Karpfen gebraten / Karpfenfilet / Karpfenknusper
Besondere Fischangebote während der Dinkelsbühler *Fischerntewoche* (Ende Oktober),
z.B. ein 5-Gänge Fischgenießermenü in vier Dinkelsbühler Restaurants.

Dinkelsbühl 91550 AN-Mfr Nördlinger Str. 10 Michael Tappe Tel. (09851) 579 00 www.fr-hof.de	**Fränkischer Hof** (Restaurant - Hotel) Zimmer pro Nacht, mit Frühstück: EZ/DZ ab 45/60 Euro (2011) Gebackene Karpfen von Mitte September bis April. Herr Tappe informiert als Webmaster über den Bezug Dinkelsbühls zum Fisch und Karpfen, z.B. auch hinsichtlich der Dinkelsbühler *Fischerntewoche* (Ende Oktober): www.dinkelsbuehler-spiegelkarpfen.de

Dinkelsbühl 91550 AN-Mfr Segringer Str. 8 Inh.: Volker Brunk Tel. (09851) 57 29-0 www.hotel-goldene-kanne.com	**Goldene Kanne** (Restaurant - Hotel) Zimmer pro Nacht, mit Frühstück: EZ/DZ ab 48/74 Euro (2011) Karpfengerichte von Anfang Oktober bis April, z.B.: - Karpfen blau - Karpfen gebacken / Karpfen im Bierteig

Dinkelsbühl 91550 AN-Mfr Marktplatz 4 Inh.: Bernd Ollmann Tel. (09851) 577 50 www.hotel-goldene-rose.com	**Goldene Rose** (Restaurant - Hotel) Zimmer pro Nacht, mit Frühstück: EZ/DZ ab 62/78 Euro (2011) Während der r-Monate Gerichte von Dinkelsbühler Karpfen aus dem Dinkelsbühler Weiher: - Karpfen blau - Karpfen gebacken, mit großer Salatplatte: 13,40 Im Februar Dinkelsbühler Fastenkarpfen auf 12 verschiedene Arten

Dinkelsbühl 91550 AN-Mfr Weinmarkt 6 Martina Stumpf Tel. (09851) 23 47 www.goldnerhirsch.de	**Goldner Hirsch** (Gasthof) Zimmer pro Nacht, mit Frühstück: EZ/DZ 35/57 Euro (2011). Warme Speisen (Mo Ruhetag): 11.30 - 21 Uhr. Karpfengerichte vom 1. September bis April, z.B.: - Karpfen blau - Karpfen gebacken

Dinkelsbühl 91550 AN-Mfr Steingasse 12 Tel. (09851) 57 98 90 www.hotel-weisses-ross.de	**Weißes Roß** (Gasthof - Hotel) Zimmer pro Nacht, mit Frühstück: EZ/DZ ab 55/88 Euro (2011) Öffnungszeiten (im Winter Do Ruhetag): 11:30 - 14 Uhr, 18 - 22 Uhr Karpfengerichte während der r-Monate: - Karpfen blau (Vorbestellung) - Karpfen gebacken

Dinkelsbühl
91550 AN-Mfr
Wörnitzstr. 1
Inh.: Peter Ernst Kober
Tel. (09851) - 55 25 25
www.wilder-mann-dinkelsbuehl.de

Zum Wilden Mann (Gasthof - Brauerei)

Warme Speisen (Mi Ruhetag): 11.30 - 14 Uhr, 18 - 22 Uhr
Während der r-Monate Gerichte von Dinkelsbühler Spiegelkarpfen aus dem Walk- und Beermühlweiher, z.B. (12,80):
- Karpfen blau aus dem Wurzelsud, mit Kartoffeln, zerlassener Butter und Salatteller
- Karpfen gebacken (Semmelbrösel), mit Salatplatte und Kartoffelsalat
- Gebratenes Karpfenfilet in Weisswein-Kräutersoße, mit Schwenkkartoffeln und Salatteller
Bier vom Fass: Hauf (Dinkelsbühl)

Dinkelsbühl
91550 AN-Mfr
Weinmarkt 1
Jens Bergler
Tel. (09851) 39 94
www.zur-glocke.de

Zur Glocke (Gasthaus) - barrierefrei

Öffnungszeiten (Mo Ruhetag): 9.30 - 14.30 Uhr, ab 17 Uhr
Karpfengerichte von Mitte September (nach dem Stadtfest) bis April:
- Karpfen blau
- Karpfen gebacken
- Karpfenfilet

Dondörflein (ERH) → **Herzogenaurach**
Dorfgütingen (AN) → **Feuchtwangen**
Drosendorf (BA) → **Memmelsdorf**
Drosendorf (FO) → **Eggolsheim**
Ebenried (RH) → **Allersberg**

Ebermannstadt
91320 FO-Ofr
Hauptstr. 36
Inh.: Georg Schmitt
Tel. (09194) 739 30
www.resengoerg.de

Resengörg (Gasthof - Hotel - Schnapsbrennerei)

Zimmer pro Nacht, mit Frühstück: EZ/DZ ab 48/65 Euro (2011).
Warme Speisen: täglich 11 - 14.15 Uhr, 17 - 21.15 Uhr.
Vom 01.09. bis 30.04. frische Karpfen aus heimischen Gewässern, z.B.:
Karpfen (je 100 g 3,00):
- Karpfen blau, mit Salzkartoffeln, Sahnemeerrettich und gemischtem Salat
- Karpfen gebacken / Pfefferkarpfen, mit Kartoffelsalat, Sahnemeerrettich, gemischtem Salat
Karpfenfilet gebacken, mit Kartoffelsalat, Sahnemeerrettich, gemischtem Salat: 11,30
Bier vom Fass: Sauer (Gunzendorf), Penning-Zeißler (Hetzelsdorf), Heller (Bamberg)

Ebermannstadt
91320 FO-Ofr
Am Marktplatz 2
Inh.: Helga Dotterweich
Tel. (09194) 767 19-209
www.schwanenbraeu.de

Schwanenbräu (Restaurant - Brauerei - Hotel - Schnapsbrennerei)

Zimmer pro Nacht, mit Frühstücksbuffet: EZ/DZ 47/68 Euro; täglich geöffnet (Hotel).
Karpfengerichte während der r-Monate, z.B.:
Vorspeise: Streifen vom geräucherten Karpfenfilet auf Blattsalat, dazu Weißbrot: 6,20
Karpfen (je 100 g 2,70):
- Karpfen blau im Wurzelsud zubereitet,
  dazu Salzkartoffeln, Sahnemeerrettich, zerlassene Butter und Salatteller der Saison
- Karpfen im Bierteig gebacken / Pfefferkarpfen,
  dazu hausgemachten Kartoffelsalat und Salatteller der Saison
Karpfenfilet (11,50): - Müllerin Art auf Kräuterrahmsauce, dazu Salzkartoffeln u. Salat
                      - im Bierteig gebacken, dazu Kartoffelsalat und Salatteller
                      - gedünstet auf Zitronen-Senfsauce, dazu Reis und Salatteller
Bier vom Fass, aus der eigenen Schwanenbräu: Lager, Pils (2,20), Hefeweizen (2,40)

Ebermannstadt
91320 FO-Ofr
Hauptstr. 29
Familie Schimmel
Tel. (09194) 767 48-0
www.brauerei-gasthof-sonne.de

Sonne (Gasthof - Brauerei - Hotel)

Zimmer pro Nacht, mit Frühstück: EZ/DZ 33/55 Euro (2011)
Ruhetag: Montag
Karpfengerichte während der r-Monate:
- Karpfen gebacken / Pfefferkarpfen, mit Kartoffelsalat und gemischtem Salat
Bier vom Fass, aus der eigenen Sonnenbräu

Ebern
96106 HAS-Ufr Baunachgrund
Bahnhofstr. 2
Familie Gall
Tel. (09531) 80 77
www.tourismus-ebern.de

Post (Gasthof)

Zimmer pro Nacht, mit Frühstück: EZ 30/56 Euro (2011)
Während der r-Monate Karpfen aus der Umgebung:
- Karpfen blau, mit Kartoffeln, Sahnemeerrettich und zerlassener Butter
- Karpfen gebacken, mit Sahnemeerrettich und gemischtem Salat
Bier vom Fass: Keller (Hummel) 2,20 - Pils (Sturm) 2,20 - Kulmbacher, Bitburger

Ebern
96106 HAS-Ufr Baunachgrund
Marktplatz 5
Inh.: Marlene Aumüller
Tel. (09531) 83 42
www.tourismus-ebern.de

Stern (Gasthof)

Öffnungszeiten (Mi Ruhetag): 11 - 14 Uhr, 17 - 23 Uhr; am So nur mittags
Frische Karpfengerichte, saisonal: Karpfen gebacken / Pfefferkarpfen
Bier vom Fass: Kulmbacher

Ebing (BA) → **Rattelsdorf**

Ebrach
96157 BA-Ofr Steigerwald
Marktplatz 4
Familie Gries
Tel. (09553) 180
www.landidyll.com/klosterbraeu

Landidyll Historikhotel Klosterbräu - barrierefrei

Zimmer pro Nacht, mit Frühstück: EZ/DZ 50/90 Euro (2011)
Warme Speisen ab 14.30 Uhr (kein Ruhetag).
Während der r-Monate täglich Karpfengerichte: Karpfen blau / Karpfen gebacken / Karpfenfilet
Bier vom Fass: Ebracher Klosterbier

Ebrach
96157 BA-Ofr Steigerwald
Bahnhofstraße 4
Inh.: Peter Böhm
Tel. (09553) 12 41
gaststaette-zum-alten-bahnhof.de

Zum Alten Bahnhof (Bürgerlicher Gasthof)

Zimmer pro Nacht, mit Frühstück: EZ/DZ 29/50 Euro
Warme Speisen (Mi Ruhetag): 11.30 - 14 Uhr, 17.30 - 21 Uhr
Karpfengerichte während der r-Monate: Karpfen blau / Karpfen gebacken
Bier vom Fass: St. Georgen (Buttenheim)

Eckenhaid (ERH) → **Eckental**

Eckental-Eckenhaid
90542 ERH-Mfr
Am Eckenhaider Schloss 1
Familie Gebhard
Tel: (09126) 18 75

Schloss Eckenhaid (Gasthof)

Zimmer pro Nacht, mit Frühstück: EZ/DZ 34/60 Euro (2011)
Öffnungszeiten (Di/Mi Ruhetage):
- 11.30 - 14 (außer Do), 17.30 - 23 Uhr; Sa/So/Feiertag: 11 - 23 Uhr
Karpfengerichte während der r-Monate, z.B.:
- Karpfen blau / Karpfen gebacken / Karpfen in Riesling, gegrillt / Karpfenfilet / Karpfen-Suppe
Bier vom Fass: Wolfshöher (Neunkirchen am Sand)

Eckental-Eschenau
90542 ERH-Mfr
Marktplatz 5
Fam. Georg Krämer
Tel: (09126) 18 12
franken-4all.de/rotesross-eschenau

Rotes Ross (Gasthof)

Zimmer pro Nacht: EZ/DZ 22/44 Euro
Warme Speisen (Mo Ruhetag): 11.30 - 14 Uhr (außer Di), 17.30 -21 Uhr
Aischgründer Karpfen von Ende August bis Ende April, täglich fangfrisch:
- Karpfen blau / Karpfen gebacken / Pfefferkarpfen / Karpfenfilet

Eckental-Forth
90542 ERH-Mfr
Bügstr. 14
Familie Hofmann
Tel: (09126) 17 44

Hofmann (Gasthaus)

Ruhetag: Dienstag.
Karpfengerichte, saisonal: Karpfen blau / Karpfen gebacken

Eckersmühlen (RH) → **Roth**

Effeltrich
91090 FO-Ofr
Neunkirchener Str. 5
Inh.: Familie Schmidt
Tel. (09133) 26 39

Zur Linde (Gasthof - Metzgerei)

Zimmer pro Nacht, mit Frühstück: EZ/DZ 36/55 Euro (2011)
Warme Speisen (Do Ruhetag): 11 - 14 Uhr (außer Fr), 17 - 20.30 Uhr
Karpfengerichte von Mitte September bis April, z.B.:
- Karpfen blau; Karpfen gebacken / Pfefferkarpfen; Karpfen sauer, mit Kloß und Salat
Jeder Karpfen mit dem rot-weißen *fränkischen Karpfenfähnla* (Initiative *Karpfen aus Franken bekennen Farbe*) - Bier vom Fass: Kitzmann (Erlangen)

Egensbach (LAU) → **Offenhausen**
Egersdorf (FÜ) → **Cadolzburg**

Eggolsheim-Drosendorf
91330 FO-Ofr
Feuersteinstr. 55
Fam. Hiltrud und Edmund Zehner
Tel. (09545) 95 02 64
www.landgasthof-zehner.de

Zehner (Landgasthof)

Zimmer pro Nacht, mit Frühstück: EZ/DZ ab 38/58 Euro
Öffnungszeiten (Mo Ruhetag): ab 17; Sa/So: ganztags
An den Wochenenden während der r-Monate frische Karpfen aus dem Hälterbecken:
- Karpfen blau / Karpfen gebacken / Karpfenfilet

Eggolsheim-Rettern
91330 FO-Ofr
Kanzelstr. 9
Inh.: Martin Hubert
Tel. (09191) 72 77 84
www.gasthaus-hubert.de

Hubert (Landgasthaus - Metzgerei)

Warme Speisen (Mo/Do Ruhetage): 11 - 14 Uhr, 17 - 21 Uhr
Aischgründer Spiegelkarpfen während der r-Monate, z.B.:
- Karpfen blau / Karpfenfilet blau, mit Salzkartoffeln, heißer Butter und Sahnemeerrettich
- Karpfen gebacken / Pfefferkarpfen, mit Kartoffelsalat und gemischtem Salat
- Karpfenfilet gebacken / Pfefferkarpfenfilet / Karpfenlocken, mit Kartoffelsalat und Salat
Bier vom Fass: Kitzmann (Erlangen), Schlenkerla (Bamberg), Püls (Weismain)

Eggolsheim-Weigelshofen
91330 FO-Ofr
Eggerbachstr. 22
Familie Pfister
Tel. (09545) 942 60
www.gasthof-pfister.de

Pfister (Gasthof - Brauerei) - barrierefrei

Zimmer pro Nacht, mit Frühstücksbuffet: EZ/DZ ab 32/51 Euro
Warme Speisen (Di Ruhetag): 12 - 14 (außer Mi); 17 - 21
Während der r-Monate Karpfen von Züchtern aus der Umgebung, z.B.:
- Karpfen gebacken / Karpfen im Bierteig, mit Kartoffelsalat: 7,50 - 9,50
- Karpfenfilet in Bierteig gebacken, mit Kartoffelsalat: 8,50
Bio-Bier vom Fass, aus der eigenen Brauerei - Schwarz-Keller, Landbier, Hefeweizen: 2,00

Egloffstein
91349 FO-Ofr
Talstr. 8
Erika Heid
Tel. (09197) 555
www.gasthofzurpost-egloffstein.de

Zur Post (Gasthof)

Zimmer pro Nacht, mit Frühstück: EZ/DZ 32/63 Euro (2011)
Warme Speisen (Mo Ruhetag): bis 21 Uhr. Frische Karpfen während der r-Monate:
- Karpfen blau / Karpfen gebacken
- Karpfenfilet im Wurzelsud, dazu Salzkartoffeln und Sahnemeerrettich

Egloffstein-Mostviel
91349 FO-Ofr
Mostviel 4
Inh.: Dieter Heid
Tel. (09197) 297
mon.de/ofr/Schlossblick-Mostviel

Zum Schloßblick (Gasthof - Metzgerei - Pension)

Zimmer pro Nacht mit Frühstück: DZ 46 Euro (2011)
Warme Speisen (Mo Ruhetag): mittags bis abends
Karpfengerichte während der r-Monate: Karpfen blau / Karpfen gebacken.
Jeder Karpfen mit dem rot-weißen *fränkischen Karpfenfähnla* (Initiative *Karpfen aus Franken bekennen Farbe*)
Bier vom Fass (Wolfshöher): Pils

Einersheim (KT) → **Markt Einersheim**
Eltersdorf (ER) → **Erlangen-Eltersdorf**

Emskirchen
91448 NEA-Mfr Oberer Aurachgrund
Erlengründlein 6
Familie Dietz
Tel. (09104) 917
www.landgasthof-zum-erlengrund.de

Zum Erlengrund (Landgasthof)

Zimmer pro Nacht, mit Frühstück: EZ/DZ 30/50 Euro (2011). - Ab 9 Uhr (Di Ruhetag).
Heimische Karpfen von Ende August bis April, z.B.:
- Karpfen blau / Karpfen gebacken / Karpfenfilet / Karpfenschnitzel / Karpfengyros
Bier vom Fass: Hofmann (Pahres)

Enderndorf (RH) → **Spalt**
Erhardshöhe (ERH) → **Heroldsberg**

Erlangen
91052 ER-Mfr
Am Röthelheim 40 c
Inh.: Thomas Lorz und Holger Nein
Tel. (09131) 30 20 60
www.biergarten-am-roethelheim.de

Biergarten Am Röthelheim (Gaststätte)

Öffnungszeiten (täglich): 11 - 15 Uhr, 17 - 23 Uhr
Aischgründer Karpfen während der r-Monate:
- Karpfen gebacken / Pfefferkarpfen (je 100 g 2,00), mit Kartoffel-, Endivien- und Sellerieteller
- Karpfenfilet gebacken / Pfefferkarpfenfilet, mit Kartoffel-, Endivien- und Sellerieteller: 10,30
Bier vom Fass: Kitzmann, Erdinger, Schneider

Erlangen
91054 ER-Mfr
Spardorfer Str. 79
Fam. Georg Braun
Tel. (09131) 970 62 52
www.blauetraube.eu

Blaue Traube im Turnerbund (Sportrestaurant)

Öffnungszeiten (kein Ruhetag): 11 - 23.30 Uhr; So 10 - 21.30 Uhr
Während der r-Monate: gebackene fränkische Karpfen, Salatteller und Kartoffelsalat (8,20)

Erlangen
91052 ER-Mfr
Südliche Stadtmauerstr. 25
Conny Schmid
Florian Dittmeyer
Axel Müller
Tel. (09131) 81 08 33
www.braeuschaenke.de

Kitzmann BräuSchänke

Warme Speisen: täglich 10 - 24 Uhr. - Karpfengerichte während der r-Monate:
- Karpfen gebacken / Pfefferkarpfen (je 100 g 2,20), mit gemischtem Salatteller
- (Pfeffer-)Karpfenfilet (je 100 g 4,10), mit Remouladensauce und gemischtem Salatteller
- Bunter Salatteller mit gebackenen Karpfenstreifen: 9,80
- Karpfen-Ingreisch, mit Remouladensauce und Kartoffelsalat: 9,80
- Karpfensülze, mit Remoulade und Salzkartoffeln: 6,50
Bier vom Fass, aus der angegliederten Brauerei Kitzmann: 2,90

Erlangen
91054 ER-Mfr
Schuhstr. 21
Inh.: Walter Müller
Tel. (09131) 89 40-0
www.koenig-humbert.de

König Humbert (Gasthof)

Zimmer pro Nacht, mit Frühstücksbuffet: EZ/DZ ab 49/69 Euro
Warme Speisen (Sa/So Ruhetage): 11 - 14, 17 - 22 Uhr.
- Karpfen blau (je 100 g 2,10), mit Salzkartoffeln, zerlassener Butter und Meerrettich
- Karpfen gebacken ((je 100 g 2,10), mit Kartoffelsalat und Blattsalat
- Karpfenfilet, mit Kartoffelsalat und Blattsalat; Karpfenfilet, in Gurken-Dillsoße, mit
  Salzkartoffeln; Karpfenfilet gebacken, mit Kartoffelsalat und grünem Salat: 9,90

Erlangen
91054 ER-Mfr
Bayreuther Str. 33
Fam. Christine und Martin Schubert
Tel. (09131) 216 47

Nützel (Fischküche)

Warme Speisen (Do Ruhetag): 11.30 - 14 Uhr (außer Mo), 17.30 - 21 Uhr.
Geöffnet nur während der r-Monate! - Karpfengerichte (je 100 g 2,00):
- Karpfen blau, mit Butter, Meerrettich und Salzkartoffeln
- Karpfen gebacken / Pfefferkarpfen / Karpfenfilet, dazu Kartoffelsalat
Bier vom Fass: Kulmbacher; Steinbach (Erlangen), z.B. Storchen 3,00

Erlangen
91054 ER-Mfr
Spardorfer Str. 80
Inh.: Familie Kvas
Tel. (09131) 476 55

Waldschießhaus (Restaurant)

Warme Speisen (Di Ruhetag): 11.30 - 14.30 Uhr, 17 - 22 Uhr
Karpfengerichte während der r-Monate: Karpfen blau / Karpfen gebacken
Bier vom Fass: Kitzmann (Erlangen)

Erlangen
91052 ER-Mfr
Guhmannstr. 10
Mohamad Abbas
Tel. (09131) 392 10

Zum Angerwirt

Öffnungszeiten (Mo Ruhetag): 11 - 14 Uhr, 17 - 23 Uhr
Aischgründer Karpfengerichte während der r-Monate:
- Karpfen blau (je 100 g 1,90), mit Salzkartoffeln und Sahnemeerrettich
- Karpfen gebacken / Pfefferkarpfen (je 100 g 1,90), dazu Endivien- und Kartoffelsalat
- Karpfenfilet in Dillsoße und Salzkartoffeln: 9,80
Bier vom Fass: Kitzmann (Erlangen)

Erlangen-Bruck
91058 ER-Mfr
Birkenweg 5
Fam. Claus und Norbert Mußgiller
Tel. (09131) 765-0
www.hotelambirkenweg.de

Mußgiller (Fischküche - Hotel)

Zimmer pro Nacht, mit Frühstück (Hotel am Birkenweg): EZ/DZ ab 54/70 Euro
Das Restaurant ist nur während der Karpfensaison geöffnet (Ruhetage Mo und Do):
- 11.30 - 14 Uhr; 17 - 22 Uhr.
Von Ende August bis Karfreitag fränkische Karpfen aus eigenem Bassin, z.B.:
- Karpfen blau / Karpfen gebacken

Erlangen-Bruck
91058 ER-Mfr Regnitz
Herzogenauracher Damm 11
Fam. Hans Birnbaum
Tel. (09131) 76 65-0
www.gasthof-ritter-st-georg.de

Ritter St. Georg (Gasthof - Gästehaus)

Zimmer pro Nacht, mit Frühstücksbuffet: EZ/DZ ab 46/66 Euro.
Warme Speisen: täglich von 12 - 14 Uhr, 18 - 21 Uhr.
Karpfengerichte von September bis Ostern:
- Karpfen gebacken / Pfefferkarpfen (je 100 g 2,15), mit Kartoffelsalat und Endiviensalat
Bier vom Fass: Tucher

Erlangen-Büchenbach
91056 ER-Mfr
Schallershofer Str. 70a
Tel. (09131) 432 42

BSC Erlangen (Sportgaststätte)

Karpfengerichte während der r-Monate: Karpfen blau / Karpfen gebacken
Bier vom Fass: Kitzmann (Erlangen)

Erlangen-Büchenbach
91056 ER-Mfr
Dorfstr. 14
Inh.: Heinz Güthlein
Tel. (09131) 79 20
www.janicmanic.de/guethlein/site

Zur Einkehr - Güthlein (Gasthof - Metzgerei)

Zimmer pro Nacht, mit Frühstück: EZ/DZ 62/94 Euro (2011)
Warme Speisen (kein Ruhetag): 11.30 - 14 Uhr, 17 - 21 Uhr
Karpfengerichte während der r-Monate, z.B.:
- Karpfen gebacken (je 100 g 2,10), mit Kartoffel-Endivien-Salat
Bier vom Fass: Kitzmann (Erlangen)

Erlangen-Dechsendorf
91056 ER-Mfr
Brühl 23
Inh.: Philipp Mayd
Tel. (09135) 27 66
www.mayd.de

Mayd (Gasthof)

Zimmer pro Nacht, mit Frühstück: EZ/DZ 40/60 Euro (2011)
Warme Speisen (Di Ruhetag): mittags und abends
Während der r-Monate Karpfen aus Weihern der Umgebung: Karpfen blau / Karpfen gebacken.
Bier vom Fass: Lederer

Erlangen-Dechsendorf
91056 ER-Mfr
Röttenbacher Str. 9
Inh.: Gerhard Schmitt
Tel. (09135) 80 86
www.hotel-rangau.de

Rangau (Gasthof - Hotel) - barrierefrei

Zimmer pro Nacht, mit Frühstück: EZ/DZ 45/70 Euro (2011)
Karpfen aus eigener Zucht während der r-Monate, z.B.:
- Karpfen blau (Vorbestellung) / Karpfen gebacken.
Bier vom Fass: Kitzmann (Erlangen)

Erlangen-Eltersdorf
91058 ER-Mfr
Holzschuherring 40
Josef Huber
Tel. (09131) 60 11 11

St. Kunigund (Speisegaststätte)

Öffnungszeiten (Mo Ruhetag): 10 - 14 Uhr (außer Di); 17.30 - 22 Uhr; So 11 - 14 Uhr
Während der r-Monate Gerichte von Aischgründer Karpfen:
- Karpfen blau/gebacken / Karpfenfilet (blau/gebacken) / Karpfenstreifen paniert
Bier vom Fass: Kitzmann (Erlangen)

Erlangen-Frauenaurach
91056 ER-Mfr
Wallenrodstr. 5
Inh.: Andreas Sawko
Tel. (09131) 687 78 48
www.goldener-schaumloeffel.de

Goldener Schaumlöffel (Restaurant)

Zimmer pro Nacht, mit Frühstück: EZ/DZ 39/65 Euro (2011)
Warme Speisen (Mo Ruhetag): 11 - 14 Uhr (außer Di), 17 - 21 Uhr
Während der r-Monate täglich frische Aischgründer Karpfengerichte
- Karpfen blau, mit Butterkartoffeln; Karpfen gebacken / Pfefferkarpfen, mit Salat
- Karpfenfilet, gebacken, mit Petersilienkartoffeln und Salat: 9,20
Bier vom Fass: Kulmbacher

Erlangen-Hüttendorf
91056 ER-Mfr
Talblick 5
Fam. Erwin Schäfer
Tel. (0911) 76 31 52
www.landgasthofkrone.de

Krone (Landgasthof - Metzgerei) - barrierefrei

Zimmer pro Nacht, mit Frühstück: EZ/DZ ab 39/62 Euro (2011)
Warme Speisen (Di/Mi Ruhetag): 11 - 14 Uhr, 17 - 20.30 Uhr
Während der r-Monate lebendfrische Aischgründer Karpfen aus regionalen Zuchtbetrieben:
- Karpfen blau / Karpfen gebacken / Pfefferkarpfen / Karpfenfilet in verschiedenen Variationen
Bier vom Fass: Hofmann (Pahres)

Erlangen-Hüttendorf
91056 ER-Mfr
Hüttendorfer Str. 1a
Inh.: Walter Popp
Tel. (0911) 76 11 22
www.landgasthof-popp.de

Popp (Landgasthof - Metzgerei)

Zimmer pro Nacht, mit Frühstück: DZ 55 Euro (2011)
Warme Speisen (Di Ruhetag): 10 - 21 Uhr
Karpfengerichte während der r-Monate: Karpfen blau/gebacken.
Bier vom Fass: Kitzmann (Erlangen)

Erlangen-Kosbach
91056 ER-Mfr
Am Deckersweiher 24
Fam. Ulrike und Christoph Oberle
Tel. (09131) 455 56
www.fischerei-oberle.de
Besichtigung des eigenen Fischzucht-
betriebes u.U. möglich (Paul Oberle)

Die Fischerei - Oberle (Restaurant; Satzfischzucht - Teichwirtschaft)

Warme Speisen (Mo/Di Ruhetag): 17.30 - 21 Uhr; Do bis So: auch 11.30 - 14 Uhr
Kulinarischer Schwerpunkt des Lokals sind die in eigenen Teichen selbst erzeugten Fische,
u.a. frische Aischgründer Spiegelkarpfen während der r-Monate, z.B.:
- Karpfen blau / Karpfen gebacken (Mehl) / Karpfenpaste
- Karpfenfilets, verschiedenartig zubereitet, z.B. süßsauer auf Zwiebel-Zwetschgen-Gemüse /
  asiatisch / auf provenzialischen Bohnen / in verschiedenen Soßen (Wein-Safran oder Dill)
Bier vom Fass: Hofmann (Pahres), Steinbach (Erlangen)

Erlangen-Kosbach
91056 ER-Mfr
Am Deckersweiher 26
Inh.: Johann Polster
Tel. (09131) 75 54-0
www.gasthaus-polster.de

Polster (Gasthaus - Landhotel)

Zimmer pro Nacht, mit Frühstück: EZ/DZ ab 85/110 Euro
Warme Speisen: täglich 11.30 - 14.30, 17.30 - 22 Uhr
Während der r-Monate Karpfen von Gewässern der näheren Umgebung und aus dem eigenen
Bassin: Karpfen blau / Karpfen gebacken / Pfefferkarpfen (8,10 - 9,80 - 10,70)
Bier vom Fass: Kitzmann (Erlangen), z.B. Keller 3,30

Erlangen-Kriegenbrunn
91056 ER-Mfr
Kriegenbrunner Str. 1
Familie Rottner
Tel. (09131) 99 22 00

Zur Linde - Rottner (Gasthaus - Metzgerei)

Warme Speisen (Mo Ruhetag): abends; Do/Sa/So auch mittags
Gebackene Karpfen während der r-Monate. Jeder Karpfen mit dem rot-weißen *fränkischen
Karpfenfähnla* (Initiative *Karpfen aus Franken bekennen Farbe*).
Bier vom Fass: Kaiser (Veldenstein)

Erlangen-Tennenlohe
91058 ER-Mfr
Sebastianstr. 2
Familie Josef Bichler
Tel. (09131) 60 27 49
www.zurwied.de

Zur Wied (Speise- und Sportgaststätte)

Öffnungszeiten (Mo Ruhetag): 10.30 - 14.30; 16.45 - 23 Uhr; Sa/So: 10 - 23 Uhr
Karpfengerichte von Mitte August (Kerwa) bis April (je 100 g 1,95): Karpfen blau/gebacken
Bier vom Fass: Kitzmann, z.B. Hell 2,50

Erlau (BA) → **Walsdorf**
Erlenstegen (N) → **Nürnberg**
Eschenau (ERH) → **Eckental**
Eschenbach (NEA) → **Markt Erlbach**
Escherndorf (KT) → **Volkach**
Eyb (AN) → **Ansbach**

Feuchtwangen-Dorfgütingen
91555 AN-Mfr
Dorfgütingen 37
Stefan und Matthias Lehner
Tel. (09852) 674 30
www.zum-ross.de

Zum Roß (Gasthof - Hotel)

Zimmer pro Nacht, mit Frühstück: EZ/DZ ab 41/61 Euro (2011)
Öffnungszeiten (Mo Ruhetag): 11.30 - 14 Uhr; 18 - 21.15 Uhr (außer So)
Karpfengerichte während der r-Monate (außer Dezember):
- Karpfen gebacken / Karpfenfilet

Fiegenstall (WUG) → **Höttingen**
Fischbach (N) → **Nürnberg**

Flachslanden
91604 AN-Mfr
Ansbacher Str. 20
Inh.: Hans Hasselt
Tel. (09829) 294
www.gasthof-rose-flachslanden.de

Rose (Gasthof)

Zimmer pro Nacht, mit Frühstück: DZ: 67 Euro (2011)
Öffnungszeiten (Di Ruhetag): durchgehend
Karpfengerichte während der r-Monate:
- Karpfen blau / Karpfen gebacken / Karpfenfilet

Flachslanden-Virnsberg
91604 AN-Mfr
Schloßstr. 19
Margit Meyer, Cornelia Guggenberger
Tel. (09829) 300
www.zum-kreuz-virnsberg.de

Zum Kreuz (Gasthof - Pension)

Zimmer pro Nacht, mit Frühstück: EZ/DZ: 28/56 Euro (2011). Ab 9 Uhr (Mo Ruhetag).
Karpfen aus eigenem bzw. heimischem Gewässer von etwa Mitte September bis Ostern:
- Karpfen gebacken (Semmelbrösel)
Bier vom Fass: Zirndorfer, Lederer, Lichtenauer

Forchheim
91301 FO-Ofr
Bamberger Str. 9
Inh.: Andreas Ruck
Tel. (09191) 647 68
www.gasthaus-eichhorn.de

Eichhorn (Gaststätte - Brauerei)

Warme Speisen (Di/Mi Ruhetage): ab 12 Uhr; Sa/So/Feiertag: ab 10 Uhr
Gebackene Karpfen während der r-Monate
Bier vom Fass, aus der eigenen Brauerei

Forchheim
91301 FO-Ofr
Röthenstr. 5
Familie Eisgrub
Tel. (09191) 39 55
www.hotel-schweizergrom.de

Schweizer Grom (Gasthof - Hotel)

Zimmer pro Nacht, mit Frühstück: EZ/DZ ab 40/65 Euro. Freitag Ruhetag.
Gebackene Karpfen während der r-Monate
Bier vom Fass: St. Georgen (Buttenheim)

Forchheim-Reuth
91301 FO-Ofr
Am Schwedengraben 7
Claudia Seifert und Hubert Gronauer
Tel. (09191) 62 18 21
www.schweizer-keller.de

Schweizer Keller mit Hubertusstube (Waldgasthaus - Bierkeller - Brennerei)

Öffnungszeiten (warme Speisen bis 21.30 Uhr):
- Okt. - April: Fr ab 17, Sa/So/Feiertag ab 11.30 Uhr; Mai - Sept. ab 11.30 Uhr (außer Mo)
Von Mitte Sept. bis April fangfrische Karpfen aus Franken: Karpfen gebacken / Pfefferkarpfen
Bier vom Fass: St. Georgen (Buttenheim), z.B. Keller 2,30

Forst (NEA) → **Gerhardshofen**
Forth (ERH) → **Eckental**

Frankenwinheim
97447 SW-Ufr
Kirchberg 6
Fam. Josef Kraus
Tel. (09382) 18 16
gasthaus-zur-sonne-frankenwinheim

Zur Sonne (Gasthaus)

Warme Speisen (Mi Ruhetag): 11.30 - 14 Uhr, 17.30 - 21 Uhr
Während der r-Monate frische Karpfen aus dem Aischgrund:
- Karpfen blau im Wurzelsud, mit Salzkartoffeln, heißer Butter und Sahnemeerrettich
- Karpfen gebacken / Pfefferkarpfen / Karpfenfilet "Müllerin", mit gemischtem Salatteller

Frankfurt (NEA) → **Markt Taschendorf**
Frauenaurach (ER) → **Erlangen**

Frensdorf
96158 BA-Ofr
Marktplatz 3
Familie Messingschlager
Tel. (09502) 210

Messingschlager (Gastwirtschaft)

Geöffnet am Fr/Sa/So - Karpfengerichte von Mitte September (Kerwa) bis April, z.B.:
- Karpfen blau / Karpfen gebacken / Pfefferkarpfen / Karpfenfilet
Bier vom Fass: Grasser (Huppendorf)

Frensdorf
96158 BA-Ofr
Marktplatz 5
Inh.: Josef Pickel
Tel. (09502) 334
www.landgasthof-pickel.de

Pickel (Landgasthof - Hotel) - barrierefrei

Zimmer pro Nacht, mit Frühstück: EZ/DZ 33/55 Euro (2011)
Warme Speisen (Di Ruhetag): 11.30 - 14 Uhr (außer Mi), 16.30 - 22 Uhr
Aischgründer Karpfen von Mitte September bis April: Karpfen blau/gebacken / Pfefferkarpfen
Jeder Karpfen mit dem rot-weißen *fränkischen Karpfenfähnla* (Initiative *Karpfen aus Franken bekennen Farbe*). - Bier vom Fass: Friedel (Zentbechhofen), St. Georgen (Buttenheim)

Frensdorf-Abtsdorf
96158 BA-Ofr
Abtsdorfer Str. 14
Inh.: Christian Beck
Tel. (09502) 255
www.gastwirtschaft-beck.de

Beck (Gastwirtschaft)

Öffnungszeiten (Mo Ruhetag; Jan./Febr. auch Di): ab 16 Uhr; So/Feiertag ab 9.30 Uhr
Karpfengerichte von Mitte September bis Mitte April, z.B.:
- Karpfen blau, mit Salzkartoffeln, zerlassener Butter und Meerrettich
- Karpfen gebacken / Pfefferkarpfen, mit Kartoffelsalat und gemischtem Salat
- Karpfenfilet blau, mit Salzkartoffeln, zerlassener Butter und Meerrettich
- Karpfenfilet paniert oder Pfeffer, mit Kartoffelsalat und gemischtem Salat
- Karpfenfilet pochiert in Dillsahnesoße, mit Petersiliekartoffeln und Salatteller

Frensdorf-Herrnsdorf
96158 BA-Ofr
Dorfstr. 5
Fam. Fritz und Gertrud Barnikel
Tel. (09502) 293
www.brauerei-barnikel.de

Barnikel (Gaststätte - Brauerei)

Öffnungszeiten (Mi Ruhetag): 10 - 23 Uhr
Karpfengerichte während der r-Monate:
- Karpfen blau, mit Salzkartoffeln und Sahnemeerrettich: 6,50 - 12,00
- Karpfen gebacken / Pfefferkarpfen, mit Kartoffelsalat und gemischtem Salat: 6,50 - 12,00
Bier vom Fass, aus der eigenen Brauerei: Lager 1,90

Frensdorf-Herrnsdorf
96158 BA-Ofr
Zentbechhofener Str. 14
Familie Herrmann
Tel. (09502) 396

Herrmann (Gasthof) - barrierefrei

Öffnungszeiten: Fr/Sa: ab 16 Uhr; So/Feiertag: ab 11.30.
Karpfengerichte, saisonal: Karpfen gebacken / Karpfenfilet
Bier vom Fass - Rittmayer (Hallerndorf): Landbier, Dunkles, Weizen

Frensdorf-Reundorf
96158 BA-Ofr
Am Bahnhof 13
Familie Müller
Tel. (09502) 608
www.schmausenkeller.de

Schmausenkeller - Müller (Gaststätte - Bierkeller) - barrierefrei

Öffnungszeiten: ab 16 Uhr; Sa ab 15 Uhr, So ab 11 Uhr
- Mitte November bis Anfang Februar (Mi/Do Ruhetag)
- Mitte März - Ende Oktober (Do Ruhetag, falls kein Kellerwetter)
Gebackene Karpfen von Mitte November bis Anfang Februar, immer Fr/Sa ab 16.30 Uhr,
So ab 11.30 Uhr. - Bier vom Fass, aus der eigenen Brauerei Müller

Frensdorf- Schlüsselau
96158 BA-Ofr
Schlüsselau 15
Inh.: Michael Bittel
Tel. (09502) 13 39

Bittel (Gastwirtschaft) - barrierefrei

Öffnungszeiten: Fr ab 16 Uhr, So ab 16 Uhr
Von Mitte September bis Karfreitag diverse Gerichte vom Aischgründer Karpfen, z.B.:
- Karpfen blau / Karpfen gebacken / Pfefferkarpfen / Karpfenfilet / Karpfen mit Knoblauch
Bier vom Fass - Mahr (Bamberg): Ungespundetes 2,00. - Kerwa am 2. Sonntag im Oktober

Friesen (BA) → **Hirschaid**
Fuchsmühle (RH) → **Hilpoltstein**
Fürnheim (AN) → **Wassertrüdingen**

Fürth
90762 FÜ-Mfr
Gustavstr. 34
Michael Barth
Tel. (0911) 77 05 54
www.gruenerbaum-fuerth.de

Grüner Baum (Gasthof)

Warme Speisen (kein Ruhetag): 11.30 - 14 Uhr, 17 - 1 Uhr; Fr - So: durchgehend
Karpfengerichte von September bis Anfang April, z.B.:
- Karpfen blau / Karpfen gebacken / Pfefferkarpfen / Karpfenfilet
Bier vom Fass: Tucher, z.B. Hell (0,4 l) 2,90

Fürth
90763 FÜ-Mfr
Kaiserstr. 89
Konrad Lautenbacher
Tel. (0911) 71 24 75
www.gasthaus-suedstadt.de

Südstadt (Gasthaus)

Öffnungszeiten (Mo Ruhetag): 9.30 - 14 Uhr; 17 - 22 Uhr (außer sonntags im Winter)
Von Mitte August bis Karfreitag Karpfen aus hauseigenem Bassin (je 100 g 2,00), z.B.:
- Karpfen blau, mit zerlassener Butter, Salzkartoffeln, Meerrettich
- Karpfen fränkisch gebacken, mit gemischtem Salat
- Karpfen gegrillt, pikant gewürzt, mit Kartoffelsalat
Bier vom Fass: Klosterbrauerei Scheyern, Lederer, Zirndorfer

Fürth
90762 FÜ-Mfr
Luisenstr. 7
Familie Leykam
Tel. (0911) 74 71 90

Tucherbräu-Stüberl (Steakhaus - Restaurant)

Warme Speisen (Mo Ruhetag): 11.30 - 14 Uhr (außer Sa); 17 - 21.30 Uhr (So bis 20 Uhr)
Karpfengerichte während der r-Monate:
- Karpfen blau (je 100 g 2,00), mit zerlassener Butter und Kartoffeln
- Karpfen gebacken (je 100 g 2,00), mit hausgemachtem Kartoffelsalat
- Karpfenfilet, verschiedene Variationen: ab 11,80. - Bier vom Fass: Tucher, Jever

Fürth
90762 FÜ-Mfr
Obstmarkt 3
Familie Rondthaler
Tel. (0911) 77 22 66
www.gasthaus-walhalla.de

Walhalla (Gasthaus)

Öffnungszeiten (Ruhetag Do; April - August auch Mo): 11.30 - 14.30 Uhr, 17.30 - 23 Uhr
Während der r-Monate Aischgründer Karpfen aus eigenem Fischbecken und nach alter
Tradition in der Eisenpfanne gebacken, z.B.:
- Karpfen blau im Fischsud (mit Essig, Wein und Zwiebeln gegart),
                dazu Meerrettich, Butter und Salzkartoffeln: 8,50
- Karpfen gebacken (je 100 g 1,77), mit gemischtem Salat und Kartoffelsalat
- Salatteller mit frittierten Karpfenfiletstreifen / Karpfenfilet. - Bier vom Fass: Tucher

Fürth 90766 FÜ-Mfr Wilhelmstr. 21 Cornelia Strattner Tel. (0911) 73 29 62 www.gasthauswilhelmshoehe.de	**Wilhelmshöhe** (Gasthaus) Warme Speisen (kein Ruhetag): 10 - 22 Uhr Karpfengerichte während der r-Monate: - Karpfen blau (Vorbestellung) / Karpfen gebacken (je 100 g 2,00), mit gemischtem Salat - Karpfenfilet gebacken, mit gemischtem Salat: 9,90
Fürth 90762 FÜ-Mfr Kapellenstr. 31 Friedrich Schmidt Tel. (0911) 77 56 00 www.kpsg-fuerth.de/gasthaus	**Zum Schützenhaus** (Gaststätte) Öffnungszeiten: Mittwoch bis Freitag Gerichte von lebendfrischen Karpfen aus fränkischen Weihern von Ende August bis April: - Karpfen blau / Karpfen gebacken Bier vom Fass: Hauff (Lichtenau), Erdinger
Fürth 90762 FÜ-Mfr Bäumenstr. 4 (Innenstadt) Inh.: Bich Hong Nguyen (Alt-Chefin: Christa Rezac) Tel. (0911) 77 19 97	**Zum Stadtwappen** (Gaststätte) Öffnungszeiten (Di Ruhetag): 10.30 - 14 Uhr, 16.30 - 22 Uhr (So bis 21 Uhr) Während der r-Monate sind Karpfen ein kulinarischer Schwerpunkt des Lokals, z.B.: - Karpfen blau; Karpfen gebacken, mit hausgemachtem Kartoffelsalat und frischen Salaten. Bier vom Fass: Zirndorfer, z.B. Hell 2,40
Fürth 90762 FÜ-Mfr Helmstr. 10 (Altstadt) Inh.: Peggy Jünigk (0911) 766 04 85	**Zum Tannenbaum** (Gaststätte) Warme Speisen (Mo Ruhetag): 10 - 22; So bis 15 Uhr Von Ende August bis Ostern gebackene Karpfen (je 100 g 1,90)
Fürth 90766 FÜ-Mfr Hardstr. 101 Brigitte und Norbert Straub Tel. (0911) 75 82 83 www.zurhardhoehe.de	**Zur Hardhöhe** (Restaurant) Warme Speisen (Mo Ruhetag): 11.30 - 14 Uhr; 17 - 21 Uhr (außer So) Fränkische Karpfengerichte während der r-Monate: - Karpfen gebacken / Karpfenfilet gebacken, dazu Kartoffelsalat - Pfefferkarpfen gebacken, mit gestoßenen Pfefferkörnern, dazu Kartoffelsalat Bier vom Fass: Tucher
Fürth-Vach 90768 FÜ-Mfr Brückenstr. 24 Tel. (0911) 76 37 08	**Vacher Fischhäusla** (Gaststätte) Gebackene Karpfen von Mitte September bis April, immer Fr/Sa ab 16 Uhr. Biere, z.B. Warsteiner, Hofmühl (Hell 2,50)

Gallmersgarten-Steinach

91605 NEA-Mfr
Bahnhofstr. 18
Familie Sämann
Tel. (09843) 937-0
www.landgasthof-saemann.de

Gebsattel-Kirnberg

91607 AN-Mfr
Kirnberg 25
Fam. Thomas Raidel
Tel. (09861) 26 18
www.zur-linde-kirnberg.de

Geiselwind

96160 KT-Ufr
Marktplatz 11
Helmut und Ulrike Rückel
Tel. (09556) 217
www.hotel-stern-geiselwind.de

Geiselwind-Rehweiler

96160 KT-Ufr
Rehweiler 1
Familie Zehnder
Tel. (09556) 323

Geisfeld (BA) → Strullendorf

Georgensgmünd

91166 RH-Mfr
Pleinfelder Str. 2
Fam. Kurt Eichhorn
Tel. (09172) 73 22
www.landgasthof-eichhorn.de

Sämann (Landgasthof - Metzgerei) - barrierefrei

Zimmer pro Nacht, mit Frühstück: EZ/DZ ab 44/58 Euro (2011)
Warme Speisen (kein Ruhetag): mittags und abends.
Fränkische Karpfen während der r-Monate, z.B. Karpfen blau / Karpfen gebacken.
Spezielle Karpfengerichte, zumindest während der *Aischgründer Karpfenschmeckerwochen* (September bis Oktober/November), z.B. Karpfengulasch.

Zur Linde (Gasthaus)

Zimmer pro Nacht, mit Frühstück: EZ/DZ 30/48 Euro (2011)
Warme Speisen (Ruhetag Mi; Januar - März auch Di): 11.30 - 14 Uhr, 17.30 - 21 Uhr.
Vom 1. September-Wochenende bis Ostern fränkische Karpfen aus umliegenden Weihern:
- Karpfen blau / Karpfen gebacken

Stern (Restaurant - Hotel)

Zimmer pro Nacht, mit Frühstück: DZ 59 Euro (2011)
Ruhetag: Mittwoch
Karpfengerichte während der r-Monate: Karpfen blau / Karpfen gebacken

Zehnder (Waldgasthof - Pension)

Zimmer pro Nacht, mit Frühstück: EZ/DZ 28/44 Euro (2011)
Warme Speisen (kein Ruhetag): mittags und abends
Während der r-Monate Karpfen aus hauseigenem Bassin: Karpfen blau / Karpfen gebacken

Eichhorn (Landgasthof - Pension)

Zimmer pro Nacht, mit Frühstück: EZ/DZ 35/70 Euro (2011)
Warme Speisen (Sa Ruhetag): 11 - 14 Uhr, ab 17 Uhr
Karpfengerichte während der r-Monate: Karpfen blau (Vorbestellung) / Karpfen gebacken

Georgensgmünd-Rittersbach
91166 RH-Mfr
Ritterstr. 11
Fam. Johann Büchler
Tel. (09172) 80 15
www.gasthaus-boebel.de

Böbel (Gasthaus)

Warme Speisen (Di Ruhetag): durchgehend
Gebackene Karpfen von Oktober bis April.
Das Lokal nimmt teil an der Aktion *Original Regional - aus dem Landkreis Roth: Heimischer Fisch frisch auf den Tisch.* - Bier vom Fass: Felsenbräu

Georgensgmünd-Untersteinbach
91166 RH-Mfr
Untersteinbach 4
Fam. Inge Großberger
Tel. (09172) 26 18

Zum Grünen Tal (Gasthaus - Metzgerei) - Ferienwohnung

Öffnungszeiten: Do bis So von 9.30 - 21.30 Uhr.
Karpfengerichte während der r-Monate, z.B.:
- Karpfen gebacken / Pfefferkarpfen / Karpfenfilet / Karpfenstreifen
Das Lokal nimmt teil an der Aktion *Original Regional - aus dem Landkreis Roth: Heimischer Fisch frisch auf den Tisch.* - Bier vom Fass: Spalter, Tucher

Gerhardshofen-Birnbaum
91466 NEA-Mfr
Birnbaum 56
Fam. Schiwon und Frieß
Tel. (09163) 999 40
landgasthof-hammerschmiede.de

Zur Hammerschmiede (Landgasthof) - barrierefrei

Zimmer pro Nacht, mit Frühstück: EZ/DZ ab 30/50 Euro
Warme Speisen (Mo Ruhetag): 11 - 14 Uhr; 17 - 21 Uhr; So: bis 14 Uhr
Während der r-Monate Gerichte von Aischgründer Karpfen aus eigenen Weihern:
- Karpfen blau / Karpfen gebacken (mit Mehl und Grieß, in Butterschmalz)
Spezielle Karpfengerichte, zumindest während der *Aischgründer Karpfenschmeckerwochen* (September bis Oktober/November), z.B. Karpfen in Frankenweinsud, mit Meerrettich

Gerhardshofen-Forst
91466 NEA-Mfr
Forst 7
Fam. Anita Goßler
Tel. (09163) 395

Zur Einkehr (Landgasthof) - barrierefrei

Zimmer pro Nacht, mit Frühstück: EZ/DZ 26/48 Euro (2011)
Warme Speisen (Di Ruhetag): 11.30 - 14 Uhr, 17.30 - 21 Uhr.
Aischgründer Karpfengerichte von Mitte August bis April: Karpfen blau / Karpfen gebacken.
Spezielle Karpfengerichte, zumindest während der *Aischgründer Karpfenschmeckerwochen* (September bis Oktober/November), z.B.:
- Karpfen mit saurer Sahne und Pilzen / grätenfreies Karpfenfilet gebacken
Bier vom Fass: Hofmann (Pahres), z.B. Landbier 2,20

Ginolfs (NES) → **Oberelsbach**
Glocke (BT) → **Bayeuth**
Göggelsbuch (RH) → **Allersberg**
Göpfersgrün (WUN) → **Wunsiedel**
Gosberg (FO) → **Pinzberg**

Gößweinstein
91327 FO-Ofr
Pezoldstr. 5
Inh.: Bernd Vogl
Tel. (09242) 987 65
www.sternteam.de

Stern (Gasthof - Hotel)

Zimmer pro Nacht, mit Frühstück: EZ/DZ ab 33/56 Euro (2011)
Karpfengerichte während der r-Monate, z.B.: Karpfen blau (Vorbestellung) / Karpfen gebacken
Jeder Karpfen mit dem rot-weißen *fränkischen Karpfenfähnla* (Initiative *Karpfen aus Franken bekennen Farbe*) - Bier vom Fass: 5 Sorten

Gotzenmühle (AN) → **Lichtenau-Gotzenmühle**

Gräfenberg-Thuisbrunn
91322 FO-Ofr
Thuisbrunn 11
Georg Kugler
Tel. (09197) 221
www.gasthof-seitz.de

Seitz (Gasthof - Brauerei) - barrierefrei

Öffnungszeiten: Di, Fr bis So: ab 10 Uhr
Lebendfrische Karpfen währen der r-Monate: Karpfen blau / Karpfen gebacken. Jeder Karpfen mit dem rot-weißen *fränkischen Karpfenfähnla* (Initiative *Karpfen aus Franken bekennen Farbe*) - Bier vom Fass, aus der eigenen Elch-Bräu: Dunkles, Pils

Grafenrheinfeld
97506 SW-Ufr Main
Kirchplatz 4
Inh.: Fam. Hofmann und Hobner
Tel. (09723) 20 25
www.amtsvogtei-grafenrheinfeld.de

Alte Amtsvogtei (Gasthof)

Zimmer pro Nacht, mit Frühstück: DZ 65 Euro (2011)
Warme Speisen: täglich von 10 - 24 Uhr
Karpfengerichte von Mitte September bis April, z.B.: Karpfen blau / Karpfen gebacken.
In Unterfranken prämiert als *Ausgezeichnetes Fischlokal - Goldener Fisch* (→ Teil 1: Fischgaststätten - Auszeichnungen). Glutenfreie Speisen gemäß Absprache im Lokal.

Gremsdorf
91350 ERH-Mfr
Hauptstr. 14
Thomas Göb
Tel. (09193) 82 45

Göb (Gasthof - Hotel)

Zimmer pro Nacht, mit Frühstück: EZ/DZ 35/60 Euro (2011)
Öffnungszeiten: durchgehend (außer So-Abend). Karpfengerichte währen der r-Monate:
- Karpfen blau / Karpfen gebacken / Pfefferkarpfen / Karpfenfilet

Gremsdorf
91350 ERH-Mfr
Hauptstr. 1
Fam. Bianca und Walter Scheubel
Tel. (09193) 639 80
www.scheubel.de

Scheubel (Landgasthof)

Zimmer pro Nacht, mit Frühstück: EZ/DZ ab 50/70 Euro (2011). Kein Ruhetag.
Aischgründer Spiegelkarpfen während der r-Monate, lebendfrisch aus dem Bassin:
- Karpfen blau (je 100 g 2,00),
  im Wurzelsud gegart, mit Kren, Salzkartoffeln und zerlassener Butter
- Karpfen gebacken / Pfefferkarpfen (je 100 g 2,00),
  mit Salaten der Saison und hausgemachtem Kartoffelsalat
Bier vom Fass: Kulmbacher, z.B. Weizen 2,80

Gremsdorf-Krausenbechhofen
91350 ERH-Mfr
Krausenbechhofen 1
Maria und Oswald Geier
Tel. (09193) 84 84
www.geiers-hofstube.de

Geier (Hofstube - Hofladen)

Warme Speisen nur am Sonntag: 11 -14 Uhr, ab 17 Uhr
Während der r-Monate Aischgründer Karpfen aus eigenen Weihern:
- Karpfen blau (Vorbestellung)
- Karpfen gebacken / Pfefferkarpfen / Karpfenfilet, mit Endiviensalat und Kartoffelsalat
- Karpfen geräuchert / Karpfenfilet geräuchert, mit Kräuterbutter u. Weißbrot / Karpfen-Chips
Bier vom Fass: Brauhaus Höchstadt

Gremsdorf-Krausenbechhofen
91350 ERH-Mfr
Krausenbechhofen 31
Gerhard Grau
Tel. (09193) 46 89

Zum Vogelsberg (Gasthaus)

Zimmer pro Nacht, mit Frühstück: EZ/DZ 28/55 Euro (2011). Mittwoch Ruhetag.
Karpfengerichte während der r-Monate:
- Karpfen blau (Vorbestellung) / Karpfen gebacken / Pfefferkarpfen / Karpfenfilet

Gremsdorf-Poppenwind
91350 ERH-Mfr
Poppenwind 17
Inh.: Georg Walter
Tel. (09193) 82 73

Walter (Gasthof)

Zimmer pro Nacht mit Frühstück: EZ/DZ 20/40 Euro (2011). - Geöffnet: Fr, Sa, So
Karpfengerichte von Anfang September bis Mai:
- Karpfen blau / Karpfen gebacken / Pfefferkarpfen / Karpfenfilet (auf Anfrage)

Greuth (ERH) → **Höchstadt/Aisch**
Großbuchfeld (BA) → **Hirschaid**
Großenbuch (FO) → **Neunkirchen/Brand - Großenbuch**

Großhabersdorf
90613 FÜ-Mfr
Rothenburger Str. 3
Familie Lang
Tel. (09105) 301
www.zumrotenross.de

Zum Roten Ross (Gasthaus)

Warme Speisen (Di Ruhetag): 11 - 14 Uhr, 17 - 21 Uhr; Sonntag durchgehend.
Während der r-Monate täglich frische Karpfen aus der Region und dem Bassin:
- Karpfen blau im Wurzelsud pochiert (je 100 g 1,90),
                     mit zerlassener Butter, Salzkartoffeln und gemischtem Salat.
- Karpfen gebacken (je 100 g 1,90), mit Kartoffelsalat und gemischtem Salat.
- Karpfenfilet, mit Kartoffelsalat und gemischtem Salat: 9,00

Großhabersdorf-Fernabrünst
90613 FÜ-Mfr
Fernabrünster Hauptstr. 5
Inh.: Helgo Hofmann
Tel. (09105) 353
www.lindenhof-fernabruenst.de

Zur Linde (Gaststätte)

Öffnungszeiten (Mo - Mi Ruhetage): 10 - 22 Uhr, Do ab 16 Uhr
Karpfen aus der Umgebung vom letzten Wochenende im August bis Karfreitag:
- Karpfen blau (Vorbestellung) / Karpfen gebacken
Bier vom Fass: Zirndorfer

Großhabersdorf
- Unterschlauersbach
90613 FÜ-Mfr
Unterschlauersbach 17
Familie Däumler
Tel. (09105) 339

Däumler - Zum Wiesengrund (Gasthaus)

Öffnungszeiten: Freitag, Samstag, Sonntag
Karpfengerichte während der r-Monate: Karpfen blau / Karpfen gebacken / Karpfenfilet

Großweingarten (RH) → **Spalt**
Gunzendorf (BA) → **Buttenheim-Gunzendorf**

Gunzenhausen
91710 WUG-Mfr
Marktplatz 10/12
Gerhard u. Edeltraud Müller
Tel. (09831) 88 67-0
www.hotel-adlerbraeu.de

Adlerbräu (Gasthof - Hotel) - barrierefrei

Zimmer pro Nacht, mit Frühstück: DZ ab 80 Euro. Öffnungszeiten (kein Ruhetag): 8 - 24 Uhr.
Fränkische Karpfengerichte, saisonal, z.B.: Karpfen blau / Karpfen gebacken.
Bier vom Fass: Engel (Crailsheim)

Gunzenhausen-Pfofeld
91738 WUG-Mfr
Ringstr. 17/19
Fam. Karl Kleemann
Tel. (09834) 239
www.gasthof-kleemann.de

Kleemann (Gasthof) - barrierefrei

Zimmer pro Nacht, mit Frühstück: EZ/DZ 46/68 Euro (2010). Geöffnet ab 7 Uhr (Mo Ruhetag).
Karpfengerichte an den Wochenenden während der r-Monate, z.B.:
- Karpfen blau / Karpfen gebacken: je 100 g 2,20
- Karpfenfilet gebacken / Pfefferkarpfenfilet, mit Kartoffelsalat und Salat: 9,20
Bier vom Fass: Strauss (Wettelsheim)

Gunzenhausen-Schlungenhof
91710 WUG-Mfr Altmühlsee
Ansbacher Str. 48
Familie Jungmeier
Tel. (09831) 24 69
www.gasthofjungmeier.de

Jungmeier (Gasthof) barrierefrei

Zimmer pro Nacht mit Frühstück: EZ/DZ 38/60 Euro (2011)
Öffnungszeiten (Ruhetage jeden 2. u. 4. Fr im Monat): ab 11 Uhr; Sa: ab 17 Uhr.
Ab dem 3. Sonntag im September bis Ostern täglich frische Karpfen aus dem Bassin in
zahlreichen Variationen, z.B.: Karpfen blau / Karpfen gebacken / Karpfenfilet

Günzersreuth (RH) → **Kammerstein**
Güsseldorf (RH) → **Spalt**

Gutenstetten
91468 NEA-Mfr Aischgrund
Am Bahnhof 3
Inh.: Manfred Schindler
Tel. (09161) 25 55

Zum Feuchten Trennungspunkt (Gaststätte)

Öffnungszeiten (Mo Ruhetag): ab 9 Uhr
Während der r-Monate Aischgründer Karpfen in verschiedenen Variationen, z.B.:
- Karpfen blau (Vorbestellung) / Karpfen gebacken / Pfefferkarpfen / Karpfenfilet

Gutenstetten-Pahres
91468 NEA-Mfr Aischgrund
Dettendorfer Str. 1
Fam. Georg Hofmann
Tel. (09163) 99 87-20
www.hofmann-bier.de

Hofmann (Gaststätte - Brauerei)

Öffnungszeiten: Do/Fr ab 17 Uhr, Sa/So ab 11 Uhr
Von Ende August bis April Karpfenspezialitäten aus dem Aischgrund, z.B.:
- Karpfen blau / Karpfen gebacken / Pfefferkarpfen
Bier vom Fass, aus der eigenen Brauerei

Gutzberg (FÜ) → **Stein**
Haag (RH) → **Kammerstein**
Hagenbach (FO) → **Pretzfeld**
Hagsbronn (RH) → **Spalt**
Haimendorf (LAU) → **Röthenbach/Pegnitz - Rockenbrunn**

Hallerndorf
91352 FO-Ofr Aischgrund
Forchheimer Str. 2
Familie Volkmuth
Tel. (09545) 85 58

Lieberth (Gasthof - Brauerei)

Gerichte von Aischgründer Spiegelkarpfen aus eigener Zucht von Anfang Oktober bis
Karfreitag, aber immer nur am Freitag!
- Karpfen blau / Karpfen gebacken / Pfefferkarpfen / Karpfen Müllerin / Karpfenfilet
Jeder Karpfen mit dem rot-weißen *fränkischen Karpfenfähnla* (Initiative *Karpfen aus Franken bekennen Farbe*) - Bier vom Fass, aus der eigenen Brauerei

Hallerndorf-Pautzfeld
91352 FO-Ofr Aischgrund
Pautzfelder Str. 40
Inh.: Familie Linda Claus
Tel. (09545) 44 35 00
www.landgasthof-kammerer.de

Kammerer (Landgasthof)

Warme Speisen (Mo/Di Ruhetage): 11.30 - 14 Uhr, 17 - 21 Uhr

Karpfengerichte saisonal, z.B.: Karpfen blau / Karpfen gebacken / Pfefferkarpfen
Bier vom Fass: St. Georgen (Buttenheim)

Hallerndorf-Pautzfeld
91352 FO-Ofr Aischgrund
Pautzfelder Str. 16
Melanie Schneider
Tel. (09545) 8768
www.gasthofschneider.de

Schneider (Gasthof - Hotel) - barrierefrei

Zimmer pro Nacht, mit Frühstück: EZ/DZ 32/56 Euro
Öffnungszeiten: ab 17 Uhr; Fr bis So: ab 11 Uhr
Während der r-Monate frisch geschlachtete Aischgründer Karpfen:
- Karpfen blau in Zwiebel-Essig Sud (je 100 g 2,50),
         mit Salzkartoffeln und gemischtem Salat: Vorbestellung!
- Karpfen in Semmelbröselpanade gebacken / Pfefferkarpfen (je 100 g 2,50),
   mit Kartoffelsalat und gemischtem Salat.
- Karpfenfilet (je 100 g 2,60), mit Kartoffelsalat, Sahnemeerrettich u. gemischtem Salat.
Bier vom Fass: Keller (Löwen/Buttenheim), Dunkles (Först/Drügendorf)

Halerndorf-Schnaid
91352 FO-Ofr Aischgrund
Schnaid Nr. 10
Friedel-Winkelmann/Winkelmann
Tel. (09545) 47 36
www.brauerei-friedel.de

Halerndorf-Stiebarlimbach
91352 FO-Ofr Aischgrund
Stiebarlimbach 9
Inh.: Franz Roppelt
Tel. (09195) 72 63
www.brauerei-roppelt.de

Halerndorf-Trailsdorf
91352 FO-Ofr Aisch-Mündung
Hallerndorfer Str. 13
Georg Schwarzmann
Tel. (09545) 71 17

Halerndorf-Willersdorf
91352 FO-Ofr Aischgrund
Willersdorf 108
Georg Rittmayer
Tel. (09195) 94 73-0
www.rittmayer.com

Bier vom Fass:
- Hausbräu (Kellerbier): 2,00
- aus Hallerndorf, 2,40:
  Rauchbier
  Hefeweizen hell
  leichtes Hefeweizen hell

Friedels Keller - Brauhaus am Kreuzberg

Öffnungszeiten: täglich ab 11 Uhr; Okt. bis April: Fr bis So ab 11 Uhr (und nach Wetterlage)
Aischgründer Karpfen während der r-Monate:
- Karpfen blau / Karpfen gebacken / Pfefferkarpfen
- Karpfenfilet gebacken / Karpfenfilet *Brauhaus* in Malzkruste, mit Salat vom Buffet: 8,00
Bier vom Fass, aus der eigenen Brauerei, z.B. Zwickel 1,80

Roppelt (Gasthaus - Brauerei)

Warme Speisen (Mi/Do Ruhetage): 11.30 - 14.30 Uhr, 16.30 - 21 Uhr.
Bei Kellerbetrieb (Mai - September) ist die Gaststätte geschlossen.
Während der r-Monate Aischgründer Karpfen aus eigenen Weihern, z.B.:
- Karpfen gebacken, mit hausgemachtem Kartoffelsalat
Jeder Karpfen mit dem rot-weißen *fränkischen Karpfenfähnla* (Initiative *Karpfen aus Franken bekennen Farbe*) - Lager-Bier vom Fass, aus der eigenen Brauerei.

Schwarzmann (Gasthaus)

Zimmer pro Nacht, mit Frühstück: ab 17/34 Euro (2011). - Ruhetage: Montag, Dienstag.
Karpfengerichte während der r-Monate, z.B.: Karpfen blau / Karpfen gebacken.
Jeder Karpfen mit dem rot-weißen *fränkischen Karpfenfähnla* (Initiative *Karpfen aus Franken bekennen Farbe*)

Rittmayer (Landgasthof - Brauerei - Hotel - Fischzucht)

Zimmer pro Nacht, mit Frühstück: EZ/DZ 42/62 Euro (2011)
Warme Speisen: Mo/Di 17 - 21 Uhr; Mi bis So auch von 11.30 - 14 Uhr.
Eigene Zucht von *Aischgründer Karpfen* im Aischgrund. Die hauseigenen Öko-Karpfen *Naturland* (→ Teil 1: Karpfenzucht - Öko: *Naturland*-Karpfen) werden ggf. durch regionale Qualitäts-Karpfen ergänzt. - Karpfengerichte von Ende August bis Ende April, z.B.:
Karpfen-Vorspeisen:
- Karpfenfilet heißgeräuchert / Karpfensülze, mit Sahnemeerrettich
- Dreierlei vom Karpfenfilet (gebacken, heißgeräuchert und Karpfensülze), mit Brot
Karpfen-Hauptgerichte (je 100 g 1,60):
- Karpfen "blau im Zwiebelsud", mit Sahnemeerrettich, Salzkartoffeln und zerlassener Butter
- Karpfen gebacken / Pfefferkarpfen / Karpfen "Müllerin" / Karpfen heißgeräuchert
Karpfenfilet-Hauptgerichte, z.B.:
- blau im Zwiebelsud / gebacken / heißgeräuchert / "Müllerin" / natur vom Grill
- Dreierlei (gebacken, heißgeräuchert, natur), mit Salatteller

Hallerndorf-Willersdorf
91352 FO-Ofr Aischgrund
Willersdorf 172
Gerhard Vasold
Tel. (09195) 23 15

Vasold (Gasthaus)

Ruhetage: Mittwoch, Donnerstag
Karpfengerichte während der r-Monate:
- Karpfen blau / Karpfen gebacken / Pfefferkarpfen / Karpfenfilet

Hallerndorf-Willersdorf
91352 FO-Ofr Aischgrund
Willersdorf 151
Inh.: Georg Fischer
Tel. (09195) 77 24
www.gasthaus-fischer.de

Zum Grünen Baum - Fischer (Gasthaus)

Warme Speisen: Fr: 17 - 21 Uhr; Sa/So auch von 11 - 14 Uhr
Aischgründer Spiegelkarpfen aus eigener Aufzucht von Ende August bis Ende April, z.B.:
- Karpfen blau im Zwiebelsud, mit Salzkartoffeln und Sahnemeerrettich
- Karpfen gebacken, mit Kartoffelsalat und gemischtem Salat
- Karpfen heiß geräuchert, mit Salzkartoffeln, Sahnemeerrettich und Salatteller
- Karpfenfilet gebacken / Kinder-Karpfenfilet, mit Kartoffelsalat und gemischtem Salat
Bier vom Fass: Brauhaus Höchstad

Hallstadt
96103 BA-Ofr
Königshofstr. 5
Inh.: Ingrid Neurath
Tel. (0951) 407 77 56
www.königshof.net

Königshof (Gaststätte)

Warme Speisen (Mo Ruhetag): 16.30 - 21.30 Uhr
Karpfengerichte während der r-Monate, immer Freitag, Samstag und Sonntag:
- Karpfen blau (Vorbestellung) / Karpfen gebacken / Karpfen gegrillt
Bier vom Fass: Kulmbacher

Hallstadt
96103 BA-Ofr
Am Sportplatz 26
Fam. Andrea und Olaf Wessel
Tel. (0951) 716 93
www.maastuempfl.de

Maastümpfl (Speisegaststätte)

Öffnungszeiten (Mi Ruhetag): 17 - 24 Uhr; Sa ab 14 Uhr; So ab 9 Uhr
Während der r-Monate Aischgründer Karpfen mit buntem Salatteller:
- Karpfen gebacken / Pfefferkarpfen / Knoblauchkarpfen
- Karpfenfilet gebacken (auch mit Pfeffer oder Knoblauch): 9,60

Handthal (SW) → **Oberschwarzach**

Happurg
91230 LAU-Mfr
Obere Mühlstr. 3
Fam. Hans Haberstumpf
Tel. (09151) 44 24

Obere Mühle (Landgasthof)

Zimmer pro Nacht, mit Frühstück: EZ/DZ 32/64 Euro (2011)
Ruhetage: Montag, Dienstag
Während der r-Monate Gerichte von lebendfrischen Karpfen: Karpfen blau / Karpfen gebacken

Happurg
91230 LAU-Mfr Happurger Stausee
Seepromenade 1
Inh.: David Fruth
Tel. (09151) 81 74 41
www.seeterrassen.com

Seeterrassen (Restaurant - Café)

Warme Speisen (Di Ruhetag von Oktober bis April): mittags und abends
Von Oktober bis April Gerichte von frischen Mosenhofer Spiegelkarpfen, z.B.:
Karpfen: klein 8,50 - mittel 9,50 - groß 10,50
- Karpfen blau (ggf. vorbestellen), mit zerlassender Butter und Kartoffeln
- Karpfen im Bierteig gebacken, mit Kartoffelsalat

Haundorf-Oberhöhberg
91729 WUG-Mfr Mönchswald
Oberhöhberg 16
Inh.: Wolfgang Peszt
Tel. (09837) 210

Höhenluft (Gasthof) - barrierefrei

Gästezimmer - Warme Speisen (Do Ruhetag): ab 11 Uhr (Jan./Feb.: Mo bis Mi ab 17 Uhr).
Während der r-Monate täglich Karpfengerichte, z.B.:
- Karpfen blau / Karpfen im Bierteig gebacken

Hechelbach (NEA) → **Obernzenn**

Heideck-Laffenau
91180 RH-Mfr
Laffenau 6
Inh.: Arndt Rathmann
Tel. (09177) 326

Rathmann (Gasthaus)

Warme Speisen (Mo - Mi Ruhetage): ab 17 Uhr; So: mittags und abends.
Karpfengerichte von Ende August bis April: Karpfen blau / Karpfen gebacken.
Das Lokal nimmt teil an der Aktion *Original Regional - aus dem Landkreis Roth: Heimischer Fisch frisch auf den Tisch.*

Heideck-Rudletzholz
91180 RH-Mfr
Rudletzholz 5
Willy Speth
Tel. (09177) 329

Zu den 3 Linden - Speth (Gasthaus - Metzgerei) - barrierefrei

Öffnungszeiten (Di Ruhetag): 10 - 22 Uhr.
Von Mitte September bis März/April täglich Karpfen aus Weihern der Umgebung in verschiedenen Variationen, z.B.: Karpfen blau / Karpfen gebacken / Karpfenchips
Das Lokal nimmt teil an der Aktion *Original Regional - aus dem Landkreis Roth: Heimischer Fisch frisch auf den Tisch.* - Bier vom Fass: Pyraser

Heiligenstadt
91332 BA-Ofr
Marktplatz 9
Familie Harrer
Tel. (09198) 781
www.hotel-heiligenstadter-hof.de

Heiligenstadter Hof (Hotel)

Zimmer pro Nacht, mit Frühstück: EZ/DZ 39/64 Euro (2011). Kein Ruhetag.
Während der r-Monate Karpfen in verschiedenen Variationen (je 100 g 1,90), z.B.:
- Karpfen blau, im Essigsud gegart, mit Salzkartoffeln, zerlassener Butter und Salat
- Karpfen gebacken / Pfefferkarpfen, mit Kartoffelsalat und gemischtem Salat
Bier vom Fass, z.B.: Lager (Löwenbräu/Buttenheim) 2,20

Heiligenstadt-Oberleinleiter
91332 BA-Ofr
Oberleinleiter 6
Manfred Ott
Tel. (09198) 271
www.brauerei-ott.de

Ott (Gasthof - Brauerei)

Öffnungszeiten (Mo Ruhetag): 9 - 23 Uhr
Karpfengerichte von der Kerwa (1. Sonntag im September) bis April,
immer am Freitag, Samstag und Sonntag, z.B.: Karpfen blau / Karpfen gebacken.
Bier vom Fass, aus der eigenen Brauerei

Hellmitzheim (KT) → **Iphofen**

Hemhofen
91334 ERH-Mfr
Hauptstr. 24
Tel. (09195) 79 72

Zum Goldenen Schwan

Zimmer pro Nacht mit Frühstück: EZ/DZ 20/40 Euro (2011). - Dienstag Ruhetag.
Karpfengerichte von Mitte August bis April: Karpfen blau / Karpfen gebacken / Pfefferkarpfen

Henfenfeld
91239 LAU-Mfr Hammerbach
Freiling 1
Inh.: Norbert und Sylvia Glöckner
Tel. (09151) 958 99
www.zumwirtshaus.de

Zum Wirtshaus (Gaststätte)

Warme Speisen (Di/Mi Ruhetage): 17 - 24 Uhr; So 11 - 22 Uhr.
Karpfengerichte während der r-Monate: Karpfen blau (Vorbestellung) / Karpfen gebacken.
Bier vom Fass - Bruckmüller: Hell, Keller, Pils, Hefeweizen

Hermes (KU) → **Marktleugast**

Heroldsbach
91336 FO-Ofr
Löffelholzweg 4-6
Michael Lindenberger
Tel. (09190) 927 89-0
www.lindenhof-heroldsbach.de

Lindenhof

Zimmer pro Nacht, mit Frühstück: EZ/DZ 30/52 Euro. Ruhetage: Montag, Dienstag
Karpfen aus eigenen Weihern (auch zum selbst Angeln), z.B.:
- Karpfen in Bierteig gebacken, mit Kartoffelsalat und gemischtem Salat: 6,50 - 9,00
- Karpfenfilet in Bierteig gebacken, mit Kartoffelsalat und gemischtem Salat: 7,60
Bier vom Fass, z.B. Zirndorfer 2,20

Heroldsbach-Poppendorf
91336 FO-Ofr
Dorfstr. 23
Familie Dippacher
Tel. (09190) 99 60 80
www.dippacher.de

Dippacher (Gaststätte)

Warme Speisen (Mo Ruhetag): 11 - 14 Uhr, 17 - 21 Uhr
Während der r-Monate täglich frische Karpfen:
- Karpfen gebacken / Pfefferkarpfen (je 100 g 1,80), mit gemischtem Salat
Bier vom Fass: St. Georgen (Buttenheim), z.B. Helles 1,70

Heroldsberg
90562 ERH-Mfr
Laufer Weg 33
Inh.: Johann Reichel
Tel. (0911) 51 83-0
www.foehren-hof.de

Heroldsberg
90562 ERH-Mfr
Hauptstr. 42
Leitung: Ghada Bittar
Tel. (0911) 95 65 80
www.gelber-loewe.de

Heroldsberg
90562 ERH-Mfr
Hauptstr. 10
Fam. Gerhard und Andrea Sörgel
Tel. (0911) 95 65-0
www.rotesross-heroldsberg.de

Heroldsberg
90562 ERH-Mfr
Am Ruhstein 35
Inh.: Ina Raum
(0911) 518 06 25

Heroldsberg-Erhardshöhe
90562 ERH-Mfr
Erhardshöhe 1
(0911) 518 08 91

Herpersdorf (NEA) → **Oberscheinfeld**
Herrnsdorf (BA) → **Frensdorf**

Föhrenhof (Gaststätte - Hotel)

Zimmer pro Nacht, mit Frühstück: EZ/DZ ab 45/65 Euro (2011)
Öffnungszeiten (Fr Ruhetag): 11 - 14 Uhr (außer Mo); 17 - 23 Uhr; So/Feiertag: 11 - 21 Uhr
Karpfengerichte während der r-Monate, z.B.:
- Karpfen blau (Vorbestellung) / Karpfen gebacken / Pfefferkarpfen / Karpfenfilet

Gelber Löwe (Landgasthof)

Zimmer pro Nacht, mit Frühstück (Flair-Hotel): EZ/DZ ab 59/84 Euro
Ruhetage: Samstag, Sonntag. Karpfengerichte saisonal:
- Karpfen blau / Karpfen gebacken / Karpfenfilet / sonstige Karpfen-Variationen
Jeder Karpfen mit dem rot-weißen *fränkischen Karpfenfähnla* (Initiative *Karpfen aus Franken bekennen Farbe*)

Rotes Ross (Gasthof - Hotel)

Zimmer pro Nacht, mit Frühstück: EZ/DZ ab 54/75 Euro
Öffnungszeiten (Fr Ruhetag): ab 17; Sa/So ab Mittag
Karpfengerichte saisonal: Karpfen blau / Karpfen gebacken / Pfefferkarpfen.
Glutenfreie Speisen gemäß Absprache im Lokal. - Bier vom Fass, z.B. Lager hell: 2,70

Waldschänke (Gaststätte)

Öffnungszeiten (Mo/Di Ruhetage): 10.30 - 24 Uhr
Karpfengerichte saisonal: Karpfen blau / Karpfen gebacken / Pfefferkarpfen

Erhardshöhe (Gasthof)

Zimmer pro Nacht, mit Frühstück: EZ/DZ 45/58 Euro (2011). Ruhetage: Montag, Dienstag.
Karpfengerichte von September bis Karfreitag:
- Karpfen blau/ Karpfen gebacken / Karpfenfilet

Hersbruck
91217 LAU-Mfr Pegnitztal
Martin-Luther-Str. 16
Fam. Irmgard und Peter Bauer
Tel. (09151) 818 80
www.restaurant-cafe-bauer.de

Bauer (Restaurant - Hotel)

Zimmer pro Nacht, mit Frühstück: EZ/DZ 50/85 Euro (2011)
Warme Speisen (kein Ruhetag): 11 - 22 Uhr
Karpfen von September bis Karfreitag: Karpfen blau / Karpfen gebacken (Mehl, Erdnuss-Öl)
Bier vom Fass: Kaiser (Veldenstein), z.B. Helles 2,10

Hersbruck
91217 LAU-Mfr Pegnitztal
Martin-Luther-Str. 26
Fam. Gunther Klos
Tel. (09151) 22 31
www.schwarzer-adler-hersbruck.de

Schwarzer Adler (Gasthof)

Zimmer pro Nacht, mit Frühstück: EZ/DZ ab 45/68 Euro (2011)
Ruhetag: Donnerstag
Während der r-Monate große Auswahl an fränkischen Karpfengerichten, z.B.:
- Karpfen blau / Karpfen gebacken

Hersbruck-Altensittenbach
91217 LAU-Mfr Sittenbach-Mündung
Fuchsau 1
Inh.: Georg Rauh
Tel. (09151) 61 30
www.fuchsau-dasgasthaus.de

Fuchsau - das Gasthaus - barrierefrei

Warme Speisen (Mo/Di Ruhetage): 11 - 14 Uhr, 17 - 20.30 Uhr
Während der r-Monate frische, gebackene Karpfen aus dem Erlengrund
Bier vom Fass: Hersbrucker

Herzogenaurach
91074 ERH-Mfr
Würzburger Str. 28
Tel. (09132) 85 94

Frische Quelle (Gasthaus)

Ruhetag: Dienstag
Karpfengerichte, saisonal: Karpfen blau / Karpfen gebacken / Karpfenfilet

Herzogenaurach
91074 ERH-Mfr
Hauptstr. 37
Inh.: Eva Korder
Tel. (09132) 77 31 00
www.ihrekrone.de

Krone (Gasthof - Hotel)

Zimmer pro Nacht, mit Frühstück: EZ/DZ 49/74 Euro.
Geöffnet von Donnerstag bis Sonntag.
Karpfen aus hauseigenem Fischbassin, saisonal: Karpfen blau/gebacken, Pfefferkarpfen

Herzogenaurach
91074 ERH-Mfr
Vacher Str. 20
Alfons Hamper
Tel. (09132) 62 05 66
www.zum-
fasanengarten.vpweb.de/default.html

Zum Fasanengarten (Landgasthaus)

Öffnungszeiten (Mi Ruhetag): 16 - 22 Uhr, So 11 - 22 Uhr
Karpfengerichte von Ende August bis April.
Bier vom Fass: Veldensteiner

Herzogenaurach
91074 ERH-Mfr
Marktplatz 4
Manfred Weiß
Tel. (09132) 74 56 24
www.gasthaus-roter-ochse.de

Herzogenaurach-Beutelsdorf
91074 ERH-Mfr
Hubertusstr. 15
Georg Seeberger
Tel. (09132) 95 95

Herzogenaurach-Burgstall
91074 ERH-Mfr
Burgstall 29
Inh.: Paul und Ursula Bär
Tel. (09132) 74 72 60
www.landgasthof-baer.de

Herzogenaurach-Dondörflein
91074 ERH-Mfr
Dondörflein 9
Familien Schuh und Pfister
Tel. (09132) 93 03

Heßdorf-Dannberg
91093 ERH-Mfr
Dannberg 3
Inh.: Detlef Gerner
Tel. (09135) 81 82
www.wvjg.de

Heßdorf-Hesselberg
91093 ERH-Mfr
Neuhauser Str. 16
Manfred Mirschberger
Tel. (09135) 68 08

Zum Roten Ochsen (Gasthaus)

Öffnungszeiten (kein Ruhetag): 11 - 14.30 Uhr; 17.30 - 23.30 Uhr
Während der r-Monate täglich fränkische Karpfen:
- Karpfen blau / Karpfen gebacken / Pfefferkarpfen

Sankt Hubertus

Zimmer pro Nacht, mit Frühstück: EZ/DZ 40/60 Euro (2011)
Öffnungszeiten (Di Ruhetag): 11 - 14, ab 17 Uhr
Gebackene Karpfen von Oktober bis Karfreitag, immer von Freitagabend bis Sonntagabend

Bär (Landgasthof)

Zimmer pro Nacht, mit Frühstück: EZ/DZ 58/79 Euro
Warme Speisen (So Ruhetag): 12 - 14 Uhr (außer Mo), 17.30 - 21 Uhr
Aischgründer Karpfengerichte, saisonal: Karpfen blau/gebacken, Karpfenfilet, Karpfen-Knusper
Bier vom Fass: Heller (Herzogenaurach)

Schuh (Gasthaus)

Geöffnet von Freitagabend bis Sonntagabend
Während der r-Monate Karpfen aus eigenen Weihern und Hälterbecken:
- Karpfen blau / Karpfen gebacken / Pfefferkarpfen

Wirtschaft von Johann Gerner

Ruhetage: Montag, Dienstag
Gebackene Karpfen während der r-Monate
Bier vom Fass: Loscher-Pils (0,4 l) 2,90

Jägersruh (Landgasthof)

Zimmer pro Nacht, mit Frühstück: EZ/DZ 25/50 Euro (2011).
Geöffnet von Freitagabend bis Sonntagabend. Karpfengerichte während der r-Monate:
- Karpfen blau (Vorbestellung) / Karpfen gebacken / Pfefferkarpfen / Karpfenfilet
Glutenfreie Karpfen

Heßdorf-Klebheim
91093 ERH-Mfr
Höchstadter Str. 4
Familie Staudigel
Tel. (09135) 80 10

Staudigel (Gaststätte)

Geöffnet: Freitag, Samstag und Sonntag
Karpfengerichte, saisonal: Karpfen blau / Karpfen gebacken / Pfefferkarpfen / Karpfenfilet

Heßdorf-Obermembach
91093 ERH-Mfr
Obermembach 6
Familie Gumbrecht
Tel. (09135) 31 40

Gumbrecht (Gasthof) - barrierefrei

Öffnungszeiten (Di Ruhetag): 9 - 23 Uhr. Karpfengerichte vom letzten Donnerstag im
September bis Ostern, immer donnerstags alle 14 Tage:
- Karpfen blau (Vorbestellung) / Karpfen gebacken/geräuchert / Karpfenfilet geräuchert
Bier vom Fass: Tucher, St. Georgen

Heßdorf-Röhrach
91093 ERH-Mfr
Dechsendorfer Str. 5
Günter Seidling
Tel. (09135) 87 16

Jägerheim (Gasthaus)

Zimmer pro Nacht, mit Frühstück: EZ/DZ 24/48 Euro (2011). Ab 17 Uhr (So Ruhetag).
Karpfengerichte vom letzten Augustwochenende bis April:
- Karpfen blau / Karpfen gebacken / Pfefferkarpfen / Karpfenfilet

Hesselberg (ERH) → **Heßdorf**

Hetzles
91077 FO-Ofr
Hauptstr. 12
Josefine Holzmann
Tel. (09134) 51 31
hetzles.de/index.php?id=34

Schwarzer Adler - Mendelwirt (Gasthaus) - barrierefrei

Warme Speisen (Di Ruhetag): 10 - 14 Uhr; 17 - 24 Uhr (Do ab 18 Uhr); Sa/So 10 - 24
Während der r-Monate Karpfen aus eigener Zucht:
- Karpfen blau (nur am Donnerstagabend) / Karpfen gebacken / Pfefferkarpfen
Bier vom Fass: Kulmbacher

Heuberg (RH) → **Hilpoltstein**
Heuchling (LAU) → **Lauf/Pegnitz**

Hilpoltstein
91161 RH-Mfr
Zwingerstr. 8
Martha und Willi Bögl
Tel. (09174) 12 05
www.gasthof-zum-hirschen.de

Zum Hirschen (Gasthof)

Zimmer pro Nacht, mit Frühstück: EZ/DZ ab 25/50 Euro
Öffnungszeiten (Di Ruhetag): 10 - 14 Uhr, 17 - 24 Uhr
Gebackene Karpfen während der r-Monate. Bier vom Fass: Spalter, z.B. Vollbier 2,00

Hilpoltstein
91161 RH-Mfr
Marktstr. 10
Doreen Höppner,
Christa Hilpoltsteiner
Tel. (09174) 47 95-0
www.hotelschwarzesross.de

Zum Schwarzen Roß (Gasthof - Brauerei - Hotel) - barrierefrei

Zimmer pro Nacht, mit Frühstück: EZ/DZ 47/72 Euro (2011)
Warme Speisen (Mi Ruhetag): 11.30 - 14.30 Uhr, 17.30 - 21.30 Uhr
Während der r-Monate Gerichte von Karpfen aus heimischen Weihern, immer am Fr/Sa/So:
- Fränkische Karpfensuppe, mit frischem Meerrettich: 3,90
- Karpfen / Karpfenfilet gebacken, mit hausgemachtem Kartoffelsalat, gemischtem Salat: 9,80
- Karpfenfilet pochiert im Rieslingssud, dazu Salzkartoffeln und Salat: 9,80
Das Lokal nimmt teil an der Aktion *Original Regional - aus dem Landkreis Roth: Heimischer Fisch frisch auf den Tisch.*
Bier vom Fass: Fürst Carl (Ellingen) 2,70; das Schwarzbier "Schwarzes Roß" wird nach Originalrezept in Ellingen gebraut.

Hilpoltstein-Fuchsmühle
91161 RH-Mfr Große Roth
Fuchsmühle 1
Fam. Dieter Fleischmann
Tel. (09174) 93 85
www.fuchsmühle.de

Fuchsmühle (Landgasthof - Pension - Fischzucht) - barrierefrei

Zimmer pro Nacht, mit Frühstück: EZ/DZ 39/60 Euro (2011)
Warme Speisen (Mo bis Do Ruhetag): 11.30 - 14 Uhr; 17 - 20 Uhr
Während der r-Monate Karpfen aus eigener Zucht in eigenen Weihern, z.B.:
- Karpfen gebacken (je 100 g 1,85), mit Salatteller
- Karpfen-Ingreisch, mit Kartoffelsalat: 4,90
- Karpfenfilet in Weißweinsoße, mit Gemüsejulien und Bandnudeln: 11,50
- Karpfenfilet in Butter gebraten an Pfifferlingsoße, mit Salzkartoffeln u. Salatteller: 11,50
- Karpfenstreifen gebacken, mit großer Salatplatte: 7,50
Das Lokal nimmt teil an der Aktion *Original Regional - aus dem Landkreis Roth: Heimischer Fisch frisch auf den Tisch.*
Bier vom Fass: Hauff (Lichtenau)

Hilpoltstein-Heuberg
91161 RH-Mfr Rothsee (400 m)
Heuberg C 1
Fam. Angelika und Fritz Winkler
Tel. (09174) 13 02
www.gasthof-burgblick.de

Burgblick (Gasthof)

Zimmer pro Nacht, mit Frühstück: EZ/DZ 34/50 Euro (2011). Ab 10 Uhr (Mi/Do Ruhetage).
Während der r-Monate lebendfrische Karpfen aus eigenen Gewässern:
- Karpfen gebacken (werktags auf Vorbestellung): je 100 g 1,50
Das Lokal nimmt teil an der Aktion *Original Regional - aus dem Landkreis Roth: Heimischer Fisch frisch auf den Tisch.*

Hilpoltstein-Sindersdorf
91161 RH-Mfr
Sindersdorf 26
Fam. Rudolf Dotzer
Tel. (09179) 62 56
www.sindersdorferhof.de

Sindersdorfer Hof (Restaurant - Hotel)

Zimmer pro Nacht, mit Frühstück: EZ/DZ ab 46/62 Euro (2011)
Warme Speisen (Mo Ruhetag): 11.30 - 14, 17.30 - 21 Uhr
Von September bis November Karpfen eines heimischen Öko-Teichwirts, z.B.:
- Karpfen blau / Karpfen gebacken: größere Mengen vorbestellen (kein eigenes Bassin)
- Räucherfischplatte mit Lachs, Forellenfilet und Karpfen, dazu Sahnemeerrettich und
  Salatgarnitur (7,80).
Das Lokal nimmt teil an der Aktion *Original Regional - aus dem Landkreis Roth: Heimischer Fisch frisch auf den Tisch.* - Bier vom Fass: Pyraser, z.B. Landbier 2,30

Hiltmannsdorf (FÜ) → **Seukendorf**

Hirschaid
96114 BA-Ofr
Nürnberger Str. 96-100
Familie Werthmann
Tel. (09543) 824-0
www.hotel-goeller.de

Göller (Hotel - Restaurant)

Zimmer pro Nacht, mit Frühstück: EZ/DZ ab 44/68 Euro.
Ruhezeit: Sonntag ab 15 Uhr.
Lebendfrische Karpfen während der r-Monate, z.B. Karpfen blau / Karpfen gebacken

Hirschaid
96114 BA-Ofr
Luitpoldstr. 11
Familie Kraus
Tel. (09543) 84 44-0
www.brauerei-kraus.de

Kraus (Gasthof - Brauerei) - barrierefrei

Zimmer pro Nacht, mit Frühstück: EZ/DZ 36/56 Euro (2011).
Warme Speisen (Di Ruhetag): 8 - 24 Uhr
Karpfen aus eigener Zucht von Oktober bis Ostern, z.B.: Karpfen blau / Karpfen gebacken.
Jeder Karpfen mit dem rot-weißen *fränkischen Karpfenfähnla* (Initiative *Karpfen aus Franken bekennen Farbe*). - Bier vom Fass, aus der eigenen Brauerei: Lager, Pils, Hefeweizen

Hirschaid
96114 BA-Ofr
Nürnberger Str. 31
Lydia und Fritz Herrmann
Tel. (09543) 404 26
www.schwarzer-bär-hirschaid.de

Schwarzer Bär (Restaurant)

Zimmer pro Nacht mit Frühstück: EZ/DZ ab 21/39 Euro (2011)
Öffnungszeiten (Mo Ruhetag): 10.30 - 14 Uhr, 17 - 23 Uhr
Karpfengerichte von Mitte Sept. bis Mitte April: Karpfen gebacken / Karpfenfilet grätenfrei

Hirschaid-Friesen
96114 BA-Ofr
Hauptstr. 16
Familie Brütting
Tel. (09545) 85 81

Brütting (Gasthof - Brauerei)

Warme Speisen (Ruhetage Di/Mi): 11 - 21 Uhr. Karpfengerichte während der r-Monate:
- Karpfen blau / Karpfen gebacken / Pfefferkarpfen / Karpfenfilet
Bier vom Fass, aus der eigenen Brauerei

Hirschaid-Großbuchfeld
96114 BA-Ofr
Großbuchfeld 11
Inh.: Pauline Weber
Tel. (09543) 74 71
www.gasthausweber.de

Weber (Gasthof)

Warme Speisen (Mo/Di Ruhetage): 11.30 - 20.30 Uhr; So: ab 11 Uhr
Fränkische Karpfen, saisonal:
- Karpfen blau / Karpfen gebacken / Pfefferkarpfen
- Karpfenfilet / Pfefferkarpfenfilet

Hirschaid-Röbersdorf
96114 BA-Ofr Reiche Ebrach
Ringstr. 46
Inh.: Friedrich Weber
Tel. (09543) 78 82

Weber (Gasthof - Brauerei) - barrierefrei

Öffnungszeiten (Mi Ruhetag): ab 9 Uhr
Karpfengerichte während der r-Monate, z.B.:
- Pfefferkarpfen / Knoblauch-Karpfen / Karpfenfilet
Bier vom Fass, aus der eigenen Brauerei: Lager hell

Hirschaid-Röbersdorf
96114 BA-Ofr Reiche Ebrach
Ringstr. 40
Inh.: Georg Wurm
Tel. (09543) 84 33-0
www.gasthaus-wurm.de

Wurm (Gasthaus - Hotel)

Zimmer pro Nacht, mit Frühstück: EZ/DZ ab 43/69 Euro (2011)
Warme Speisen (Mo Ruhetag): 11.30 - 14; 16.30 - 21 Uhr
Karpfengerichte während der r-Monate:
- Karpfen blau / Karpfen gebacken.
Jeder Karpfen mit dem rot-weißen *fränkischen Karpfenfähnla* (Initiative *Karpfen aus Franken bekennen Farbe*)
Bier vom Fass: Löwenbräu (Buttenheim)

Hirschaid-Rothensand
96114 BA-Ofr
Hauptstr. 11
Adam und Zita Walz
Tel. (09543) 92 23

Adam Walz (Gastwirtschaft) - barrierefrei

Ab 9 Uhr (Mo/Di Ruhetage). Karpfengerichte von Ende August bis April, z.B.
- Karpfen blau (abends am Fr, Sa und So) / Karpfen gebacken / Pfefferkarpfen / Karpfenfilet.
Zita und Adam Walz behaupten, dass sie in den 1970er Jahren den Pfefferkarpfen "erfunden" haben.
Bier vom Fass: Löwenbräu (Buttenheim)

Hirschaid-Rothensand
96114 BA-Ofr
Hauptstr. 9
Elfriede und Hans Fischer
Tel. (09543) 94 71

Fischer (Gasthaus) - barrierefrei

Warme Speisen (Ruhetage Mo und Do): 11 - 14 Uhr, 17 - 21 Uhr.
<u>Ganzjährig</u> Karpfengerichte:
- Karpfen blau (außer So-Mittag) / Karpfen gebacken / Pfefferkarpfen / Karpfen geräuchert.
Bier vom Fass: Kraus (Hirschaid)

Höchstadt
91315 ERH-Mfr Aischgrund
Große Bauerngasse 88 a
Fam. Norbert und Ulrike Gumbrecht
Tel. (09193) 69 80 90
www.aischblick.de

Aischblick (Restaurant)

Kein Ruhetag. Karpfengerichte während der r-Monate, z.B.:
- Karpfen blau / Karpfen gebacken / Pfefferkarpfen
- Karpfenfilet: vom Grill, mit Kartoffelsalat und gemischtem Salat
                     mit Frischkäsefüllung, auf Bandnudeln in bunter Pfefferrahmsauce
- Karpfen-Rouladen, Karpfen-Geschnetzeltes, sonstige Karpfen-Variationen

Höchstadt
91315 ERH-Mfr Aischgrund
Kellerberg 22
Inh.: Manfred Linsner
Tel. (09193) 83 95
www.weberskeller.de

Weberskeller (Gasthaus) - barrierefrei

Warme Speisen (Do Ruhetag): 11 - 14, 17 - 21.30 Uhr.
Ganzjährig frische Aischgründer Spiegelkarpfen in über 30 Zubereitungsarten, z.B.:
- Karpfen blau / Karpfen gebacken / Pfefferkarpfen / Karpfenfilet / Karpfenfilet Wiener Art
- Karpfen-Suppe / Karpfen-Salat / Karpfen-Pastete / Karpfen-Sülze / Bratkarpfen
- Karpfen-Buffet (Vorbestellung)
Bier vom Fass: bis zu 6 Sorten, z.B. Brauhaus Höchstadt, Spezial (Bamberg)

Höchstadt
91315 ERH-Mfr Aischgrund
Hauptstr. 34
Familie Grau
Tel. (09193) 35 23
www.gasthof-post-hoechstadt.de

Zur Post (Gasthof - Hotel)

Zimmer pro Nacht, mit Frühstück: EZ/DZ ab 48/62 Euro. Öffnungszeiten (Mo Ruhetag):
11 - 14.30 Uhr, 16.30 - 22.30 Uhr. Gerichte von Spiegelkarpfen aus eigener Zucht, saisonal:
- Karpfen blau / Karpfen gebacken / Pfefferkarpfen / Karpfenfilet / Karpfen-Chips
- auf Anfrage: Karpfen geräuchert / Karpfen-Suppe / weitere Karpfen-Variationen

Höchstadt-Greuth
91315 ERH-Mfr Aischgrund
Greuth 11
Norbert Fischer
Tel. (09502) 545

Fischer (Gasthaus - Brauerei)

Öffnungszeiten: Fr/So/Feiertag ab 10 Uhr. Karpfen nach dem 03.10. bis Anfang April, z.B.:
- Karpfen blau / Karpfen gebacken / Pfefferkarpfen / Karpfenfilet
Bier vom Fass, aus der eigenen Brauerei: Lager, Rauch, Hefeweizen

Höchstadt-Jungenhofen
91315 ERH-Mfr Aischgrund
Jungenhofen 6
Fam. Robert und Astrid Dürrbeck
Tel. (09502) 307
www.jungenhofen.de

Dürrbeck (Gasthaus) - barrierefrei

Ferienwohnung pro Nacht: ab 25 Euro
Warme Speisen (Mo Ruhetag): 16 - 21 Uhr; Fr bis So: ab 11.30 Uhr
Während der r-Monate Gerichte von Karpfen aus eigenen oder nahegelegenen Weihern, z.B.:
- Karpfen blau / Karpfen gebacken / Pfefferkarpfen / Karpfen natur / Karpfenfilet
Bier vom Fass: Maisel (Bamberg bzw. Bayreuth), Hartmann (Würgau), Hummel (Merkendorf)

Höchstadt-Nackendorf
91315 ERH-Mfr Aischgrund
Nackendorf 6
Familie Langgut
Tel. (09193) 10 88

Höchstadt-Sterpersdorf
91315 ERH-Mfr Aischgrund
Antoniuskapelle 1
Inh.: Fam. Michael Beßler
Tel. (09163) 481
www.gasthaus-lauberberg.de

Höchstädt /Fichtelgebirge
95186 WUN-Ofr
Hauptstr. 53
Dunja Wendler, Anni Thüring
Tel. (09235) 254
www.gasthof-reichsadler.de

Hofstetten (RH) → **Roth**

Hohenberg /Eger
95691 WUN-Ofr
Burgplatz 5
Familie Geiger
Tel. (09233) 94 04
www.gasthofzurburg.de

Hohenweiler (WUG) → **Pleinfeld**
Horbach (FÜ) → **Langenzenn**
Hornau (AN) → **Windelsbach**

Zur Waldschänke (Gasthaus - Pension)

Zimmer pro Nacht, mit Frühstück: EZ/DZ ab 25/44 Euro (2011).
Ruhezeiten: Dienstag; So bis 15 Uhr
Karpfengerichte von Mitte September bis April:
- Karpfen blau / Karpfen gebacken / Pfefferkarpfen
Bier vom Fass: Brauhaus Höchstadt

Lauberberg - Beßler (Gasthaus)

Zimmer pro Nacht, mit Frühstück: EZ/DZ 30/52 Euro (2011)
Öffnungszeiten: Fr ab 17 Uhr, Sa/So/Feiertag ab 11 Uhr
Während der r-Monate Karpfen aus eigener Zucht:
- Karpfen gebacken / Pfefferkarpfen
- Karpfenfilet / Karpfen-Chips
In dem Lokal wurde im September 2011 die neue Karpfensaison durch den ERH-Landrat
Irlinger und mit vielen prominenten Gästen feierlich eröffnet.

Reichsadler (Gasthof) - barrierefrei

Zimmer pro Nacht, mit FS: EZ/DZ 38/64 Euro (2011). 11 - 14 Uhr; ab 17 Uhr (Do Ruhetag).
Schlachtfrische Karpfen von der Kerwa (Mitte September) bis Ostern:
- Karpfen blau/ Karpfen gebacken
- Karpfen ungarisch (in der Röhre gebraten, mit Paprika und Speck)
Bier von Fass: Kulmbacher
Ausgezeichnete Fischgaststätte: *Oberfranken-Fisch - krönt den Tisch*

Zur Burg (Gasthof) - barrierefrei

Zimmer pro Nacht, mit Frühstück: EZ/DZ 30/50 Euro (2011). Ab 10 Uhr (Mi Ruhetag).
Während der r-Monate Karpfen aus der hauseigenen ökologischen Fischzucht:
- Karpfen blau / Karpfen gebacken
Bier vom Fass: Bischofshof (Regensburg)

Höttingen-Fiegenstall
91798 WUG-Mfr
Ortsstr. 16
Fam. Reiner Seibold
Tel. (09148) 258
www.sonne-fiegenstall.de

Zur Sonne (Gasthof) - barrierefrei

Montag Ruhetag.
Karpfengerichte während der r-Monate:
- Karpfen gebacken, mit Kartoffelsalat und gemischtem Salat (6,50 - 10,90) / Karpfen blau
Bier vom Fass: Schloßbrauerei Ellingen, z.B. Export 2,10

Hundsdorf (FO) → **Obertrubach**
Hüttendorf (ER) → **Erlangen**
Hüttenheim (KT) → **Willanzheim**

Igensdorf-Dachstadt
91338 FO-Ofr
Dachstadt 19
Conny Schuhmann
Tel. (09192) 99 31 08

Schwabachtal (Gasthaus)

Warme Speisen (Di Ruhetag): 11 - 14 Uhr, 16.30 - 21 Uhr
Karpfengerichte während der r-Monate (je 100 g 1,60):
- Karpfen blau (Vorbestellung) / Karpfen gebacken / Pfefferkarpfen
Bier vom Fass: Pyraser

Iphofen
97346 KT-Ufr
Marktplatz 2
Fam. Georg Roßkopf
Tel. (09323) 87 24-0
www.gasthof-krone-iphofen.de

Goldene Krone (Gasthof - Hotel - Weingut)

Zimmer pro Nacht, mit Frühstück: EZ/DZ ab 35/75 Euro (2011)
Öffnungszeiten (Di Ruhetag): von Mi ab 15 Uhr bis Mo
Aischgründer Karpfengerichte während der r-Monate: Karpfen blau / Karpfen gebacken
Weine aus eigenem Anbau

Iphofen-Birklingen
97346 KT-Ufr
Klostergasse 8
Johannes Schwab u. Kerstin Heinlein
Tel. (09326) 97 89 50
www.augustiner-am-see.de

Augustiner am See (Gasthaus)

Warme Speisen (Do Ruhetag): 11 - 21.30 Uhr
Aischgründer Karpfen von Ende September bis April, z.B.:
- Karpfen gebacken / Karpfenfilet mit frischen Kräutern gebraten, dazu Kartoffel-Gurkensalat
Glutenfreie Speisen gemäß Absprache im Lokal. - Bier vom Fass: Oechsner (Ochsenfurt)

Iphofen-Hellmitzheim
97346 KT-Ufr
Mönchsondheimer Str. 15
Rudolf Alt
Tel. (09326) 500
www.gruener-baum-hellmitzheim.de

Zum Grünen Baum (Gasthaus)

Zimmer pro Nacht, mit Frühstück: EZ/DZ ab 26/56 Euro. 6 - 23 Uhr (Di Ruhetag)
Während der r-Monate heimische Karpfen frisch aus dem Quellwasser:
- Karpfen blau aus dem Wurzelsud (je 100 g 2,70), mit Salzkartoffeln,
                Sahne-Meerrettich, heißer Butter und hausgemachten Salaten
- Karpfen gebacken (je 100 g 2,70), mit Kartoffelsalat und hausgemachten Salaten
- Karpfenfilet blau / Karpfenfilet gebacken, mit hausgemachten Salaten: 10,50

Ipsheim-Weimersheim
91472 NEA-Mfr Aischgrund
Weimersheim 17
Christa und Fritz Ebert
Tel. (09846) 561
www.winzerstube-weimersheim.de

Winzerstube (Gasthaus)

Warme Speisen nur von Mitte September bis Ostern (Di Ruhetag): 11 - 14 Uhr, 17 - 21.30 Uhr
Aischgründer Karpfengerichte während der r-Monate (je 100 g 1,85): Karpfen blau/gebacken
Spezielle Karpfengerichte, zumindest während der *Aischgründer Karpfenschmeckerwochen*
(September bis Oktober/November), z.B.:
- Karpfen heiß geräuchert (frisch bei Bestellung)
- Karpfen geräuchert, mit Toast oder Schwarzbrot und Sahnemeerrettich
- Karpfenfilet grätenfrei, auf Dunkelbierrahmsauce mit Steinpilzen
- Karpfen-Variation auf fränkischer Rieslingrahmsauce, mit frischen Weintrauben
- knusperig gebackene Karpfenflossen und Karpfenschwänze
Die *Aktion Sternstunden* des Bayerischen Rundfunks erhält pro Karpfenportion 50 Cent

Jungenhofen (ERH) → **Höchstadt/Aisch**

Kalchreuth
90562 ERH-Mfr
Buchenbühler Str. 2
Inh.: Jürgen Key
Tel. (0911) 518 84 79
www.gasthausdreilinden.de

Drei Linden (Gasthaus)

Warme Speisen (Mo/Di Ruhetage): 11.30 - 21.30
Während der r-Monate Aischgründer Spiegelkarpfengerichte:
- Karpfen gebacken / Pfefferkarpfen (je 100 g 2,10), mit Salaten
- Gebackenes Karpfenfilet (fast grätenfrei), mit reichlich Salaten umlegt: 11,80
- Gebackene Karpfenchips, knackfrischer Salat, gemischtes Baguette: 11,50
Jeder Karpfen mit dem rot-weißen *fränkischen Karpfenfähnla* (Initiative *Karpfen aus Franken
bekennen Farbe*). - Bier vom Fass, u.a. Kitzmann (Erlangen), Aufsesser

Kalchreuth
90562 ERH-Mfr
Am Dorfplatz 1 u. 14
Inh.: Doris Meisel
Tel. (0911) 562 69 56
www.landgasthof-meisel.de

Meisel (Landgasthof - Metzgerei)

Zimmer pro Nacht, mit Frühstück: EZ/DZ ab 28/48 Euro
Warme Speisen: tägl. 11 - 14 Uhr, 17.30 - 21 Uhr
Karpfen während der r-Monate (je 100 g 2,10): Karpfen blau/gebacken / Pfefferkarpfen

Kalchreuth
90562 ERH-Mfr
Schlossplatz 4
Familie Scheer
Tel. (0911) 518 09 44
schloss-gaststaette-kalchreuth.de

Schlossgaststätte Kalchreuth

Warme Speisen (Di/Mi Ruhetage): 11.30 - 14 Uhr, 17.30 - 21 Uhr
Von August bis April Karpfen aus eigenem Bassin (je 100 g 2,10):
- Karpfen blau im Weinsud, mit Kren, Butter, Kartoffeln
- Karpfen gebacken / Pfefferkarpfen, mit gemischtem Salat; Karpfenfilet / Karpfen-Suppe

Kalchreuth
90562 ERH-Mfr
Erlanger Str. 1
Fam. Günther und Marion Sußner
Tel. (0911) 518 08 68

Sußner (Gasthaus - Metzgerei)

Warme Speisen (Ruhetage Mo und Fr): 11 - 21 Uhr
Karpfengerichte während der r-Monate (je 100 g 1,90):
- Karpfen blau, mit Salzkartoffeln, zerlassener Butter, Meerrettich und Sahne
- Karpfen in Bierteig gebacken / Pfefferkarpfen, mit Kartoffel-Selleriesalat
Bier vom Fass, z.B. Kitzmann Urhell 2,40, Wiethaler Dunkel 2,80

Kalchreuth
90562 ERH-Mfr
Weißgasse 10-12
Familie Meisel
Tel. (0911) 518 09 17
www.roter-ochse-kalchreuth.de

Zum Roten Ochsen (Landgasthof-Hotel)

Zimmer pro Nacht, mit Frühstück: EZ/DZ ab 58/80 Euro. Montag Ruhetag.
Karpfengerichte während der r-Monate:
- Karpfen blau / Karpfen gebacken / Pfefferkarpfen / Karpfenfilet

Kalchreuth-Käswasser
90562 ERH-Mfr
Käswasser Str. 51
Hermann und Lisbeth Reif
Tel. (0911) 518 08 95
www.gasthaus-reif.de

Reif (Gasthaus)

Warme Speisen (Do Ruhetag): 11.30 - 14, 17 - 21 Uhr
Karpfengerichte während der r-Monate (je 100 g 1,80):
- Karpfen blau / Karpfen gebacken / Pfefferkarpfen, mit Salat
Bier vom Fass: Wolfshöher, z.B. Urhell: 2,40

Kalchreuth-Kreuzweiher
90562 ERH-Mfr Kreuzweiher 1
Simon Reuß
Tel. (0911) 518 77 65

Kreuzweiher (Gaststätte)

Ab 11 Uhr (Mi Ruhetag). Während der r-Monate Karpfen aus eigenen Gewässern:
- Karpfen blau / Karpfen gebacken / Pfefferkarpfen
- Karpfen geräuchert / Karpfenfilet (auch geräuchert) / Karpfen-Suppe
Bier vom Fass: Lindenbräu (Gräfenberg)

Kalchreuth-Röckenhof
90562 ERH-Mfr
Schloss-Str. 4
Fam. Reinhold Klaußner
Tel. (0911) 518 09 95
gasthauszumschloss-roeckenhof.de

Zum Schloss Röckenhof (Gasthaus)

Warme Speisen (Mi Ruhetag): 11.30 - 14 Uhr (außer Do), 17.30 - 20.30 Uhr
Während der r-Monate Karpfen aus eigenem Bassin (je 100 g 1,80):
- Karpfen blau im Wurzelsud, dazu Butterkartoffeln, zerlassene Butter und Sahnemeerrettich
- Karpfen gebacken / Pfefferkarpfen, dazu gemischter Salatteller
- Karpfenfilet im Bierteig gebacken, mit buntem Salatteller (8,90); Karpfen-Suppe
Bier vom Fass, z.B. Lager (Vasold) 2,30

Kalchreuth-Röckenhof
90562 ERH-Mfr
Röckenhofer Hauptstr. 2
Inh.: Kurt Klaußner
Tel. (0911) 518 09 33
www.gaststaette-zurlinde.de

Zur Linde (Gaststätte)

Ruhetag: Dienstag
Karpfengerichte, saisonal: Karpfen blau / Karpfen gebacken / Pfefferkarpfen
Bier vom Fass: Wolfshöher

Kammerstein-Barthelmesaurach
91126 RH-Mfr Aurach
Nördlinger Str. 14
Fam. Ioannis Loules
Tel. (09178) 15 03,

Gundel (Gasthaus)

Öffnungszeiten (Mo Ruhetag): 11 - 14.30, 17 - 1.00
Gebackene Karpfen von September bis April
Bier vom Fass: Brauerei Gundel

Kammerstein-Günzersreuth
91126 RH-Mfr
Günzersreuth 18
Inh.: Michael Ziegler
Tel. (09178) 99 65 59

Zur Linde - Ziegler (Gasthaus)

Ruhetage: Montag, Dienstag. Karpfengerichte von September bis April:
- Karpfen blau (Vorbestellung) / Karpfen gebacken / Pfefferkarpfen
Das Lokal nimmt teil an der Aktion *Original Regional - aus dem Landkreis Roth: Heimischer Fisch frisch auf den Tisch.* - Bier vom Fass: Tucher

Kammerstein-Haag
91126 RH-Mfr
Schwabacher Str. 30
Inh.: Otto Endres
Tel. (09122) 51 58
www.hotel-meyerle.de

Meyerle (Gasthof - Hotel)

Zimmer pro Nacht, mit Frühstück: EZ/DZ 49/69 Euro (2011)
Öffnungszeiten (Mo Ruhetag): 11 - 14 Uhr; 17 - 21.30 Uhr (außer Fr); Sa/So: 11 - 21 Uhr
Karpfengerichte während der r-Monate: Karpfen blau / Karpfen gebacken

Kammerstein-Neppersreuth
91126 RH-Mfr
Heidenbergstr. 2
Karin Wirth
Tel. (09122) 29 12

Ossmann (Gasthaus) - barrierefrei

Warme Speisen (Di Ruhetag): ab 11 Uhr
Samstag und Sonntag, von Mitte September bis April: Karpfen gebacken
Bier vom Fass: Spalter

Kammerstein-Poppenreuth
91126 RH-Mfr
Poppenreuth 5
Inh.: Familie Vitzthum
Tel. (09122) 22 85

Zum grünen Tal (Gasthaus)

Zimmer pro Nacht, mit Frühstück: EZ/DZ 30/46 Euro (2011)
Warme Speisen (Mo bis Mi Ruhetage): 11 - 21 Uhr
Während der r-Monate immer am Fr, Sa und So: Karpfen blau / Karpfen gebacken
Bier vom Fass: Gundel

Kammerstein-Rudelsdorf
91126 RH-Mfr
Heilsbronner Str. 3
Fam. Andreas u. Hannelore Seitzinger
Tel. (09871) 368

Zwick (Gasthaus)

Öffnungszeiten (Mo bis Mi Ruhetage): 11 - 23 Uhr
Karpfengerichte während der r-Monate: Karpfen blau / Karpfen gebacken
Bier vom Fass: Gundel, Tucher

Käswasser (ERH) → **Kalchreuth**

Kemmern
96164 BA-Ofr Main
Mittelstr. 2
Inh.: Harald Elling
Tel. (09544) 50 30
www.landgasthof-leicht.de

Leicht (Landgasthof) - barrierefrei

Zimmer pro Nacht, mit Frühstück: EZ/DZ ab 32/48 Euro
Warme Speisen (Mi Ruhetag): 11 - 14 Uhr, 17 - 22 Uhr
Karpfengerichte während der r-Monate, z.B.: Pfefferkarpfen / Knoblauchkarpfen / Karpfenfilet
Bier vom Fass: Recken, Keesmann, Schlenkerla

Kirchehrenbach
91356 FO-Ofr
Hauptstr. 45
Brigitte und Fritz Sponsel
Tel. (09191) 944 48
www.gasthaus-sponsel.de

Schwarzer Adler - Sponsel (Gasthof)

Warme Speisen (Di Ruhetag): 10 - 22 Uhr
Karpfengerichte während der r-Monate: Karpfen blau / Karpfen gebacken

Kirchehrenbach
91356 FO-Ofr
Zur Ehrenbürg 21
Josef und Waltraut Trautner
Tel. (09191) 947 65
www.zum-walberla.de

Zum Walberla (Speiserestaurant) - barrierefrei

Warme Speisen (Do Ruhetag): 11 - 22 Uhr
Während der r-Monate Karpfen aus heimischen Gewässern, fangfrisch aus eigenem Becken:
- z.B. Karpfen blau / Karpfen gebacken.
Jeder Karpfen mit dem rot-weißen *fränkischen Karpfenfähnla* (Initiative *Karpfen aus Franken bekennen Farbe*)

Kirchehrenbach
91356 FO-Ofr
Hauptstr. 25
Familie Gebhard
Tel. (09191) 97 99 02
www.dennerschwarz.de

Zur Sonne - Dennerschwarz (Landgasthof)

Zimmer pro Nacht, mit Frühstück: DZ 65 Euro (2011)
Warme Speisen (Mo/Di Ruhetage): 11.30 - 20.30 Uhr; So: 11 - 20 Uhr
Während der r-Monate Karpfen aus eigenen Hälterbecken, z.B. Karpfen blau/gebacken.
Jeder Karpfen mit dem rot-weißen *fränkischen Karpfenfähnla* (Initiative *Karpfen aus Franken bekennen Farbe*)

Kirchenbirkig (BT) → **Pottenstein**

Kirchensittenbach-Kleedorf
91241 LAU-Mfr
Kleedorf 5
Fam. Cornelia und Hans Heberlein
Tel. (09151) 860-0
www.zum-alten-schloss.de

Kirchensittenbach-Morsbrunn
91241 LAU-Mfr
Morsbrunn 3
Inh.: Günther Heißmann
Tel. (09151) 95 167

Kirchlauter-Pettstadt
96166 HAS-Ufr Lautergrund
Pettstadt 1
Familien Andres
Tel. (09536) 221
www.gutsgasthof-andres.de

Zum alten Schloß (Restaurant - Hotel)

Zimmer pro Nacht, mit Frühstück: DZ 84 Euro (2011)
Warme Speisen: täglich mittags und abends
Karpfengerichte während der r-Monate, z.B.: Karpfen blau / Karpfen gebacken

Heißmann (Gasthaus)

Warme Speisen: täglich mittags und abends.
Während der r-Monate lebendfrische Karpfen:
- Karpfen blau (Vorbestellung) / Karpfen gebacken

Andres (Gutsgasthof - Schnapsbrennerei)

DZ (FeWo) pro Nacht, mit Frühstück: 57 Euro (2011). Ruhetage: Dienstag, Mittwoch.
Regionale Karpfen von September bis März/April (u.a. aus dem angrenzenden eigenen Weiher, von der Fischzucht Gerstner in Obervolkach-Gaibach und von der Fischzucht Schaaf in Tretzendorf), täglich frisch aus eigenen Hälterbecken.
- Karpfen blau, mit zerlassener Butter, Sahnemeerrettich, Pellkartoffeln und Salaten: 9,90
- Karpfen gebacken (mit Mehl und Semmelmehl, in Butterschmalz) / Pfefferkarpfen,
  mit Kartoffelsalat und gemischtem Salatteller: 9,70
- Karpfenfilet blau, mit zerlassener Butter, Sahnemeerrettich, Pellkartoffeln und Salaten
- Karpfenfilet gebacken / Pfefferkarpfenfilet, mit Kartoffelsalat und Salatteller: 10,50
In Unterfranken prämiert als *Ausgezeichnetes Fischlokal - Goldener Fisch* (→ Teil 1: Fischgaststätten - Auszeichnungen). - Bier vom Fass - 2,20: Schroll (Reckendorf), Göller (Zeil)

Kirchröttenbach (LAU) → **Schnaittach**
Kirnberg (AN) → **Gebsattel**
Kleedorf (LAU) → **Kirchensittenbach**

Kleinlangheim
97355 KT-Ufr
Hauptstr. 5
Tel. (09325) 229
www.landgasthofzumbaeren.de

Zum Bären (Landgasthof)

Zimmer pro Nacht, mit Frühstück: DZ 42 Euro
Karpfengerichte von Mitte September bis April in jeder 2. Woche:
- Karpfen blau (Vorbestellung) / Karpfen gebacken (ab 6,80)

Kleinschwarzenlohe (RH) → **Wendelstein**
Kleinseebach (ERH) → **Möhrendorf**
Kornburg (N) → **Nürnberg**

Kosbach (ER) → **Erlangen**
Kraftshof (N) → **Nürnberg**
Krausenbechhofen (ERH) → **Gremsdorf**
Kreben (FÜ) → **Markt Wilhermsdorf**
Kreuzweiher (ERH) → **Kalchreuth**
Kriegenbrunn (ER) → **Erlangen**
Krottenbach (N) → **Nürnberg**
Krottensee (LAU) → **Neuhaus/Pegnitz**
Kucha (LAU) → **Offenhausen**
Kühedorf (RH) → **Büchenbach** (RH)

Kulmbach
95326 Ku-Ofr
Matthäus-Schneider-Str. 6
Günter Limmer
Tel. (09221) 42 31
www.hagleite.de

Hagleite (Gastronomie)

FeWo pro Nacht: 1/2/3 Personen 25/40/55 Euro; Frühstück pro Person 6,50
Öffnungszeiten (Mo Ruhetag): ab 17 Uhr; Sa/So/Feiertag ab 11 Uhr
Karpfengerichte von Ende September bis April:
- Karpfen blau / Karpfen gebacken
Bier vom Fass: Kulmbacher

Kunreuth-Regensberg
91358 FO-Ofr
Regensberg 10
Georg Hötzelein
Tel. (09199) 809-0
www.berg-gasthof.de

Hötzelein (Gasthof - Berghotel)

Zimmer pro Nacht, mit Frühstück: EZ/DZ 54/70 Euro (2011)
Warme Speisen (Di Ruhetag): 11.30 - 14 Uhr, 17.30 - 20.30 Uhr.
Aischgründer Karpfengerichte während der r-Monate, z.B.:
- Karpfen blau / Karpfen gebacken.
Jeder Karpfen mit dem rot-weißen *fränkischen Karpfenfähnla* (Initiative *Karpfen aus Franken bekennen Farbe*)

Laffenau (RH) → **Heideck**

Langensendelbach
91094 FO-Ofr
Honingser Str. 8
Irmgard Müller
Tel. (09133) 46 25
www.gasthaus-alter-peter.com

Alter Peter (Gasthaus - Metzgerei)

Warme Speisen (Mo Ruhetag): 11.30 - 14, 17.30 - 21 Uhr
Karpfengerichte von Mitte September bis April, immer von Fr-Abend bis So-Abend:
- Karpfen blau (Vorbestellung)
- Karpfen gebacken

Langensendelbach

91094 FO-Ofr
Hauptstr. 10
Familie Zametzer
Tel. (09133) 47 57-0
www.zametzer.de

Zametzer (Gasthof - Metzgerei - Hotel)

Zimmer pro Nacht, mit Frühstück: EZ/DZ ab 38/56 Euro
Warme Speisen (Di Ruhetag): mittags, abends (außer So)
Karpfengerichte während der r-Monate, z.B.: Karpfen gebacken

Langenzenn-Horbach

90579 FÜ-Mfr
Weiherstr. 6
Familie Peter
Tel. (09101) 65 04
www.hotel-seerose.de

Seerose (Gasthof - Landhotel)

Zimmer pro Nacht, mit Frühstück: EZ/DZ 58/86 Euro (2011)
Warme Speisen (Mo Ruhetag): 11 - 14 Uhr, 17 - 21 Uhr; So ab 16 Uhr
Während der r-Monate Gerichte von Karpfen aus eigenen Weihern, z.B.:
- Karpfen blau / Karpfen gebacken
- Karpfen-Ingreisch

Langenzenn-Laubendorf

90579 FÜ-Mfr
Wilhermsdorfer Str. 15
Ingrid Höfler
Tel. (09102) 343

Rotes Ross (Gasthaus)

Gebackene Karpfen während der r-Monate

Laubendorf (FÜ) → Langenzenn
Lauf/Aisch (ERH) → Adelsdorf

Lauf/Pegnitz

91207 LAU-Mfr
Friedensplatz 8
Ulrike und Hans Lehner
Tel. (09123) 959-0
www.hotelzurpost-lauf.de

Zur Post (Gasthof - Hotel)

Zimmer pro Nacht, mit Frühstücksbuffet: EZ/DZ 72/96 Euro
Warme Speisen (Mo Ruhetag): 11.30 - 14 Uhr, 17.30 -22 Uhr
Während der r-Monate diverse Karpfengerichte, z.B.: Karpfen gebacken / Karpfenfilet
Bier vom Fass: Kaiser

Lauf/Pegnitz

91207 LAU-Mfr
Hersbrucker Str. 1
Fam. Siegfried Bachmann
Tel. (09123) 98 32 14
www.zwinger-melber.de

Zwinger-Melber (Gaststätte) - barrierefrei, WoMo-Parkplatz

Warme Speisen (Mo Ruhetag): 11 - 22 Uhr.
Karpfengerichte während der r-Monate:
- Karpfen blau / Karpfen gebacken
- Karpfenfilet blau / Karpfenfilet fränkisch gebacken
Bier vom Fass: Weltenburger

Lauf/Pegnitz-Bullach
91207 LAU-Mfr
Untere Eisenstr. 3
Sabine Weickmann, geb. Gottschalk
Tel. (09126) 25 76-0
www.gruener-baum-lauf.de

Grüner Baum (Landgasthof)

Zimmer pro Nacht, mit Frühstück: EZ/DZ 50/70 Euro
Warme Speisen (Mo Ruhetag): 11.30 - 14 Uhr, 17 - 21 Uhr; So: 11.30 - 19.30 Uhr
Saisonale Karpfengerichte (Dienstag ab 18 Uhr: je 8,50):
- Karpfen blau, dazu Salzkartoffeln und Blattsalate: 8,50 - 13,80
- Karpfen gebacken, dazu Kartoffel-, Sellerie- und Blattsalate: 7,90 - 13,80
Karpfenfilet (fast grätenfrei):
- Karpfenfilet gebacken / Karpfenstreifen gebacken, dazu Kartoffelsalat und Blattsalat
- Pfefferkarpfenfilet, mit Salzkartoffeln und Blattsalat: 12,20
- Karpfenfilet, im Wurzelsud gegart, dazu Salzkartoffeln, Blattsalat, Meerrettich, Butter: 11,80
- Karpfen-Buffet mit Karpfenvariationen (gelegentlich)
Bier vom Fass: u.a. Püls (Weismain) Hell 2,40 - Lammsbräu-Bio (Neumarkt)

Lauf/Pegnitz-Bullach
91207 LAU-Mfr
Bullacher Platz 10
Inh.: Martin Eckert
Tel. (09126) 15 47

Zur Krone (Karpfenküche - Fischerei)

Geöffnet nur während der Karpfensaison von Ende August bis Ende April.
Warme Speisen (Mo/Di Ruhetag): 11.30 - 13.30 Uhr, 17 - 20 Uhr
Schlachtfrische Karpfen, je 100 g 1,80/2,00: Karpfen blau / Karpfen gebacken / Karpfen mini

Lauf/Pegnitz-Heuchling
91207 LAU-Mfr
Schulstr. 4
Inh.: Gisela Söhnlein
Tel. (09123) 25 09

Herzog (Gasthof)

Öffnungszeiten (Mi Ruhetag): ab 16.30 Uhr; So: 10 - 14 Uhr, ab 17 Uhr
Gebackene Karpfen während der r-Monate
Bier vom Fass: Pyraser

Lauf/Pegnitz-Heuchling
91207 LAU-Mfr
Neunkirchener Str. 6
Fam. Wollner /Herbert u. Ingrid Hölzel
Tel. (09123) 28 00
wollnersaal-lindenwirt.de

Zur Linde - Wollnersaal (Gasthaus)

Zimmer pro Nacht, mit Frühstück: EZ/DZ 42/62 Euro (2011)
Warme Speisen (Di Ruhetag): mittags und abends
Während der r-Monate täglich lebendfrische Karpfen, z.B.: Karpfen blau / Karpfen gebacken
Bier vom Fass: Wolfshöher

Lauf/Pegnitz-Letten
91207 LAU-Mfr
Letten 13
Fam. Wittmann/Link
Tel. (09123) 953-0
waldgasthof-am-letten.de

Waldgasthof Am Letten

Zimmer pro Nacht, mit Frühstück: EZ/DZ 73/99 Euro
Warme Speisen: 12 - 14 Uhr, 17.30 - 21.45 Uhr; So Ruhetag (April/Mai: mittags geöffnet)
Während der r-Monate täglich frische Karpfen: Karpfen blau / Karpfen gebacken

Lauf/Pegnitz-Neunhof
91207 LAU-Mfr
Welserplatz 6
G. Heid
Tel. (09126) 54 60
www.brauerei-wiethaler.de

Wiethaler (Gasthof - Brauerei)

Warme Speisen (Mo Ruhetag): 11.30 - 21 Uhr
Während der r-Monate Karpfen aus der Region: Karpfen blau (außer So) / Karpfen gebacken
Bier vom Fass, aus der eigenen Brauerei

Lauf/Pegnitz-Nuschelberg
91207 LAU-Mfr
Nuschelberg 1
Fam. Meier-Distler
Tel. (09123) 33 96
www.hallerschloesschen.de

Hallerschlösschen (Gasthaus)

Zimmer pro Nacht, mit Frühstück: EZ/DZ 34/62 Euro (2011)
Öffnungszeiten (Di Ruhetag): 10 - 15 Uhr, 17 - 22 Uhr; Sa 10 - 18 Uhr; So 10 - 22 Uhr
Während der r-Monate täglich schlachtfrische Karpfen:
- Karpfen blau gesotten im Weinsud mit Wurzelgemüse / Karpfen gebacken im Bierteig
Bier vom Fass: Kulmbacher

Lauf/Pegnitz- Oedenberg
91207 LAU-Mfr
Schloßweg 1
Fam. Hans Fensel
Tel. (09123) 67 66
www.schloss-oedenberg.de

Schloß Oedenberg (Gasthaus - Metzgerei)

Öffnungszeiten (Mo/Di Ruhetage): 10 - 22 Uhr
Während der r-Monate täglich lebendfrische Karpfen aus dem eigenem Bassin (je 100 g 2,30):
- Karpfen blau / Karpfen gebacken / Karpfen in Bierteig gebacken
Bier vom Fass: Dreykorn

Lauter-Deusdorf
96169 BA-Ofr Lautergrund
Deusdorfer Mühle 1
Gerhard und Maria Rudolf
Tel. (09544) 203 17
www.deusdorfer-muehle.de

Forellenhof (Fischspeisegaststätte - Fischzucht)

Das Lokal hat nur während der r-Monate geöffnet, immer am Freitag ab 17 Uhr:
- Karpfen blau, mit Kartoffeln und gemischtem Salat: 8,50
- Pfefferkarpfen, mit gemischtem Salat: 8,00
- Karpfen gebacken / Karpfen in Bierteig, mit gemischtem Salat: 7,80
- Karpfenfilet gebacken / Karpfenfilet in Bierteig, mit gemischtem Salat: 8,50
Karpfen blau und Karpfenfilet gebacken: auf Wunsch auch glutenfrei und laktosefrei.
Ausgezeichnete Fischgaststätte: *Oberfranken-Fisch - krönt den Tisch*

Leinburg-Unterhaidelbach
91227 LAU-Mfr
Unterhaidelbacher Hauptstr. 22
Familie Rösch
Tel. (09120) 94 28

Zum Haidelbach (Gasthof)

Warme Speisen: Sonntag
Frische Karpfen von Sept. bis Weihnachten: Karpfen blau / Karpfen gebacken (Butterschmalz)

Leonrod (AN) → **Dietenhofen**
Letten (LAU) → **Lauf/Pegnitz**

Leutenbach-Oberehrenbach
91359 FO-Ofr
Oberehrenbach 36
Familie Salb
Tel. (09199) 465
www.gasthof-salb.de

Leuzdorf (RH) → **Rohr**

Lichtenau-Gotzenmühle
91586 AN-Mfr Zandtbachtal
Gotzenmühle
Tel. (09827) 12 92
www.gotzenmuehle.de

Lichtenfels-Reundorf
96215 LIF-Ofr
Kloster-Banz-Str. 4
Georg und Hubert Müller
Tel. (09571) 95 78-0
www.gasthofmueller.de

Lieritzhofen (LAU) → **Alfeld**
Lillinghof (LAU) → **Schnaittach**
Limbach (BA) → **Pommersfelden**
Limbach (SC) → **Schwabach**
Linden (AN) → **Windelsbach**
Linden (NEA) → **Markt Erlbach**

Lisberg-Trabelsdorf
96170 BA-Ofr Steigerwald
Seeleite 1
Familie Grimmer
Tel. (09549) 12 47
www.altes-kurhaus.de

Zur Sonne - Salb (Gasthof)

Zimmer pro Nacht, mit Frühstück: EZ/DZ ab 26/48 Euro
Warme Speisen nur am Sonntag und Feiertag: 11.30 - 14 Uhr, 17 - 20 Uhr
Karpfengerichte, saisonal: Karpfen blau / Karpfen gebacken
Bier vom Fass: Klosterbrauerei Weißenohe

Gotzenmühle (Landgasthof)

Zimmer pro Nacht, mit Frühstück: EZ/DZ 34/53 Euro (2011)
Während der r-Monate Gerichte von Karpfen aus hauseigenen Weihern, quellfrisch:
- Karpfen blau / Karpfen gebacken (in Butterschmalz)

Müller (Gasthof - Pension) - barrierefrei

Zimmer pro Nacht, mit Frühstück: EZ/DZ: 36/60 Euro (2011)
Warme Speisen (Mi/Do Ruhetag): 11.30 - 14 Uhr, 17 - 21 Uhr
Während der r-Monate Karpfen aus dem eigenen Bassin, z.B.:
- Karpfen blau / Karpfen gebacken
Bier vom Fass: Leikeim (Altenkunstadt)

Altes Kurhaus (Landgasthof - Hotel) - barrierefrei

Zimmer pro Nacht, mit Frühstück: EZ/DZ 45/70 Euro
Öffnungszeiten (Do Ruhetag): ganztags; Mo/Di: ab 16 Uhr
Während der r-Monate frische fränkische Karpfen aus eigener Zucht, z.B.:
- Karpfen; Karpfenstreifen gegrillt, auf mediterranem Gemüse
Montag und Freitag: Karpfengerichte zum 2/3-Preis.
Rosenmontag: Karpfen und ein Seidla Bier 6,90 (2011).
Bier vom Fass: Beck/Gänstaller (Trabelsdorf)

Lisberg-Trabelsdorf
96170 BA-Ofr Steigerwald
Steigerwaldstr. 6-8
Jutta und Herbert Beck
Tel. (09549) 252
www.beck-braeu.de

Litzendorf-Schammelsdorf
96123 BA-Ofr
Kremmeldorfer Str. 1
Familie Michael Knoblach
Tel. (09505) 267
www.mon.de/ofr/Knoblach.123275

Lohr am Main
97816 MSP-Ufr
Am Forellenhof 14
Tel. (09352) 28 65

Lonnerstadt
91475 ERH-Mfr Aischgrund
Mühlgasse 10
Inh.: Petra Link/Reif
Tel. (09193) 34 91
gasthauszursonne.lonnerstadt.de

Markt Bibart-Ziegenbach
91477 NEA-Mfr
Ziegenbach 8
Familie Pfeufer
Tel. (09167) 783
gasthaus-zur-traube-ziegenbach.de

Beck (Gasthof - Brauerei) - barrierefrei

Öffnungszeiten: Fr ab 16 Uhr, Sa/So ab 15 Uhr
Karpfengerichte während der r-Monate, z.B.:
- Karpfen blau (Vorbestellung) / Karpfen gebacken
Bier vom Fass, aus der familiär angegliederten Brauerei Beck/Gänstaller (Trabelsdorf)

Knoblach (Gaststätte - Brauerei) - barrierefrei

Öffnungszeiten (Mo Ruhetag): ab 15 Uhr; Sa/So/Feiertag: ab 9 Uhr
Karpfengerichte von Ende Oktober bis April, immer am Freitag, Samstag und Sonntag:
- Karpfen blau / Karpfen gebacken
Bier vom Fass, aus der eigenen Brauerei

Forellenhof (Gaststätte)

Mittwoch Ruhetag (von November bis April auch Donnerstag).
Von Mitte Oktober bis Ostern Gerichte von fangfrischen Karpfen: Karpfen blau/gebacken

Zur Sonne - Hausmann (Gasthaus)

Ruhetag: Dienstag
Während der r-Monate Aischgründer Karpfen aus heimischen Weihern,
immer am Freitag, Samstag und Sonntag:
- Karpfen blau / Karpfen gebacken / Pfefferkarpfen / Karpfenfilet / Karpfen-Crunchies

Zur Traube (Gasthaus) - barrierefrei

Öffnungszeiten (Di/Mi Ruhetage): 11 - 14 Uhr, ab 17 Uhr; Sa/So: ab 11 Uhr
Aischgründer Karpfengerichte während der r-Monate:
- Karpfen blau (je 100g 1,70), mit Kartoffeln, Salat, Meerrettich und heißer Butter (2,00)
- Karpfen gebacken (je 100g 1,70), mit Salatteller und Kartoffelsalat (2,00)
Spezielle Karpfengerichte, zumindest während der *Aischgründer Karpfenschmeckerwochen*
(September bis Oktober/November), z.B.:
Karpfenfilet:
- in Wurzelsud, mit Kartoffelpüree in Silvanersoße / Karpfenfilet gebacken / Pfefferkarpfenfilet
- gebraten auf Schwarzwurzelgemüse / in Silvanersoße / im Müslimantel
- Karpfen-Knusper (Filet in Streifen gebacken), mit Kartoffelsalat und Salatteller
- Karpfen-Bratwürste, mit Salatteller und Kartoffelsalat
Bier vom Fass: Kauzen ab 2,20

Markt Einersheim
97348 KT-Ufr
Von-Rechteren-Limpurg-Str. 20
Petra und Jürgen Firnbach
Tel. (09326) 282
www.firnbach.de

Rotes Roß (Gasthof - Weinbau)

Zimmer pro Nacht, mit Frühstück: EZ/DZ ab 38/60 Euro (2011).
Öffnungszeiten (Ruhetag Mo):
- 10 - 14 Uhr, 17 - 24 Uhr; Wochenende/Feiertage: durchgehend.
Während der r-Monate Gerichte von frischen Karpfen aus dem Bassin:
- Karpfen blau (je 100g 1,90),
  mit Salzkartoffeln, Sahnemeerrettich und zerlassener Butter (3,00)
- Karpfen gebacken (Mehl und Semmelbrösel; je 100g 1,90), mit gemischtem Salat (3,00)
- Karpfenfilet in feiner Silvanersoße, mit Salzkartoffeln und buntem Salatteller: 12,90
In Unterfranken prämiert als *Ausgezeichnetes Fischlokal - Goldener Fisch* (→ Teil 1:
Fischgaststätten - Auszeichnungen)
Frankenweine aus eigenem Anbau

Markt Erlbach
91459 NEA-Mfr
Nürnberger Str. 22
Kai Schuster
Tel. (09106) 351

Rosenau (Gasthaus)

Montag Ruhetag
Karpfengerichte von Mitte Oktober bis April, z.B.:
- Karpfen blau / Karpfen gebacken
Bier vom Fass: Landwehr
Glutenfreie Speisen gemäß Absprache im Lokal

Markt Erlbach - Eschenbach
91459 NEA-Mfr
Fürther Str. 10
Familie Wick
Tel. (09106) 262
www.wick-karpfenwirt.de

Wick (Gasthaus)

Zimmer pro Nacht, mit Frühstück: DZ ab 45 Euro (2011)
Warme Speisen (Ruhetage: Donnerstag und der letzte Sonntag im Monat):
- 11 - 14 Uhr, 17 - 20 Uhr
Während der r-Monate Karpfen aus eigenen oder umliegenden Weihern im Aischgrund,
immer am Mittwoch, Freitag, Samstag und Sonntag:
- Karpfen blau / Karpfen gebacken
Bier vom Fass: Kauzen (Ochsenfurt)

Markt Erlbach - Linden
91459 NEA-Mfr
Linden 60
Inh.: Jürgen Knörr
Tel. (09106) 891
www.gasthof-zumstern.de

Angeln im eigenen Teich (4.500 qm):
Aischgründer Spiegelkarpfen, Wild-
karpfen, Graskarpfen, Rotfeder,
Schleie.

Kostenloses Reiten auf hauseigenen
Haflingern

In dem Lokal wurden im September
2010 die 32. *Aischgründer Karpfenschmeckerwochen* des Landkreises
offiziell und mit vielen prominenten
Gästen eröffnet. (NB6)

Zum Stern (Landgasthof - Hotel) - barrierefrei

Zimmer pro Nacht, mit Frühstück: DZ ab 76 Euro (2011).
Warme Speisen (Ruhetag Mi; November - März auch Do): 11 - 14 Uhr, 17.30 - 21 Uhr.
Aischgründer Karpfengerichte während der r-Monate:
- Karpfen blau (mittel), mit zerlassener Butter, Salzkartoffeln und Salat: 10,40
- Karpfen gebacken / Pfefferkarpfen (mittel), mit gemischtem Salat: 10,40/10,90
- Karpfenteller: Ingreisch, Flossen und Filet vom Karpfen, gebacken,
        mit Kartoffelsalat und gemischtem Salat: 12,40
- Karpfen-Ingreisch, mit Kartoffelsalat und gemischtem Salat: 9,30
- Grätenfreies Karpfenfilet:
   - gebacken: mit Remoulade, Kartoffelsalat, gemischtem Salat: 10,90
   - in Butter gebraten: mit Broccoli, Salzkartoffeln, Salat: 12,40
Spezielle Karpfengerichte, zumindest während der *Aischgründer Karpfenschmeckerwochen*
(September bis Oktober/November), z.B.:
- Karpfenfilet, heißgeräuchert, mit Sahnemeerrettich, Butter u. Baguette: 10,90
- Karpfenfilet "Fränzösische Art" in pikanter Burgundersoße,
        mit Silberzwiebeln und Champignons, dazu Kartoffeln, Salat: 12,90
- 4 Karpfenfiletstreifen in Knusperpanade, mit Pommes: 4,40
Karpfenbuffet *All you can eat*: von Mitte September bis Mitte Januar, jeden Freitag ab
        18.30/19.30 Uhr; pro Person 15,40 Euro (2010/11); Reservierung!
- Vorspeisen (mit Baguette und Herbstsalaten vom Buffet):
   * 3 Sorten Karpfensushi (mit Wasabi, Ingwer oder Sojasoße)
   * Karpfenschinken, Karpfenpresssack, geräuchertes Karpfenfilet
   * Karpfenrogencreme mit Sahnemeerrettich
   * Brennnesselcremesuppe mit geräuchertem Karpfenfilet
- Hauptgang (mit Butter- u. Bratkartoffeln, Kartoffelsalat, Broccoli, Salatbuffet):
   * Karpfenfilet: blau / in Butter gebraten / gebacken / in Gemüse-Tempurateig mit
        süßsaurer Asiasoße
   * Karpfenbratwürste / Pfefferkarpfenstücke / Karpfen-Ingreisch und -Flossen gebacken
- Dessert
Bier vom Fass (Bürgerbräu), z.B. Freilandsmuseumsbier, naturtrüb 2,30

Gasthaus im Aurachgrund

Öffnungszeiten (Mi Ruhetag): täglich ab 8 Uhr
Frische Karpfen aus eigener Aufzucht, saisonal: Karpfen blau / Karpfen gebacken / Karpfenfilet
Bier vom Fass: Hofmann (Pahres)

Markt Erlbach - Mosbach
91459 NEA-Mfr
Mosbach 3
Inh.: F. Kuhlmann
Tel. (09161) 99 84
www.gasthaus-kuhlmann.de

Markt Erlbach - Rimbach
91459 NEA-Mfr
Rimbach 11
Fam. Siegfried Roderus
Tel: (09106) 346
www.gasthaus-roderus.de

Roderus Siegfried (Gasthaus)

Geöffnet am Samstagabend und am Sonntag
Während der r-Monate Gerichte von Karpfen aus eigener Aufzucht:
- Karpfen blau / Karpfen gebacken

Markt Ipsheim (NEA) → **Ipsheim**

Markt Nordheim - Ulsenheim
91478 NEA-Mfr
Ulsenheim 97
Familie Bernd Meyer
Tel. (09842) 82 06
www.frankenurlaub.de

Glutenfreie Speisen
gemäß Absprache im Lokal

Schwarzer Adler (Landgasthof) - barrierefrei

Zimmer pro Nacht, mit Frühstück: EZ/DZ ab 40/60 Euro
Warme Speisen (Mo Ruhetag; von Nov. bis April auch Mi):
- 11.30 - 14 Uhr; 17.30 - 21 Uhr (So bis 20 Uhr)
Aischgründer Karpfengerichte während der r-Monate, z.B.:
- Karpfen blau, in Frankenweinsud / Karpfen gebacken, mit gemischtem Salat
- Karpfen heiß geräuchert, mit Apfelsahnemeerrettich und Baguette: 9,40
- Karpfen im Wacholderrauch geräuchert
- Karpfenfilet auf Cocos-Curry-Soße, mit Kartoffeln und Salat
- Karpfen-Sushi, mit japanischem Wasabi-Meerrettich und Reis (Vorbestellung)
Spezielle Karpfengerichte ggf. während der *Aischgründer Karpfenschmeckerwochen* (September bis Oktober/November)

Markt Taschendorf
91480 NEA-Mfr
Hauptstr. 2
Tuija und Erhard Wellmann
Tel. (09552) 78 63
www.hotel-wellmann.de

Wellmann (Landgasthof - Hotel)

Zimmer pro Nacht, mit Frühstück: EZ/DZ ab 35/58 Euro (2011)
Öffnungszeiten: Do ab 17 Uhr; Fr bis So: ab 11 Uhr
Aischgründer Karpfengerichte während der r-Monate: Karpfen blau / Karpfen gebacken
Spezielle Karpfengerichte, zumindest während der *Aischgründer Karpfenschmeckerwochen* (September bis Oktober/November), z.B. Karpfenfilet in verschiedenen Zubereitungsarten

Markt Taschendorf - Frankfurt
91480 NEA-Mfr
Frankfurt 30
Fam. Anita und Theo Schwab
Tel. (09162) 71 40
www.gasthaus-schwab-frankfurt.de

Zur frohen Einkehr - Schwab (Gasthof)

Zimmer pro Nacht, mit Frühstück: EZ/DZ 25/50 Euro (2011)
Durchgehend warme Speisen (Mo Ruhetag). - Während der r-Monate frische Karpfen aus hauseigenem Wasserbecken: Karpfen blau / Karpfen gebacken / Karpfenfilet
Bier vom Fass: Kulmbacher

Markt Uehlfeld (NEA) → Uehlfeld/Aisch

Markt Wilhermsdorf - Kreben
91452 FÜ-Mfr
Kreben
Familie Arlt
Tel. (09102) 369

Zum Goldenen Karpfen - Arlt (Gasthaus)

Geöffnet nur an den Wochenenden der r-Monate.
Karpfen aus Weihern der Umgebung, z.B.: Karpfen blau / Karpfen gebacken

Marktleugast-Hermes
95352 KU-Ofr
Hermes 1
Familie Haueis
Tel. (09255) 245
www.landgut-hermes.de

Haueis (Landgasthof)

Zimmer pro Nacht, mit Frühstück: EZ/DZ 35/58 Euro (2011)
Öffnungszeiten: täglich ab 7 Uhr (außer Februar und Anfang November)
Während der r-Monate Gerichte von Karpfen aus eigener Zucht: Karpfen blau/gebacken.
Jeder Karpfen mit dem rot-weißen *fränkischen Karpfenfähnla* (Initiative *Karpfen aus Franken bekennen Farbe*). - Bier vom Fass: Kulmbacher

Marloffstein
91080 ERH-Mfr
Am Alten Brunnen 1
Fam. Franz Striegel
Tel. 09131/536 50 - 500 15
www.alterbrunnen.net

Alter Brunnen (Gasthof - Hotel)

Zimmer pro Nacht, mit Frühstück: EZ/DZ 38/58 Euro (2011). - Ruhezeiten: Mo bis 14 Uhr, Di.
Karpfengerichte während der r-Monate, z.B.:
- Karpfen blau / Karpfen gebacken / Pfefferkarpfen / Karpfenfilet / Karpfen-Mus
In dem Lokal wurde im September 2008 die neue Karpfensaison durch den ERH-Landrat
Irlinger und mit vielen prominenten Gästen feierlich eröffnet und es gab u.a. ...
- Blaue Zipfel vom Karpfen, mit aufgeschäumter Butter
- Karpfensülze an Feldsalat, mit Quark-Kräuter-Dressing
- Karpfengulasch mit einer Kartoffel (NB3)

Marloffstein-Adlitz
91080 ERH-Mfr
Adlitz 12
Fam. Martina und Johann Kunzmann
Tel. (09131) 529 29
www.adlitzer-biergarten.de

Zur Ludwigshöhe (Gasthaus)

Ruhetage: Do; Mi (von November bis Februar). Karpfengerichte, saisonal:
- Karpfen blau / Karpfen gebacken / Pfefferkarpfen
- Karpfenfilet gebacken / Pfefferkarpfen-Filet,
   mit Sahnemeerrettich, Kartoffelsalat oder Blattsalat

Memmelsdorf
96117 BA-Ofr
Hauptstr. 19
Fam. Hans-Ludwig Straub
Tel. (0951) 944 33-0
www.drei-kronen.de

Drei Kronen (Gasthof - Brauerei - Hotel)

Zimmer pro Nacht, mit Frühstücksbüffet: EZ/DZ ab 46/75 Euro
Öffnungszeiten (kein Ruhetag): Mo ab 17 Uhr, Di bis Sa ab 9 Uhr, So bis 15 Uhr
Karpfen aus dem Aischgrund während der r-Monate, z.B.:
- Karpfen gebacken / Karpfen "Müllerin" / Brauer-Karpfen
- Karpfen im Rauchbier-Brotbröselmantel / Karpfenfilet
Bier vom Fass, aus der eigenen Brauerei, z.B. Stöffla (Rauchbier), Lager, Kellerpils

Memmelsdorf
96117 BA-Ofr
Hauptstr. 11
Inh.: Georg und Birgit Höhn
Tel. (0951) 406 14-0
www.gasthof-hoehn.de

Höhn (Gasthof - Brauerei - Hotel)

Zimmer pro Nacht, mit Frühstück: EZ/DZ ab 51/79 Euro (2011)
Öffnungszeiten (Di Ruhetag): täglich ab 7.30 Uhr
Karpfengerichte während der r-Monate, z.B.:
- Karpfen blau / Karpfen gebacken
Bier vom Fass, aus der eigenen Brauerei, z.B. Görchla

Memmelsdorf-Drosendorf
96117 BA-Ofr
Scheßlitzer Str. 7
Inh.: Georg Göller
Tel. (09505) 17 45

Göller (Gasthof - Brauerei)

Warme Speisen (Mo Ruhetag): 11 - 14 Uhr, 15.30 - 20.30 Uhr
Karpfengerichte während der r-Monate, jeweils am Freitag, Samstag und Sonntag
(größere Mengen vorbestellen, da kein eigenes Bassin):
- Karpfen blau (Vorbestellung)
- Karpfen gebraten
- Karpfen gebacken (mit Semmelmehl, in ungehärtetem Fett)
- Karpfen in Bierteig
Bier vom Fass, aus der eigenen Brauerei, z.B.: Lager hell 1,90

Möhrendorf
91096 ERH-Mfr
Hauptstr. 9
Fam. Jürgen Förster
Tel. (09131) 415 80

Förster (Gasthaus - Fischküche - Metzgerei)

Ruhetage: Montag, Dienstag
Gerichte von Karpfen aus eigener Teichwirtschaft von Ende August bis April, z.B.:
- Karpfen blau/gebacken / Pfefferkarpfen / Karpfenfilet / Karpfen-Geschnetzeltes
- Karpfen glutenfrei
Glutenfreie Speisen umfangreich im Angebot, z.B. Schnitzel, Bier
(vgl.: www.zoeliakie-treff.de/zoeliakie/viewtopic.php?p=155557).

Möhrendorf-Kleinseebach
91096 ERH-Mfr
Dorfstr. 6
Fam. Norbert Schuh
Tel. (09133) 35 17
www.landgasthof-schuh.de

Schuh (Landgasthof - Metzgerei)

Zimmer pro Nacht, mit Frühstück: EZ/DZ ab 45/70 Euro (2011)
Öffnungszeiten (Ruhezeiten: Mi; Mo/Di: 14 - 17 Uhr): durchgehend.
Von Mitte August bis Ende April Karpfen aus Weihern der Umgebung und hauseigenen Bassins:
- Karpfen blau (je 100 g 1,80), mit Beilagen
- Karpfen gebacken / Pfefferkarpfen (je 100 g 1,80), mit hausgemachtem Kartoffelsalat
- Karpfenfilet mit Beilagen: 9,80
Bier vom Fass: St. Georgen (Buttenheim), z.B. Vollbier 2,10

Möhrendorf-Oberndorf
91096 ERH-Mfr Oberndorfer Weiher
Oberndorf 7
Familien Reck
Tel. (09131) 471 76
www.fischkueche-reck.de

Reck (Gasthaus - Fischküche)

Öffnungszeiten (Mo/Di Ruhetage): 11 - 14 Uhr, 17 - 21 Uhr; So/Feiertag: 11 - 19.30 Uhr
Aischgründer Karpfengerichte von Ende August bis April, z.B.:
- Karpfensuppe, mit ganzen Karpfenfiletstückchen und gerösteten Weißbrotwürfeln: 3,30
- Warmer geräucherter Karpfen, mit Preiselbeermeerrettich und Schwarzbrot: 4,80
Karpfen (je 100g 2,10)):
- Karpfen blau, gegart in kräftigem Wurzelsud,
        mit Salzkartoffeln, Meerrettich u. zerlassener Butter
- Karpfen gebacken / Pfefferkarpfen / Karpfen gebraten,
  dazu täglich hausgemachter Kartoffelsalat
Karpfenfilet:
- gebacken, mit Kartoffelsalat: 10,60
- in Riesling gedünstet, mit cremiger Dillsoße, Salzkartoffeln und gemischtem Salat: 11,50
- gegrillt, auf Nudeln in cremiger Käsesoße, mit gemischtem Salat: 10,60
- gebraten
- Bratkarpfenfilet sauer eingelegt (kalt), mit röschen Bratkartoffeln: 8,90
Bier vom Fass: Kitzmann (Erlangen)

Morsbrunn (LAU) → **Kirchensittenbach**
Mosbach (NEA) → **Markt Erlbach**
Mosbach (RH) → **Spalt**
Mostviel (FO) → **Egloffstein**
Muggendorf (FO) → **Wiesenttal**
Mühlendorf (BA) → **Stegaurach**

Mühlhausen
96172 ERH-Mfr
Marktplatz 4
Christa Leidhardt
Tel. (09548) 329

Bär (Gasthaus)

Öffnungszeiten (Ruhezeiten: Do; Mi u. So von 14 - 17): durchgehend
Karpfengerichte während der r-Monate, z.B.:
- Karpfen blau; Karpfen gebacken / Pfefferkarpfen, mit hausgemachtem Kartoffelsalat
Jeder Karpfen mit dem rot-weißen *fränkischen Karpfenfähnla* (Initiative *Karpfen aus Franken bekennen Farbe*)

Muhr am See
91735 WUG-Mfr
Bahnhofstr. 29
Heinz und Claudia Haschke
Tel. (09831) 30 74
www.gasthaus-eisenbahn.de

Zur Eisenbahn (Gasthaus - Metzgerei)

Warme Speisen (Mi Ruhetag): 11.30 - 14 Uhr; 17.30 - 21 Uhr
Gebackene Karpfen von September bis Januar
Bier vom Fass: Spalter

Münchsteinach
91481 NEA-Mfr
Steigerwaldstr. 21
Familie Loscher
Tel. (09166) 227
www.brauerei-loscher.de

Krone - Loscher (Gasthof - Brauerei)

Ruhetage: Montag (April - Oktober); Mo/Di (November - März)
Karpfengerichte von der letzten Augustwoche bis April:
- Karpfen gebacken / Pfefferkarpfen
Bier vom Fass aus der eigenen Brauerei Loscher

Mürsbach (BA) → **Rattelsdorf**
Nackendorf (ERH) → **Höchstadt/Aisch**
Neppersreuth (RH) → **Kammerstein**
Neudorf (HO) → **Schauenstein**

Neuendettelsau
91564 AN-Mfr
Hauptstr. 43
Willi und Martina Bischoff
Tel. (09874) 50 80
www.hotel-gasthof-sonne.de

Sonne (Gasthof - Hotel)

Zimmer pro Nacht, mit Frühstück: EZ/DZ ab 60/88 Euro (2011)
Warme Speisen (kein Ruhetag): 11.30 - 14 Uhr , 18 - 21.30 Uhr
Karpfen aus eigenen Weihern und vom Fischhof Hausmann-Seitzinger in Altendettelsau:
- Karpfen gebacken (je 100 g 2,30), mit Kartoffelsalat und gemischtem Salat
Mitte September bis Mitte Oktober: umfangreiche Auswahl an speziellen Karpfengerichten

Neuhaus (ERH) → **Adelsdorf**

Neuhaus/Pegnitz
91284 LAU-Mfr
Postheimstr. 14
Familie Wolf
Tel. (09156) 99 89 23
www.gasthof-wolfsberg.de

Wolfsberg (Gasthof - Pension)

Zimmer pro Nacht, mit Frühstück: EZ/DZ 26/46 Euro (2011)
Warme Speisen (Do Ruhetag): durchgehend
Karpfengerichte währen der r-Monate, z.B. Karpfen gebacken
Bier vom Fass: Kaiser (Neuhaus)

Neuhaus/Pegnitz - Krottensee
91284 LAU-Mfr
Krottensee 1
Familie Lohner
Tel. (09156) 434
www.grottenhof.de

Grottenhof (Gasthof)

Zimmer pro Nacht, mit Frühstück: EZ/DZ 32/54 Euro.
Karpfengerichte im September, Oktober und April von 11 - 21 Uhr (Mo Ruhetag):
- Karpfen blau / Karpfen gebacken
Bier vom Fass: Kaiser

Neuhof/Zenn
90616 NEA-Mfr
Marktplatz 14
Fam. Hans Schneider
Tel. (09107) 924 41-0
www.hotel-riesengebirge.de

Riesengebirge (Landgasthof - Hotel)

Zimmer pro Nacht, mit Frühstück: EZ/DZ ab 55/85 Euro
Warme Speisen: täglich 11 - 14 Uhr, 17 - 21 Uhr
Aischgründer Karpfengerichte während der r-Monate:
- Karpfen blau / Karpfen gebacken (je 100 g 2,10)
Spezielle Karpfengerichte, zumindest während der *Aischgründer Karpfenschmeckerwochen* (September bis Oktober/November), z.B.:
- Karpfenfilet auf Wurzelgemüsebeet, mit Frankenrieslingsauce / Karpfen-Schlemmerteller

Neuhof/Zenn - Adelsdorf
90616 NEA-Mfr Zenntal
Adelsdorf 12
Fam. Ernst Burk
Tel. (09102) 375
www.zenntaler-hof.de

Zenntaler Hof (Landgasthof - Pension) - barrierefrei

Zimmer pro Nacht, mit Frühstück: EZ/DZ ab 29/50 Euro
Öffnungszeiten (Do Ruhetag): Mo bis Mi 11 - 23 Uhr; Fr bis So 10 - 1 Uhr
Während der r-Monate täglich Gerichte von Karpfen aus umliegenden Weihern, z.B.:
- Karpfen blau (je 100 g 1,50), mit Kartoffeln und Salatteller
- Karpfen gebacken (je 100 g 1,50), mit Kartoffelsalat u. Salatteller
Bier vom Fass: Kulmbacher, z.B. Hell 2,10

Neuhof/Zenn - Neuselingsbach
90616 NEA-Mfr
Neuselingsbach 12
Werner Hammer
Tel. (09107) 251
www.gasthaus-hammer.de

Hammer (Gasthaus)

Warme Speisen (Mo Ruhetag): 11 - 14 Uhr, 17 - 21.30 Uhr
Aischgründer Karpfengerichte während der r-Monate:
- Karpfen blau, mit Salzkartoffeln, Butter und Meerrettich
- Karpfen gebacken, mit Beilagensalat und Kartoffelsalat
Spezielle Karpfengerichte, zumindest während der *Aischgründer Karpfenschmeckerwochen* (September bis Oktober/November), z.B.:
- Gebackenes Karpfen-Knusper (Filetstücke und Flossen), mit Kartoffelsalat und Salat
- Karpfen-Gröstel mit Tomaten-Kapernragout / Karpfen-Tortillias
- Karpfenfilet, in Reiswein mariniert, auf gebratenen Reisnudeln und Paprika-Ingwersoße

Neunhof (LAU) → Lauf/Pegnitz
Neunhof (N) → Nürnberg

Neunkirchen/Brand
91077 FO-Ofr
Innerer Markt 7
Norbert Polster
Tel. (09134) 707 30 16
www.polsters-klosterhof.de

Klosterhof - Polster

Warme Speisen (Mo Ruhetag): 11.30 - 14 Uhr, 17.30 - 21 Uhr
Karpfengerichte während der r-Monate: Karpfen blau / Karpfen gebacken

Neunkirchen/Brand - Großenbuch
91077 FO-Ofr   Sendelbach
Dorfstr. 3
Inh. Peter Kugler
Tel. (09134) 997866
www.kugler-wirt.de

Kugler-Wirt (Gastwirtschaft - Schnapsbrennerei)

Öffnungszeiten (Mo/Di Ruhetage): 11 - 14 Uhr, 17 - 23 Uhr; Sa/So 11 - 23 Uhr
Karpfengerichte von Ende September bis April:
- Karpfen blau / Karpfen gebacken / Pfefferkarpfen

Neunkirchen/Sand
91233 LAU-Mfr
Wolfshöhe 14
Irmi Teuschel
Tel. (09153) 92 07 78
www.wolfshoeher.de

Wolfshöher Bräustüberl

Warme Speisen (Mo Ruhetag): 11 bis 22 Uhr
Während der r-Monate täglich gebackene Karpfen
Bier vom Fass: Wolfshöher

Neuselingsbach (NEA) → **Neuhof/Zenn**
Neuses/Sand (KT) → **Prichsenstadt**

Neustadt/Aisch
91413 NEA-Mfr Aischgrund
Nürnberger Str. 18
Fam. Holzmann-Pohli
Tel. (09161) 24 88
www.sonne-nea.de

Zur Sonne (Gasthaus)

Öffnungszeiten (Mo/Di Ruhetage): Mi bis Sa ab 17.30 Uhr; So 11 - 14.30 Uhr
Karpfengerichte während der r-Monate:
- Karpfen blau (je 100 g 1,90), mit Salzkartoffeln
- Karpfen gebacken / Pfeffer (je 100 g 1,90), mit Kartoffelsalat und gemischtem Salat
- Karpfenfilet gebacken, mit Kartoffelsalat und gemischtem Salat
Bier vom Fass: Hell (Landwehr) 2,00 - Pils (Hofmann) 2,40. - Karpfenschnaps: 2,20

Nordheim/Main
97334 WÜ-Ufr
Hauptstr. 2
Rita Wendel
Tel. (09381) 17 02
www.zehnthof-nordheim.de

Zehnthof (Weinstuben)

Warme Speisen (Mo Ruhetag): 11.30 - 14.30 Uhr; 17.30 - 21 Uhr
Von Mitte September bis einschließlich Ostern Gerichte von lebendfrischen Karpfen:
- Karpfen blau / Karpfen gebacken
In Unterfranken prämiert als *Ausgezeichnetes Fischlokal - Goldener Fisch* (→ Teil 1: Fischgaststätten - Auszeichnungen). Gastronomiepreis-Franken 2008 (Kategorie Fischlokal)

Nürnberg
90455 N-Mfr
Marthweg 200
Nicole und Jörg Haberberger
Tel. (0911) 48 79 22
www.gaststaette-koenigshof.de

Beim Königshof (Gaststätte)

Warme Speisen (Mi Ruhetag): 10 - 21 Uhr. Karpfengerichte, saisonal:
- Karpfen gebacken (je 100 g 2,40), mit gemischtem Salat
- Karpfenfilet gebacken, mit gemischtem Salat: 15,50
Bier vom Fass: Kulmbacher, z.B. Hell 2,60

Nürnberg
90402 N-Mfr
Theatergasse 19
Volker Thiel
Tel. (0911) 22 44 65
www.herrenkeller.de

Böhms Herrenkeller (Restaurant)

Warme Speisen (So Ruhetag, außer im Dezember): 11.30 - 14.30 Uhr, 17.30 - 22 Uhr
Fränkische Karpfen während der r-Monate (je 100 g 2,60):
- Karpfen blau / Karpfen im Bierteig gebacken
Bier vom Fass: St. Georgen (Buttenheim)

Nürnberg
90403 N-Mfr
Rathausplatz 6
Gregor Lemke
Tel. (0911) 214 86-0
www.bratwurst-roeslein.de

Bratwurst Röslein - barrierefrei

Warme Speisen täglich von 10 - 23 Uhr.
Gebackene Karpfen während der r-Monate.
Glutenfreie Speisen auf der Tageskarte und gemäß Absprache im Lokal.
Bier vom Fass: Tucher

Nürnberg
90443 N-Mfr
Rothenburger Str. 37 (Gibitzenhof)
(0911) 26 85 00

Fleischerinnung (Gaststätte)

Während der r-Monate gebackene Karpfen (je 100 g 1,80).
Bier vom Fass: Tucher, Zirndorfer

Nürnberg
90431 N-Mfr
Rauhäckerstr. 12
Fam. Christine und Klaus Bitzenbauer
Tel. (0911) 31 76 70
www.fischkueche-graf.de

Graf (Fischküche)

Warme Speisen (Di Ruhetag): 11.30 - 14 Uhr; 17 - 21 Uhr (außer Mo)
Karpfengerichte währen der r-Monate (je 100 g 2,00):
- Karpfen blau, mit Salzkartoffeln, zerlassener Butter und Sahnemeerrettich
- Karpfen gebacken, mit Salat
Bier vom Fass: Kitzmann, Schneider

Nürnberg
90403 N-Mfr
Spitalgasse 16
Markus Wanninger
Tel. (0911) 22 17 61
www.heilig-geist-spital.de

Heilig Geist Spital (Restaurant - Weinstuben)

Warme Speisen täglich von 11.30 bis 23 Uhr (Betriebsurlaub: Mitte Januar).
Karpfengerichte während von Ende August bis April, z.B. Karpfen blau / Karpfen gebacken.
Bier vom Fass: Tucher

Nürnberg
90461 N-Mfr
Wilhelm-Spaeth-Str. 47 (Glockenhof)
Kurt Göschel und Jutta Lindner
Tel. (0911) 949 56-0
www.petzengarten.de

Petzengarten (Gaststätte - Hotel)

Zimmer pro Nacht, mit Frühstück: EZ/DZ ab 69/98 Euro (2011)
Warme Speisen täglich von 11 bis 22 Uhr.
Karpfengerichte während der r-Monate, z.B. Karpfen blau / Karpfen gebacken
Bier vom Fass, u.a. Tucher, z.B. Landbier 2,70

Nürnberg
90408 N-Mfr
Pirckheimerstr. 63
Christian Ring
Tel. (0911) 35 10 03
www.fischkueche.de

Pirckheimer (Fischküche)

Warme Speisen: täglich 11 - 14.30 Uhr, 18 - 22 Uhr. Karpfen aus heimischen Gewässern, bis zur Bestellung im hauseigenen Bassin gehalten. Karpfen (mittlere Größe):
- Karpfen blau, in Weinsud, mit Salzkartoffeln und zerlassener Butter: 12,80
- Karpfen gebacken / Pfefferkarpfen, mit hausgemachtem Kartoffelsalat: 12,80
- Karpfen vom Grill, mit Marktgemüse und Ofenkartoffel: 14,90
Fischteller: Zander - Forelle - Karpfen (gebacken), dazu Salate und Sauce Remouladen: 14,90
Fischpfanne: Zander - Forelle - Karpfen (gebraten) in Schnittlauch-Meerrettichsauce,
            dazu kleines Gemüse und Salzkartoffeln: 14,90

Nürnberg
90419 N-Mfr
Bucher Str. 67/69
Vasdekis Stelios
Tel. (0911) 393 81 30
www.platnersanlage.de

Platnersanlage - Vasdekis (Restaurant)

Warme Speisen (kein Ruhetag): 11 - 24 Uhr
Gebackene Karpfen von September bis Ende April: 7,50
Bier vom Fass: Tucher

Nürnberg
90461 N-Mfr
Frankenstr. 199
Werner Franz
Tel. (0911) 377 16 32
www.saalbau-waldschaenke.de

Saalbau Waldschänke

Warme Speisen (Di Ruhetag): ab 11 Uhr
Während der r-Monate Gerichte von lebendfrischen Karpfen:
- Karpfen blau / Karpfen gebacken

Nürnberg
90459 N-Mfr
Wirthstr. 3 (Südstadt)
Inh.: Gabriele Kilian
Tel. (0911) 44 62 15
www.schuetzenhof.info

Schützenhof (Gastwirtschaft)

Warme Speisen: abends (Fr bis 23 Uhr); Sa/So mittags und abends (Sa bis 23 Uhr)
Während der r-Monate: gebackene Spiegelkarpfen (je 100 g 2,20), mit Salatteller.
Bier vom Fass: Glossner (Neumarkt), z.B. Hell 2,70

Nürnberg
90402 N-Mfr
Knorrstr. 2-8
Fam. Bernhard Steichele
Tel. (0911) 20 22 80
www.steichele.de

Steichele (Weinrestaurant - Hotel)

Zimmer pro Nacht, mit Frühstück: EZ/DZ ab 58/83 Euro (2011)
Warme Speisen: Mo bis Sa 11 - 22 Uhr; So 11 - 14 Uhr
Karpfengerichte während der r-Monate, z.B.:
- Karpfen blau
- 1/4 Karpfen gebacken, mit gemischtem Salat: 7,90

Nürnberg
90402 N-Mfr
Kartäusertor 1
Familie Leitner
Tel. (0911) 20 46 49
tucherbraeuamopernhaus.de

Nürnberg
90469 N-Mfr
Germersheimer Str. 86
Reiner Graf
Tel. (0911) 48 70 12

Nürnberg
90419 N-Mfr
Schnieglinger Str. 39 (St. Johannis)
Inh.: Zoltan Lautner
Tel. (0911) 377 65 98
www.zum-holzloeffel.de

Nürnberg
90403 N-Mfr
Rathausplatz 4
Alexandra Urban
Tel. (0911) 235 555 25
www.spiessgeselle.de

Nürnberg
90408 N-Mfr
Reichstr. 17 (Nordstadt)
Fam. Petra Petermann
Tel. (0911) 366 99 11
www.zumwildenjäger-petermann.de

Tucherbräu am Opernhaus (Restaurant)

Warme Speisen: 11 - 14.30 Uhr, 17 - 22.30 Uhr.
Karpfengerichte, saisonal: Karpfen blau / Karpfen gebacken (10,80 - 12,80)
Bier vom Fass: Tucher

Zum Falkenheim (Wirtshaus - Biergarten) - barrierefrei

Warme Speisen (kein Ruhetag): 11.30 - 14 Uhr (außer Mo), 17 - 22.30; Sa/So 11.30 - 20 Uhr
Während der r-Monate täglich gebackene Karpfen, mit Salatteller: 7,90 (freitags 6,50)

Zum Holzlöffel (Gaststätte)

Öffnungszeiten (Mo Ruhetag): 11 - 14 Uhr, 17 - 22 Uhr; So 11 - 22 Uhr
Fränkische Karpfen, saisonal (9,90):
- Karpfen blau, mit Salzkartoffeln, Butter und Meerrettich
- Karpfen gebacken, mit Kartoffelsalat.
Bier vom Fass: Pyraser

Zum Spießgesellen (Restaurant)

Öffnungszeiten (kein Ruhetag): 10 - 24 Uhr. Karpfengerichte während der r-Monate: 11,80
- Karpfen blau, im Frankenwein-Wurzelgemüesesud, mit Petersilienkartoffeln
- Karpfen gebacken (Butterschmalz), mit Kartoffelsalat
Bier vom Fass: Tucher, z.B. Hefeweizen 3,50

Zum Wilden Jäger (Gaststätte)

Öffnungszeiten (Mo Ruhetag): 11 - 14.30 Uhr (außer Di); 17 - 22.30 Uhr (So bis 21.30).
Während der r-Monate frische Aischgründer Karpfen (je 100 g 2,50):
- Karpfen blau im Frankenweinsud,
         mit Salzkartoffeln und zerlassener Butter oder Sahnemeerrettich
- Karpfen gebacken, mit Kartoffelsalat und gemischtem Salat

Nürnberg-Altenfurt
90475 N-Mfr
Habsburgerstr. 9
Inh.: Stefan Hrabal
Tel. 0911/98 47 00
www.hotel-daucher.de

Daucher (Restaurant - Hotel)

Zimmer pro Nacht, mit Frühstück: EZ/DZ ab 61/82 Euro (2011)
Warme Speisen: 12 - 14 Uhr (außer Fr/Sa), 18 - 21.30
Karpfengerichte von Mitte September bis April: Karpfen blau / Karpfen gebacken

Nürnberg-Buch
90427 N-Mfr
Bucher Hauptstr. 63
Ulla und Mario Schock
Tel. (0911) 938 95 20
www.gasthof-bammes.de

Bammes (Gasthof) - barrierefrei

Warme Speisen (Mo Ruhetag): 11.30 - 14 Uhr, 17.30 - 21.30 Uhr; Fr/Sa/So durchgehend
Karpfengerichte während der r-Monate, z.B. Karpfen blau (Vorbestellung) / Karpfen gebacken.
Bier vom Fass: Tucher

Nürnberg-Buchenbühl
90411 N-Mfr
Wildenfelsweg 9
Familie Tuch
Tel. (0911) 522 215

ASV Sportheim (Sportgaststätte)

Warme Speisen (Mo Ruhetag): 17 - 22 Uhr.
Karpfengerichte während der r-Monate: Karpfen blau / Karpfen gebacken

Nürnberg-Erlenstegen
90491 N-Mfr
Günthersbühler Str. 145
Christopher Baumann
Tel. (0911) 597 20 01
www.schiesshaus-nuernberg.de

Schießhaus (Waldrestaurant)

Öffnungszeiten (Okt. - April: Mo Ruhetag): 11 - 14, ab 18 Uhr; Sa/So/Feiertag durchgehend.
Karpfengerichte, saisonal:
- Karpfen gebacken (je 100 g 1,90), mit gemischtem Salat
- Karpfenfilet, mit Kartoffelsalat, gemischtem Salat: 9,80
Bier vom Fass: Pyraser, z.B. Landbier 2,70

Nürnberg-Fischbach
90475 N-Mfr
Fischbacher Hauptstr. 160
Tel. (0911) 83 08 53

Zum Blauen Stern (Gaststätte)

Öffnungszeiten (Mo Ruhetag): 10 - 23 Uhr; So/Feiertag: 9 - 22 Uhr
Karpfengerichte während der r-Monate: Karpfen blau (Vorbestellung) / Karpfen gebacken
Bier vom Fass: Leinburger

Nürnberg-Kornburg
90455 N-Mfr
Venatorius-Str. 7
Inh.: Werner Blödel
Tel. (09129) 50 60
www.gasthof-bloedel.de

Grüner Baum - Blödel (Gasthof - Metzgerei)

Zimmer pro Nacht, mit Frühstück: EZ/DZ ab 40/70 Euro (2011)
Warme Speisen (Mo Ruhetag): 11 - 14 Uhr, 17 - 21 Uhr.
Karpfengerichte von Mitte September bis April: Karpfen blau / Karpfen gebacken
Bier vom Fass: Tucher

Nürnberg-Kornburg
90455 N-Mfr
Flockenstr. 2
Inh.: Heinz Müller
Tel. (09129) 28 16-0
www.weisseslamm.de

Weißes Lamm - Müller (Gasthof - Metzgerei)

Zimmer pro Nacht, mit Frühstück: EZ/DZ ab 39/62 Euro
Warme Speisen (Fr Ruhetag): 11 - 14 Uhr, 17 - 21 Uhr.
Während der r-Monate Gerichte von Karpfen aus dem hauseigenen Bassin, z.B.:
- Karpfen gebacken

Nürnberg-Kraftshof
90427 N-Mfr
Kraftshofer Hauptstr. 164
Thomas Bösl
Tel. (0911) 30 58 63
www.altepost.net

Alte Post (Gasthaus)

Öffnungszeiten (kein Ruhetag): 11.30 - 24.00 Uhr.
Karpfengerichte während der r-Monate, z.B. Karpfen blau/gebacken, Karpfenfilet geräuchert

Nürnberg-Krottenbach
90453 N-Mfr
Deutenbacher Str. 11
Fam. Hannelore und Fritz Neußner
(0911) 962 62 56

Zum Hirschen (Landgasthaus) - barrierefrei

Warme Speisen (Di Ruhetag): 11 - 21 Uhr.
Aischgründer Karpfen während der r-Monate: Karpfen blau / Karpfen gebacken
Bier vom Fass, u.a. Veldensteiner Hell 2,50

Nürnberg-Mögeldorf
90482 N-Mfr
Mögeldorfer Hauptstr. 47
Joachim und Eleonore Rupp
Tel. (0911) 543 03 09
www.gaststaette-doktorshof.de

Doktorshof (Gaststätte)

Warme Speisen (kein Ruhetag): 12 - 14 Uhr, 18 - 21 Uhr.
Karpfengerichte während der r-Monate, täglich mittags (außer So) und abends:
- Karpfen blau (Vorbestellung) / Karpfen gebacken
  (größere Mengen vorbestellen, da kein eigenes Bassin). - Bier vom Fass: Tucher

Nürnberg-Neunhof
90427 N-Mfr
Untere Dorfstr. 6
Fam. Kühnlein-Dorn
Tel. (0911) 30 55 96
www.forsthaus-neunhof.de

Zum Alten Forsthaus

Warme Speisen (Di Ruhetag): 11.30 - 14.30 Uhr, 17 - 21 Uhr
Karpfengerichte während der r-Monate: Karpfen blau / Karpfen gebacken / Karpfenfilet
Bier vom Fass: St. Georgen (Buttenheim)

Nürnberg-Weiherhaus
90455 N-Mfr
An den Weihern 13
Inh.: Marko Oreskovic
Tel. (0911) 816 90 94
www.gasthaus-messthaler.de

Messthaler (Landgasthaus)

Öffnungszeiten (Mo Ruhetag): 11 - 23 Uhr.
Von Mitte September bis April täglich Karpfengerichte: Karpfen blau / Karpfen gebacken
Bier vom Fass: Lederer

Nürnberg-Zerzabelshof	**Jägerheim** (Restaurant - Hotel)
90480 N-Mfr	
Valznerweiher Str. 75	Zimmer pro Nacht, mit Frühstück: EZ/DZ ab 56/80 Euro (2011)
Fam. Christine und Hans Gracklauer	Während der r-Monate Gerichte von lebendfrischen Karpfen (je 100 g 2,60):
Tel. (0911) 940 85-0	- Karpfen blau, im Wurzelsud gegart, mit Salzkartoffeln und zerlassener Butter
www.hotel-jaegerheim.de	- Karpfen gebacken, mit hausgemachtem Kartoffelsalat

Nürnberg-Zerzabelshof
90480 N-Mfr
Valznerweiher Str. 111
Leitung: Herr Hofmann
Tel. (0911) 40 44 24
www.valzner-weiher.de

Valzner Weiher (Restaurant)

Warme Speisen (Mo und Jan/Febr. geschlossen): 11 - 22 Uhr
Während der r-Monate Gerichte von Aischgründer Spiegelkarpfen:
- Karpfen blau im Wurzelsud, dazu zerlassene Butter und Salzkartoffeln
- Karpfen gebacken, dazu Kartoffelsalat und Selleriesalat.
Karpfenfilet:
- gedünstet auf feiner Dillsauce, dazu Salzkartoffeln und gemischter Salat
- in Bierteig gebacken, mit Kartoffel- und Selleriesalat
- in Bierteig gebacken an Knoblauchsauce, dazu Salzkartoffeln und gemischter Salat
- in Butter gebraten, dazu feines Gemüse und Salzkartoffeln
- mit Speckstreifen in der Pfanne gebraten, dazu Petersilienkartoffeln und gemischter Salat
Karpfenschnitzel paniert, mit Kartoffelsalat und gemischtem Salat. - Bier vom Fass: Tucher

Nuschelberg (LAU) → **Lauf/Pegnitz**

Oberasbach
90522 FÜ-Mfr
Milbenweg 2
Christian Kettler
Tel. (0911) 69 22 10
www.gasthof-kettler.de

Kettler (Gasthof - Metzgerei - Pension)

Zimmer pro Nacht, mit Frühstück: EZ/DZ 46/64 Euro
Öffnungszeiten (Mo/Di Ruhetage): ab 17 Uhr; Do/So/Feiertag auch 11 - 14 Uhr
Während der r-Monate täglich gebackene Aischgründer Karpfen, schlachtfrisch aus regionalen Weihern

Oberasbach-Rehdorf
90522 FÜ-Mfr
Rehdorfer Str. 8
Maria und Gerhard Adler
Tel. (0911) 69 97 71
www.zur-frischen-quelle-bei-maria.de

Zur Frischen Quelle (Fränkischer Landgasthof)

Zimmer pro Nacht, mit Frühstück: EZ/DZ ab 40/60 Euro (2011)
Öffnungszeiten (Di Ruhetag): 11.30 - 22 Uhr.
Karpfengerichte während der r-Monate:
- Karpfen blau (Fr, Sa, So)
- Karpfen gebacken

Oberaurach-Dankenfeld
97514 HAS-Ufr
Von-Ostheim-Str. 42
Fam. Sandra Böllner
Tel. 09549/453
www.gasthausboellner.de

Böllner (Landgasthaus - Metzgerei)

Öffnungszeiten (Mo Ruhetag): 8 - 13 Uhr, 16 - 22.30 (außer Di); So 11 - 22.30 Uhr
Während der r-Monate Gerichte von Karpfen aus eigener Zucht in eigenen Weihern:
- Karpfen blau (Vorbestellung)
- Karpfen gebacken

Oberaurach-Oberschleichach
97514 HAS-Ufr
Pfarrer-Baumann-Str. 23
Friedrich Zenglein
Tel. (09529) 922 40

Zenglein (Gasthof - Brauerei) - barrierefrei

Zimmer pro Nacht, mit Frühstück: EZ/DZ 25/50 Euro (2011).
Geöffnet ab 8 Uhr (Di/Mi Ruhetage).
Karpfengerichte von Mitte Sept. bis April:
- Karpfen blau (Vorbestellung)
- Karpfen gebacken
Bier vom Fass, aus der eigenen Brauerei

Oberaurach-Tretzendorf
97514 HAS-Ufr
Forellenweg 2
Fam. Peter Schaaf
Tel. (09522) 485

Schaaf (Gasthof - Gästehaus - Fischzucht - Reiterhof)

Zimmer pro Nacht, mit Frühstück: EZ/DZ ab 25/45 Euro (2011)
Öffnungszeiten (Ruhetage Mo/Di): 10.30 - 22 Uhr
Während der r-Monate Gerichte von Karpfen aus eigener Zucht in eigenen Gewässern:
- Karpfen blau
- Karpfen gebacken / Pfefferkarpfen / Karpfenfilet
In Unterfranken prämiert als *Ausgezeichnetes Fischlokal - Goldener Fisch* (→ Teil 1:
Fischgaststätten - Auszeichnungen)

Oberehrenbach (FO) → **Leutenbach**

Oberelsbach-Ginolfs
97656 NES-Ufr Sonderbach (Rhön)
Herbertsweg 1
Inh.: Horst Herbert
Tel. (09774) 85 83 38
www.fischerhuette-edwin.de

Fischerhütte Edwin (Fischrestaurant)

Warme Speisen (Mo/Di Ruhetage): 11 - 14, 17 - 21 Uhr
Karpfengerichte von November bis Januar:
- Karpfen blau / Karpfen Müllerin
In Unterfranken prämiert als *Ausgezeichnetes Fischlokal - Goldener Fisch* (→ Teil 1:
Fischgaststätten - Auszeichnungen)

Oberharnsbach (BA) → **Burgebrach-Oberharnsbach**
Oberhöhberg (WUG) → **Haundorf**
Oberleinleiter (BA) → **Heiligenstadt**
Obermembach (ERH) → **Heßdorf**

Obernburg/Main
63785 MIL-Ufr
Mainstr. 8-13
Wolfgang und Christina Deckelmann
Tel. (06022) 20 89 60
www.hotel-karpfen.de

Zum Karpfen (Restaurant - Hotel) - barrierefrei

Zimmer pro Nacht, mit Frühstück: EZ/DZ 55/78 Euro. 11 - 14 Uhr, ab 17.30 Uhr (Sa Ruhetag)
Karpfen frisch aus dem Bassin, saisonal (je 100 g 2,80):
- Karpfen gebacken
- Karpfen blau, im Wurzelsud gesotten, dazu Salzkartoffeln, frische Salate, Remoulade und
         Sahnemeerrettich
Gastronomiepreis-Franken 2009: 2. Platz Kategorie Fischrestaurant

Oberndorf (ERH) → **Möhrendorf**

Obernzenn-Hechelbach
91619 NEA-Mfr
Hechelbach 1
Fam. Wilfried Kloha
Tel. (09107) 277
www.gasthof-gruene-au.de

Grüne Au (Gasthof - Pension)

Zimmer pro Nacht, mit Frühstück: EZ/DZ 42/68 Euro (Wellnessbereich im Haus).
Warme Speisen (Mo Ruhetag): 11 - 13.30 Uhr, 17.30 - 21 Uhr.
Aischgründer Karpfengerichte, saisonal (je 100 g 1,50):
- Karpfen blau, mit Salzkartoffeln und Salat; Karpfen gebacken; Karpfen heiß geräuchert
Karpfenfilet gebacken (grätenfrei), mit Remoulade und Salat: 7,90
Knusprige Karpfenchips, mit gemischtem Salat: 7,90
Knusperkarpfen, mit buntem Salatteller u. Knoblauchbrot: 7,80 - Bier vom Fass, z.B. Hell 2,10

Oberreichenbach
91097 ERH-Mfr
Hauptstr. 18
Reinhard und Andreas Geyer
Tel. (09104) 28 02
www.brauereigasthof-geyer.de

Geyer (Gasthof - Brauerei - Felsenkeller - Schnapsbrennerei)

Zimmer pro Nacht, mit Frühstück: EZ/DZ ab 35/60 Euro (2011)
Warme Speisen (Di Ruhetag): 11 - 14 Uhr, 17 - 21 Uhr.
Aischgründer Karpfen aus eigener Zucht in Oberreichenbacher Weihern, saisonal:
- Karpfen blau / Karpfen gebacken / Pfefferkarpfen / Karpfenfilet / Karpfen-Geschnetzeltes
Bier vom Fass, aus der eigenen Brauerei: Keller

Oberroßbach (NEA) → **Dietersheim**

Oberscheinfeld
91483 NEA-Mfr
Marktplatz 6
Familie Fichtel
Tel. (09167) 204

Münich (Gasthof)

Zimmer pro Nacht, mit Frühstück: EZ/DZ 15/30 Euro (2011)
Warme Speisen (Mo Ruhetag): abends
Gerichte von Aischgründer Karpfen aus eigenen Weihern von Ende August bis April:
- Karpfen blau / Karpfen gebacken.
Spezielle Karpfengerichte, zumindest während der *Aischgründer Karpfenschmeckerwochen*
(September bis Oktober/November), z.B. Karpfen geräuchert mit Sahnemeerrettich.

Oberscheinfeld-Prühl
91483 NEA-Mfr
Hauptstr. 24
Familie Kleinlein
Tel. (09167) 212
www.gasthof-rose-pruehl.de

Zur Rose (Landgasthof)

Zimmer pro Nacht, mit Frühstück: EZ/DZ ab 28/46 Euro
Warme Speisen (Di Ruhetag): 11 - 14 Uhr, 17 - 21 Uhr; Sa/So/Feiertag durchgehend
Aischgründer Karpfengerichte von <u>Mitte August bis Mitte Mai</u>:
- Karpfen blau / Karpfen gebacken
Spezielle Karpfengerichte, zumindest während der *Aischgründer Karpfenschmeckerwochen*
(September bis Oktober/November), z.B. Karpfenfilet auf Dill-, Zitronen-, Buttersauce.
Bier vom Fass: Hofmann (Pahres)

Oberschleichach (HAS) → **Oberaurach**

Oberschwarzach-Breitbach
97516 SW-Ufr Steigerwald
Breitbach 23/25
Fam. Hans Schimmel
Tel. (09553) 98 10 90
www.traube-breitbach.de

Zur Traube (Gasthaus - Pension)

Zimmer pro Nacht, mit Frühstück: EZ ab 20 (WC/DU 32) Euro / DZ ab 36 (WC/DU 52) Euro
Ruhetag: Donnerstag.
Frische Karpfen aus eigenem Bassin, saisonal:
- Karpfen blau, mit Salzkartoffeln, Sahnemeerrettich, Butter: 8,50
- Karpfen gebacken, mit Kartoffelsalat und verschiedenen Salaten: 8,50
- Karpfenfilet, grätenfrei, mit Kartoffelsalat und verschiedenen Salaten: 9,40
Eigener Weinbau. Bier vom Fass, z.B. Keller 2,30

Oberschwarzach-Handthal
97516 SW-Ufr Steigerwald
Handthal 28
Marcel Adler, Familie Baumann
Tel. (09382) 54 67
www.forellenhof-handthal.de

Forellenhof - Baumann (Gasthof - Weinbau)

Zimmer pro Nacht, mit Frühstück (Pension Margarete): DZ 60 Euro (2011)
Warme Speisen (Do Ruhetag): 11 - 21 Uhr
Karpfengerichte während der r-Monate:
- Karpfen blau / Karpfen gebacken / Karpfenfilet
Frankenweine aus dem angegliederten Weingut Baumann

Obersteinbach (RH) → **Roth**

Obertrubach
91286 FO-Ofr
Bergstr. 1
Familie Maier
Tel. (09245) 218 oder 983 751
www.gasthoffraenkischeschweiz.de

Fränkische Schweiz (Gasthof -Pension)

Zimmer pro Nacht mit Frühstück: EZ/DZ ab 33/60 Euro (2011)
Ruhezeiten: Februar; Ruhetag Do
Karpfengerichte von Oktober bis April, immer am Freitag, Samstag und Sonntag:
- Karpfen blau (Vorbestellung) / Karpfen gebacken

Obertrubach-Bärnfels
91286 FO-Ofr
Dorfstr. 38
Inh.: Heinrich Schmitt
Tel. (09245) 91 88
www.drei-linden.com

Drei Linden (Gasthof)

Zimmer pro Nacht, mit Frühstück: EZ/DZ ab 34/58 Euro (2011)
Warme Speisen (Nov. bis März: Do Ruhetag): 11.30 - 13.30 (außer Mo/Di), 17.30 - 20 Uhr.
Während der r-Monate Gerichte von Karpfen aus eigenem Bassin, z.B.:
- Karpfen gebacken (je 100 g 2,00), dazu Kartoffelsalat und Salat
- Knoblauchkarpfen in der Pfanne gebraten (je 100 g 2,00), dazu Erdäpfel und Salat
- Pochiertes Karpfenfilet, mit Krensoße, dazu Erdäpfel und Salat: 10,80
Bier vom Fass: Leikeim (Altenkunstadt), Klosterbrauerei Weißenohe

Obertrubach-Bärnfels
91286 FO-Ofr
Schulberg 7
Fam. Röhrer und Maier
Tel. (09245) 343
gasthof-zur-einkehr-baernfels.de

Zur Einkehr (Gasthof - Pension)

Zimmer pro Nacht, mit Frühstück: EZ/DZ 25/50 Euro (2011)
Öffnungszeiten: täglich ab 17 Uhr, So auch von 9 - 14 Uhr.
Karpfengerichte während der r-Monate, immer am Freitag, Samstag und Sonntag:
- Karpfen blau
- Karpfen gebacken / Pfefferkarpfen
- Karpfenfilet
Bier vom Fass: Püls (Weismain)

Obertrubach-Hundsdorf
91286 FO-Ofr
Hundsdorf 6
Familie Stangl
Tel (09245) 247
www.stangl-wirt.de

Zum Signalstein - Stanglwirt (Gasthof - Pension)

Zimmer pro Nacht, mit Frühstück: DZ 43 Euro. - Dienstag Ruhetag.
Frische Karpfen während der r-Monate, z.B.:
- Karpfen im Bierteig gebacken
- Karpfenfilet in Krenhülle gebacken (8,80)
Bier vom Fass: Mager (Pottenstein), z.B. Dunkel 1,80

Obertrubach-Reichelsmühle
91286 FO-Ofr
Reichelsmühle 5
Familie J. Treiber
Tel. (09245) 489
www.treiber-trubachtal.de

Treiber (Gasthof - Pension)

Zimmer pro Nacht, mit Frühstück: EZ/DZ 33/56 Euro (2011)
Warme Speisen (Mi Ruhetag): 11.30 - 20.30 Uhr
Karpfengerichte während der r-Monate:
- Karpfen blau / Karpfen gebacken

Oedenberg (LAU) → **Lauf/Pegnitz**
Offenbau (RH) → **Thalmässing**

Offenhausen-Egensbach
91238 LAU-Mfr Hammerbachtal
Egensbach 8
Fam. Norbert und Andrea Meister
Tel. (09158) 278
www.stilles-baechlein.de

Offenhausen-Kucha
91238 LAU-Mfr Hammerbachtal
Kucha 117
Familie Niebler
Tel. (09158) 230

Ohrenbach-Reichardsroth
91620 AN-Mfr
Reichardsroth 17
Fam. Norbert Böhm
Tel. (09865) 301
www.zur-frohen-einkehr.de

Osternohe (LAU) → **Schnaittach**

Ottensoos
91242 LAU-Mfr
Dorfplatz 10
Familie Zimmermann
Tel. (09123) 29 19
www.rotes-ross-ottensoos.de

Pahres (NEA) → **Gutenstetten**
Pautzfeld (FO) → **Hallerndorf**
Pettstadt (HAS) → **Kirchlauter**
Pfaffenhofen (RH) → **Roth**
Pfeifferhütte (LAU) → **Schwarzenbruck**
Pfofeld (WUG) → **Gunzenhausen**

Zum Stillen Bächlein (Landgasthaus)

Zimmer pro Nacht. mit Frühstück: DZ 59 Euro (2011)
Warme Speisen (Mo/Di Ruhetage): 10 - 14 Uhr, 17- 21 Uhr; Sa/So durchgehend
Während der r-Monate täglich schlachtfrische Karpfen aus der Region:
- Karpfen blau / Karpfen gebacken

Grüner Baum (Gasthaus)

Warme Speisen (Mo Ruhetag): ab 11 Uhr.
Karpfengerichte während der r-Monate, immer am Freitag, Samstag und Sonntag:
- Karpfen blau / Karpfen gebacken

Zur Frohen Einkehr (Gasthof)

Zimmer pro Nacht, mit Frühstück: EZ/DZ 36/64 Euro (2011)
Warme Speisen (Di Ruhetag): 11.30 - 14, 17.30 - 21 Uhr.
Karpfengerichte während der r-Monate:
- Karpfen gebacken
- Karpfenfilet

Rotes Ross (Gasthaus)

Warme Speisen (Mo/Di Ruhetage): 11.30 - 14 Uhr, 17 - 21 Uhr
Lebendfrische Karpfen während der r-Monate:
- Karpfen blau, im Frankenweinsud
- Karpfen gebacken
Bier vom Fass: Pyraser

Pinzberg
91361 FO-Ofr
Hauptstr. 27
Klaus und Jutta Schrüfer
Tel. (09191) 70 97-0
www.landgasthof-schruefer.de

Schrüfer (Landgasthof)

Zimmer pro Nacht, mit Frühstück: EZ/DZ 40/60 Euro (2011)
Warme Speisen (Di Ruhetag): 11.15 - 14 Uhr (außer Mo), 17 - 21 Uhr
Karpfengerichte während der r-Monate:
- Karpfen blau (Fr - So)
- Karpfen gebacken
- Karpfenfilet
- Karpfen sauer, mit Klößen: jeden 1. Freitag im Monat

Pinzberg-Gosberg
91361 FO-Ofr
Kersbacher Str. 1
Fam. Reinhold und Sylvia Schuhmann
Tel. (09191) 949 56
www.gasthof-schuhmann.de

Schuhmann (Gaststätte)

Warme Speisen (Di Ruhetag): 11 - 14 Uhr; abends bis 22 Uhr.
Gebackene Karpfen von Mitte September (Kerwa) bis April.
Bier vom Fass: Maisel (Bamberg)

Pleinfeld-Hohenweiler
91785 WUG-Mfr Brombachsee
Hohenweiler 24
Karlheinz C. Ritzer
Tel. (09144) 291
www.ritzers-karpfenhof.de

Ritzers Karpfenhof (Gasthof - Pension)

Zimmer pro Nacht, mit Frühstück: EZ/DZ 40/70 Euro (2011)
Ruhetage während der r-Monate: Mo/Di (Sept./Okt.); Mo - Do (Nov. bis April)
Fränkische Karpfen während der r-Monate, z.B.:
- Karpfen gebacken / Karpfenfilet.
Glutenfreie Speisen gemäß Absprache im Lokal

Pleinfeld-Stirn
91785 WUG-Mfr
Spalter Str. 2
Fam. Hildegard und Hans Maurer
Tel. (09144) 254
www.zur-linde-stirn.de

Zur Linde (Landgasthaus)

Öffnungszeiten (Mo Ruhetag): 11 - 14 Uhr, 16.30 - 21 Uhr
Karpfengerichte von September bis Ostern: Karpfen gebacken / Karpfen Müllerin

Pleinfeld-Veitserlbach
91785 WUG-Mfr
Veitserlbach 53
Inh.: Familie Paul
Tel. (09144) 60 87 57
www.hubertushof-paul.de

Hubertushof - Paul (Gasthof - Metzgerei) - barrierefrei

Öffnungszeiten (Mo Ruhetag; Okt. - März: auch Di): 11 - 14 Uhr, ab 17 Uhr.
Während der r-Monate Gerichte von Karpfen aus Gräfensteinberg (Fam. Zink),
frisch aus eigenen Fischbecken und in der offenen Küche zubereitet:
- Karpfen blau (Vorbestellung) / Karpfen gebacken
Das Lokal erhielt in der Kategorie Fischlokal beim Gastronomiepreis-Franken den 2. Platz

Pommelsbrunn
91224 LAU-Mfr
Sulzbacher Str. 14
Fam. Uli Vogel
Tel. (09154) 12 07
www.gasthofvogel.de

Vogel (Gasthof - Pension)

Zimmer pro Nacht, mit Frühstück: DZ ab 56 Euro (2011). Montag Ruhetag.
Während der r-Monate Karpfengerichte am Fr, Sa und So: Karpfen blau / Karpfen gebacken

Pommersfelden-Limbach
96178 BA-Ofr
Limbach 63
Familie Volland
Tel. (09548) 281
www.gasthof-volland.de

Volland (Gasthof) - barrierefrei

Zimmer pro Nacht, mit Frühstück: EZ/DZ ab 30/42 Euro
Warme Speisen während der r-Monate (Mo/Di Ruhetag): 11.30 - 14 Uhr, 17 - 21 Uhr
Gerichte von regionalen Karpfen während der r-Monate:
- Karpfen blau/gebacken; Karpfengeschnetzeltes
Bier vom Fass: Kulmbacher

Pommersfelden-Sambach
96178 BA-Ofr
Sambach 33
Johann Hennemann
Tel. (09502) 43 07
www.brauerei-hennemann.com

Hennemann (Gasthof - Brauerei)

Öffnungszeiten (Mo/Di Ruhetage): ab 11 Uhr
Karpfengerichte von Mitte September bis Karfreitag, immer am Fr/Sa-Abend und am So:
- Karpfen blau / Karpfen gebacken / Karpfenfilet
Bier vom Fass, aus der eigenen Brauerei

Pommersfelden-Stolzenroth
96178 BA-Ofr
Stolzenroth 20
Inh.: Herbert Hopf
Tel. (09548) 286
www.gastwirtschaft-hopf.de

Hopf (Gastwirtschaft)

Öffnungszeiten: Mi/Fr ab 17 Uhr, Sa/So/Feiertag ab 10 Uhr
Während der r-Monate Gerichte von Karpfen aus eigener Zucht: Karpfen blau/gebacken
Bier vom Fass: Kaiserdom

Poppendorf (FO) → **Heroldsbach**
Poppenwind (ERH) → **Gremsdorf**

Pottenstein
91278 BT-Ofr
Am Kurzentrum 3
Fam. Raphaela und Markus Malter
Tel. (0924) 924 20
www.forellenhof-malter.de

Forellenhof (Restaurant - Hotel)

Zimmer pro Nacht, mit Frühstück: EZ/DZ ab 48/75 Euro
Warme Speisen: täglich 11.30 - 14 Uhr, 17.30 - 20.30 Uhr.
Während der r-Monate täglich Karpfen aus eigener Zucht:
- Karpfen blau / Karpfen gebacken
Bier vom Fass: Kaiser, Kulmbacher

Pottenstein-Kirchenbirkig
91278 BT-Ofr
St.-Johannes-Str. 25
Dieter Bauernschmitt
Tel. (09243) 989-0
www.landgasthof-bauernschmitt.de

Bauernschmitt (Landgasthof) - barrierefrei

Zimmer pro Nacht, mit Frühstück: EZ/DZ ab 42/76 Euro (2011)
Warme Speisen (kein Ruhetag): 11.30 - 14 Uhr, 17.30 - 21 Uhr.
Karpfengerichte während der r-Monate:
- Karpfen blau / Karpfen gebacken.
Bier vom Fass - 2,40: Hufeisen (Pottenstein), Aktien (Bayreuth), Kaiser (Neuhaus)

Pretzfeld-Hagenbach
91362 FO-Ofr
Hagenbach 23
Fam. Hans und Gabriele Richter
Tel. (09194) 262
www.gasthof-richter.de

Richter (Gasthof - Metzgerei)

Öffnungszeiten (Mo Ruhetag): Di 9 - 14 Uhr, Mi/Do 11 - 14, Fr bis So 11- 21 Uhr.
Karpfengerichte während der r-Monate (je 100 g 1,75):
- Karpfen blau, mit Salzkartoffeln, Butter und gemischtem Salat
- Karpfen gebacken / Pfefferkarpfen, mit gemischtem Salat
Bier vom Fass, z.B. Vollbier (Penning) 2,00

Pretzfeld-Wannbach
91362 FO-Ofr
Wannbach 61
Familie Mühlhäuser
Tel. (09194) 92 53
www.gasthof-muehlhaeuser.de

Mühlhäuser (Gasthof - Pension - Edelobstbrennerei)

Zimmer pro Nacht, mit Frühstück: EZ/DZ 29/50 Euro (2011)
Öffnungszeiten (Mo Ruhetag): 11.30 - 14 Uhr, 16.30 - 21 Uhr.
Karpfengerichte während der r-Monate:
- Karpfen blau / Karpfen gebacken

Prichsenstadt
97357 KT-Ufr
Luitpoldstr. 5-7
Inh.: Marianne Wanya
Tel. (09383) 65 87
www.gasthof-storch.de

Zum Storch (Gasthof - Hotel - Weingut)

Zimmer pro Nacht, mit Frühstück: DZ ab 60 Euro (2011)
Warme Speisen (Di Ruhetag, Nov. - März auch Mo): 11.30 - 14 Uhr, 17.30 - 21 Uhr
Von Mitte September bis Karfreitag Gerichte von frischen Karpfen aus dem Bassin:
- Karpfen blau / Karpfen gebraten
Weine aus eigenem Anbau

Prichsenstadt - Neuses/Sand
97357 KT-Ufr
Neuses am Sand 19
Fam. Hartmut Paust
Tel. (09383) 71 55
www.landhotel-neuses-sand.de

Landhotel Neuses

Zimmer pro Nacht, mit Frühstück: EZ/DZ ab 35/57 Euro (2011)
Ruhetag von April bis Oktober: Dienstag
Während der r-Monate täglich frische Karpfen (kein hauseigenes Bassin) aus der Fischzucht Gerstner (Obervolkach):
- Karpfen blau / Karpfen gebacken / Karpfen Müllerin Art

Prühl (NEA) → Oberscheinfeld

Randersacker
97236 WÜ-Ufr
Würzburger Str. 6
Fam. Stefan Morhard
Tel. (0931) 705 10
www.baeren-randersacker.de

Bären - Bärwirt (Gasthof - Hotel)

Zimmer pro Nacht, mit Frühstück: EZ/DZ ab 55/86 Euro (2011)
Warme Speisen: täglich mittags und abends (außer So).
Fangfrische Karpfen während der r-Monate, z.B.: Karpfen blau / Karpfen Müllerin

Randersacker
97236 WÜ-Ufr
Wegscheide 5
Edwin Urlaub
Tel. (0931) 70 8327

Urlaub's Weinstuben - Alte Brauerei (Restaurant) - barrierefrei

Öffnungszeiten (Mo Ruhetag): ab 16 Uhr; Fr/Sa/So ab 11
Während der r-Monate lebend frische Karpfen aus dem alten Brauereibrunnen oder aus hauseigenen Bassins, z.B. Karpfen gebacken

Rattelsdorf
96179 BA-Ofr
Kirchgasse 14
Fam. Brunhilde und Berthold Derra
Tel. (09547) 18 60
www.goldene-krone-rattelsdorf.de

Zur Goldenen Krone (Gastwirtschaft) - barrierefrei

Gästezimmer - Mittwoch Ruhetag
Karpfengerichte während der r-Monate, immer am Fr/Sa-Abend und am Sonntag:
- Karpfen blau (Vorbestellung) / Karpfen gebacken / Karpfenfilet
Bier vom Fass: Mahr (Bamberg)

Rattelsdorf-Ebing
96179 BA-Ofr
Marktplatz 11
Familie Hübner
Tel. (09547) 481
www.schwanen-braeu-ebing.de

Schwanen-Bräu (Gasthof - Brauerei)

Zimmer pro Nacht, mit Frühstück: EZ/DZ 20/40 Euro (2011)
Warme Speisen (Do Ruhetag): täglich ab 9 Uhr.
Karpfengerichte von Ende Oktober bis Ostern, immer am Fr/Sa/So
Bier vom Fass, aus der eigenen Brauerei

Rattelsdorf-Mürsbach
96179 BA-Ofr
Zaugendorfer Str. 4
Inh.: Ralf Schmitt
Tel. (09533) 98 10-17
www.gasthaus-schmitt.de

Zur Sonne (Gasthaus - Brauerei) - barrierefrei

Zimmer pro Nacht, mit Frühstück: EZ/DZ 30/50 Euro
Warme Speisen (Mo Ruhetag): 11 - 14, 17 - 24 Uhr; von Mai bis September: durchgehend.
Während der r-Monate Karpfengerichte am Fr, Sa und So
Bier vom Fass, aus der eigenen Sonnenbräu, z.B. Keller 1,80

Rauhenebrach-Schindelsee
96181   HAS-Ufr
Schindelsee 1
Bettina Hofmann
Tel. (09549) 987 60
www.schindelsee.de

Hofmann (Gasthaus)

Zimmer pro Nacht, mit Frühstück: EZ/DZ 40/60 Euro (2011)
Öffnungszeiten: Do/Fr ab 17 Uhr; Sa/So 11.30 - 14.30 Uhr, 17 - 24 Uhr
- April bis Okt. (Di Ruhetag): ab 17 Uhr; Sa/So ab 11.30 Uhr
Gebackene Karpfen von Mitte September bis April. - Bier vom Fass: Mahrs-Bräu (Bamberg)

Rauhenebrach-Theinheim
96181 HAS-Ufr
Schulterbachstr. 15
Inh.: Michael Bayer
Tel. (09554) 293
www.bayer-theinheim.de

Zum Grünen Baum - Bayer (Gasthof - Brauerei)

Zimmer pro Nacht, mit Frühstück (Pension Oppelt): EZ/DZ 23/46 Euro
Warme Speisen (Mo Ruhetag): 11.30 – 14, 17 – 21 Uhr.
Von September bis Ostern Karpfen aus eigenen Teichen:
- Karpfen blau / Karpfen gebacken.
Bier vom Fass, aus der eigenen Brauerei.
Jeder Karpfen mit dem rot-weißen *fränkischen Karpfenfähnla* (Initiative *Karpfen aus Franken bekennen Farbe*)

Reckendorf
96182 BA-Ofr
Mühlweg 8
Familie Dirauf
Tel. (09544) 94 95-0
www.gasthaus-schlossbraeu.de

Schloßbräu Reckendorf (Gasthaus) - barrierefrei

Öffnungszeiten (Di Ruhetag): 10 - 13.30 Uhr (außer Mi), ab 16 Uhr
Von Oktober bis mindestens Karfreitag: Karpfen aus eigener Aufzucht und aus eigenen Reckendorfer Weihern. Karpfen (7,30 / 8,50 / 9,70):
- Karpfen blau im Wurzelsud, mit Petersilienkartoffeln, zerlassener Butter und Sahnekren
- Karpfen gebacken / Pfefferkarpfen / Karpfen "Nürnberger Art",
  mit Kartoffelsalat und gemischtem Salat
Karpfenfilet:
- blau / gebacken / Nürnberger Art
- gebraten auf gehacktem Speckrahmwirsing u. in gepfefferter Kellerbiersauce, Bratkartoffeln
- in Estragon-Kapernsauce mit getrockneten Tomaten, dazu Nudeln und gedünsteter Mangold
Karpfen-Ingreisch gebacken (falls vorrätig), mit Kartoffelsalat und buntem Salat: 7,70
Bier vom Fass, aus der eigenen Schloßbräu

Rednitzhembach
91126 RH-Mfr
Rother Str. 9
Inh.: Heinrich Rabus
Tel. (09122) 748 37
www.gasthof-rabus.de

Rabus (Gasthof - Metzgerei)

Ruhezeiten: Mittwoch ab 14 Uhr, Samstag.
Während der r-Monate täglich Gerichte von frischen Karpfen aus dem Bassin.
Bier vom Fass: Kulmbacher.
Das Lokal nimmt teil an der Aktion *Original Regional - aus dem Landkreis Roth: Heimischer Fisch frisch auf den Tisch.*

Regensberg (FO) → **Kunreuth**
Rehdorf (FÜ) → **Oberasbach**
Rehweiler (KT) → **Geiselwind-Rehweiler**
Reichardsroth (AN) → **Ohrenbach**
Reichelsmühle (FO) → **Obertrubach**

Reichenschwand
91244 LAU-Mfr Pegnitztal
Dorfstr. 5
Fam. Engelhardt
Tel. (09151) 68 94

Leuzenberger-Hof (Gasthof)

Gästezimmer ab 2012. - Dienstag Ruhetag.
Karpfengerichte nur im November: Karpfen blau / Karpfen gebacken

Reichenschwand
91244 LAU-Mfr Pegnitztal
Leuzenberger Str. 8
Fam. Pleisteiner
Tel. (09151) 863 50
www.gasthof-gruene.eiche.de

Zur Grünen Eiche (Gasthof)

Zimmer pro Nacht, mit Frühstück: EZ/DZ ab 35/58 Euro (2011)
Öffnungszeiten (Di Ruhetag): ab 16 Uhr; Sa/So ganztags.
Gebackene Karpfen während der r-Monate.
Bier vom Fass: Kaiser (Neuhaus)

Rettern (FO) → **Eggolsheim**
Retzendorf (AN) → **Windsbach**
Reundorf (BA) → **Frensdorf**
Reundorf (LIF) → **Lichtenfels**
Reuth (FO) → **Forchheim-Reuth**
Rezelsdorf (ERH) → **Weisendorf**
Rimbach (NEA) → **Markt Erlbach**
Rittersbach (RH) → **Georgensgmünd**
Röbersdorf (BA) → **Hirschaid**
Röckenhof (ERH) → **Kalchreuth**

Rödental-Schönstädt
96472 CO-Ofr
Schönstädt 14
Fam. Fritz Großmann
Tel. (09563) 80 13
www.restaurant-froschgrundsee.de

Am Froschgrundsee (Restaurant)

Öffnungszeiten (Mo Ruhetag): täglich ab 11 Uhr. Karpfengerichte während der r-Monate, z.B.:
- Karpfen blau
- Karpfenfilet (grätenfrei) gebacken, mit Kartoffel-Gurken-Salat und Remouladensoße: 12,80
Bier vom Fass: Püls (Weismain)

Rockenbrunn (LAU) → **Röthenbach/Pegnitz - Rockenbrunn**

Rohr
91189 RH-Mfr Schwabach
Hauptstr. 14
Familie Seitz
Tel. (09876) 265

Bierlein (Gasthaus)

Ruhetage Di/Mi - Karpfengerichte während der r-Monate:
- Karpfen blau
- Karpfen gebacken / Pfefferkarpfen
- Karpfenfilet
Bier vom Fass: Felsenbräu

Rohr 91189 RH-Mfr
Schwabach
Buchschwabacher Str. 10
Robert und Anette Böhm
Tel. (09876) 266
www.gasthof-boehm.de

Böhm (Gasthof - Metzgerei)

Warme Speisen (Mo, Mi, Do Ruhetage): 11 - 14 Uhr (außer Di), 17 - 20 Uhr.
Von September bis April Karpfengerichte immer am Freitag, Samstag und Sonntag.
Bier vom Fass: Tucher

Rohr-Dechendorf
91189 RH-Mfr
Fichtenweg 1
Inh.: Familie Braun
Tel. (09876) 95 95
www.landgasthof-krug.de

Krug (Landgasthof)

Zimmer pro Nacht, mit Frühstück: EZ/DZ ab 39/59 Euro
Warme Speisen (Di Ruhetag): ab 18 Uhr; Fr ab 17 Uhr; Sa/So/Feiertag ab 11 Uhr.
Karpfengerichte während der r-Monate:
- Karpfen gebacken / Pfefferkarpfen
- Karpfenfilet
Bier vom Fass: Pyraser

Rohr-Leuzdorf
91189 RH-Mfr
Leuzdorfer Hauptstr. 11
Fam. Dieter Graf
Tel. (09876) 449

Zum Goldenen Hammer (Gastwirtschaft)

Montag Ruhetag.
Gebackene Karpfen von Ende August bis April.

Röhrach (ERH) → **Heßdorf**
Roßdorf/Forst (BA) → **Strullendorf**

Roth
91154 RH-Mfr Aurach, Roth, Rednitz
Hilpoltsteiner Str. 28
Fam. Richard u. Edeltraud Lauterkorn
Tel. (09171) 96 97 0
www.lohgarten.de

Lohgarten (Gasthaus)

Öffnungszeiten (Mi Ruhetag): 10 - 24 Uhr.
Während der r-Monate täglich frische Karpfen (je 100 g 2,00), z.B.:
- Karpfen gebacken, dazu hausgemachter Kartoffelsalat und Endiviensalat
Bier vom Fass: Pyraser

Roth
91154 RH-Mfr Schleifweiher
Obere Glasschleife 1
Friedrich Dürschinger
Tel. (09171) 89 24 80

Seerose (Gasthaus - Hotel)

Zimmer pro Nacht mit Frühstück: EZ/DZ ab 40/60 Euro (2011)
Montag Ruhetag. Karpfengerichte während der r-Monate, z.B. Karpfen blau/gebacken.
Bier vom Fass: Stadtbrauerei Roth, Hofmühl.
Das Lokal nimmt teil an der Aktion Original Regional - aus dem Landkreis Roth: Heimischer
Fisch frisch auf den Tisch.

Roth
91154 RH-Mfr Aurach, Roth, Rednitz
Otto-Schrimpff-Str. 9
Monika Schmidt
Tel. (09171) 89 21 98

Roth-Eckersmühlen
91154 RH-Mfr
Eckersmühlener Hauptstr. 59
Inh.: Gerhard Gugel
Tel. (09171) 28 15

Roth-Hofstetten
91154 RH-Mfr
Hofstetten 2
Fam. Günther und Sabrina Schwarz
Tel. (09171) 25 95
www.zur-linde-hofstetten.de

Roth-Obersteinbach
91154 RH-Mfr
Heideweg 8
Georg Gsänger
Tel. (09171) 89 24 29

Roth-Pfaffenhofen
91154 RH-Mfr
Äußere Nürnberger Str. 40
Familie Dobler
Tel. (09171) 20 38
www.jaegerhof-ag.de

Roth-Rothaurach
91154 RH-Mfr Aurachtal
Schwabacher Str. 1-3
Inh.: Georg Bär
Tel. (09171) 97 15-0
www.landhotel-gasthof-boehm.de

Stadthallen Stüberl (Gaststätte)

Öffnungszeiten (Mo/Di Ruhetage): ab 10 Uhr
Karpfengerichte während der r-Monate, z.B. Karpfen blau / Karpfen gebacken

Zum Goldenen Hirschen - Gugel (Gasthof)

Öffnungszeiten (Mo Ruhetag): ab 10, Di ab 15 Uhr.
Frische fränkische Karpfen während der r-Monate.
Bier vom Fass: Pyraser

Zur Linde (Gasthaus)

Öffnungszeiten (Mo Ruhetag): Di bis Do: ab 17 Uhr; Fr bis So: ab 11 Uhr.
Während der r-Monate Karpfen von fränkischen Teichwirten (Klaus Dengler/Hofstetten, Stefan Müller/Allersberg-Brunnau).
Bier vom Fass: Hofmühl (Eichstätt). - Das Lokal nimmt teil an der Aktion *Original Regional - aus dem Landkreis Roth: Heimischer Fisch frisch auf den Tisch.*

Alte Linde (Gasthaus)

Warme Speisen (Mo/Di Ruhetage): 11 - 14, 17 - 21.30
Während der r-Monate Karpfen aus eigener Zucht.
Das Lokal nimmt teil an der Aktion *Original Regional - aus dem Landkreis Roth: Heimischer Fisch frisch auf den Tisch.* - Bier vom Fass: Schlossbrauerei Ellingen

Jägerhof (Restaurant - Hotel)

Zimmer pro Nacht, mit Frühstück: EZ/DZ ab 49/79 Euro
Warme Speisen: ab 17 Uhr; Sa/So auch mittags
Gebackene Karpfen während der r-Monate

Böhm (Gasthof - Landhotel)

Zimmer pro Nacht, mit Frühstück: EZ/DZ ab 47/70 Euro
Öffnungszeiten: ganztags (Mo - Mi: ab 16 Uhr)
Karpfen aus Weihern der Umgebung, saisonal:
- Karpfen gebacken (je 100 g 2,10), dazu Kartoffelsalat und Salat

Rothaurach (RH) → **Roth**

Röthenbach/Pegnitz
90552 LAU-Mfr
Am Sailersberg 1
Familie Endres
Tel. (0911) 253 81 25
www.gasthof-sailersberg.de

Sailersberg (Gaststätte)

Zimmer pro Nacht, mit Frühstück: DZ 48 Euro (2011)
Warme Speisen (Mo Ruhetag): 11.30 - 14.30 Uhr, 17 - 21 Uhr
Karpfengerichte während der r-Monate:
- Karpfen gebacken / Pfefferkarpfen

**Röthenbach/Pegnitz
- Rockenbrunn**
90552 LAU-Mfr beim Moritzberg
Rockenbrunn 1
Fam. Albert Schramm
Tel. (09120) 798

Rockenbrunn (Gaststätte)

Warme Speisen (Di Ruhetag): 16 - 24 Uhr; So 11 - 23 Uhr
Von Mitte September bis April Gerichte von Karpfen aus dem durch die Roggenquelle
gespeisten Teich im Innenhof, z.B.:
- Karpfen blau/gebacken
- Karpfenschinken
- Amurkarpfen

Rothenburg/Tauber
91541 AN-Mfr
Kirchplatz 8
Fam. Kleinschroth/Niedner
Tel. (09861) 970-0
www.reichskuechenmeister.com

Reichsküchenmeister (Hotel) - barrierefrei

Zimmer pro Nacht, mit Frühstück: EZ/DZ ab 55/75 Euro.
Geöffnet ab 8 Uhr (kein Ruhetag).
Gerichte von Karpfen aus eigenem Weiher, saisonal, z.B.:
Schaumsuppe von der Petersilienwurzel mit Karpfen-Maultäschle
Karpfen / Karpfenfilet: 15,80
- Karpfen blau, mit zerlassener Butter, Kartoffeln und Meerrettich
- Karpfen gebacken nach fränkischer Art, mit Salatteller
- Karpfenfilet
  in Butter gebraten / in Weißweinsauce, mit Kartoffeln und Salat
Bier vom Fass: Landwehr (Reichelshofen), Tucher

Rothenburg/Tauber
91541 AN-Mfr
Galgengasse 26
Familie Rippstein
Tel. (09861) 67 60
www.gasthof-ochsen-rothenburg.de

Zum Ochsen (Gasthof)

Zimmer pro Nacht, mit Frühstück: EZ/DZ 32/55 Euro. - Geöffnet ab 8 Uhr (Do Ruhetag).
Während der r-Monate Gerichte von lebendfrischen fränkischen Karpfen.
Bier vom Fass: Tucher

Rothensand (FO) → **Hirschaid**

Röttenbach
91341 ERH-Mfr
Hauptstr. 62
Georg und Lydia Fuchs
Tel. (09195) 89 24
www.fischkueche-fuchs.de

Fuchs (Fischküche - Restaurant - Gästehaus - Teichwirtschaft)

Zimmer pro Nacht, mit Frühstück: EZ/DZ ab 38/55 Euro
Warme Speisen (Ruhetag: Do; im Juni/Juli auch Mi): 11.30 - 14 Uhr; 17 - 21 Uhr.
Gerichte von Karpfen aus eigener Teichwirtschaft von Ende August bis April, z.B.:
Karpfen-Suppe
Karpfen (je 100 g 1,90):
- Karpfen blau / Karpfen gebacken / Pfefferkarpfen / Karpfen geräuchert
Karpfenfilet:
- blau / geräuchert
- an Dillrahmsoße mit Salzkartoffeln / an Curryrahmsoße mit Basmatireis: 10,50
- Karpfen-Nuggets vom Filet, an Blattsalaten und Chili-Dip: 7,50

Rottnersdorf (AN) → **Bechhofen**
Rudelsdorf (RH) → **Kammerstein**
Rudletzholz (RH) → **Heideck**
Sambach (BA) → **Pommersfelden**
Schammelsdorf (BA) → **Litzendorf**

Schauenstein-Neudorf
95197 HO-Ofr
Neudorf 53
Angelika und Gerd Heinrich
Tel. (09252) 83 81
www.gasthaus-heinrich.de

Heinrich - Zum Schwarzen Roß (Gasthaus)

Geöffnet nur am Sonntag-Mittag und an Feiertagen!
Karpfen aus heimischen Gewässern vom letzten Wochenende im Sept. (Kerwa) bis April, z.B.:
- Karpfen blau
- Karpfen gebacken

Schermshöhe (BT) → **Betzenstein**

Scheßlitz
96110 BA-Ofr
Hauptstr. 31
Johannes Lieb
Tel. (09542) 16 06

Goldener Anker (Gasthof) - barrierefrei

Öffnungszeiten (Ruhetag Mo): ab 9.30 Uhr
Karpfengerichte während der r-Monate
Bier vom Fass: Hartmann

Scheßlitz-Würgau
96110 BA-Ofr
Fränkische-Schweiz-Str. 26
Inh.: Ambros Hartmann
Tel. (09542) 92 03 00
www.brauerei-hartmann.de

Hartmann (Gasthof - Brauerei - Hotel) - barrierefrei

Zimmer pro Nacht, mit Frühstück: EZ/DZ ab 38/68 Euro
Warme Speisen bis 22 Uhr (Di Ruhetag).
Während der r-Monate Gerichte von fangfrischen Karpfen: Karpfen / Karpfenfilet
Bier vom Fass, aus der eigenen Brauerei

Scheßlitz-Würgau
96110 BA-Ofr
Fränkische-Schweiz-Str. 23
Familie Tropcic
Tel. (09542) 628
www.schweizer-hof-wuergau.de

Schweizer Hof (Gasthof)

Zimmer pro Nacht, mit Frühstück: EZ/DZ ab 30/55 Euro (2011)
Warme Speisen (Mi Ruhetag): 11 - 22 Uhr
Während der r-Monate Gerichte von Karpfen aus dem hauseigenen und mit frischem Quellwasser gespeisten Fischbassin:
- Karpfen blau (Vorbestellung)
- Karpfen im Bierteig

Scheßlitz-Würgau
96110 BA-Ofr
Fränkische-Schweiz-Str. 1
Familie Müller
Tel. (09542) 312
www.sonne-wuergau.de

Sonne (Gasthof - Café - Hotel) - barrierefrei

Zimmer pro Nacht, mit Frühstück: EZ/DZ ab 29/50 Euro
Warme Speisen (Mo Ruhetag): 11 - 14 Uhr, 17 - 21 Uhr
Während der r-Monate fangfrische Karpfen (ab 7,00), z.B.:
- Karpfen blau, mit Salzkartoffeln, zerlassener Butter, Sahnemeerrettich und gem. Salat
- Karpfen gebacken / Pfefferkarpfen / Karpfenfilet gebacken, mit Sahnemeerrettich, Kartoffelsalat und gemischtem Salat
- Knoblauchkarpfen mit delikater Knoblauchrahmsoße, dazu Salzkartoffeln und gem. Salat
- Karpfen, selbst geräuchert
- Karpfenfiletstücke paniert, mit Preiselbeersahnemeerrettich, dazu Kartoffeln und gem. Salat
- Rauchbierkarpfenfilet in deftiger Rauchbier-Zwiebelsoße, dazu Klöße und gemischter Salat
Bier vom Fass: Kulmbacher, z.B. Keller 2,10

Schillingsfürst
91583 AN-Mfr
Rothenburger Str. 1
Friedrich Leiblein, Ute v. Berg-Leiblein
Tel. (09868) 950-0
www.flairhotel-diepost.de

Die Post (Restaurant - Hotel - Schnapsbrennerei)

Zimmer pro Nacht, mit Frühstück: EZ/DZ ab 49/65 Euro
Karpfengerichte während der r-Monate:
- Karpfen blau / Karpfen gebacken
- Karpfenfilet

Schlaifhausen (FO) → **Wiesenthau**
Schloss Hallburg (KT) → **Volkach**
Schlüsselau (BA) → **Frensdorf**

Schlüsselfeld
96132 BA-Ofr
Marktplatz 20
Inh.: Georg Leisgang
Tel. (09552) 924-0
www.hotel-storch.de

Zum Storch (Gasthof - Hotel) - barrierefrei

Zimmer pro Nacht, mit Frühstücksbuffet: EZ/DZ ab 54/76 Euro
Aischgründer Karpfen von Oktober bis April, z.B.:
- Karpfen blau, mit zerlassener Butter, Sahnemeerrettich und Salzkartoffeln / Karpfenteller
Bier von Fass: Kulmbacher

Schlüsselfeld-Attelsdorf
96132 BA-Ofr
Attelsdorf 3
Günter und Anita Weichlein
Tel. (09552) 15 00
hotel-panorama-schluesselfeld.de

Panorama (Restaurant - Hotel)

Zimmer pro Nacht, mit Frühstück: EZ/DZ ab 40/60 Euro (2011)
Warme Speisen täglich ab 16.30 Uhr.
Von September bis Karfreitag Gerichte von frischen Karpfen aus eigenen Teichen oder Bassins
und in vielen Zubereitungsarten, z.B. Karpfen blau / Karpfen gebacken.
Bier vom Fass: Bitburger, Kulmbacher

Schnaid (FO) → **Hallerndorf**

Schnaittach
91220 LAU-Mfr
Fröschau 1
Familie Kampfer
Tel. (09153) 92 92-13
www.hotel-gasthof-kampfer.de

Kampfer (Gasthof - Hotel)

Zimmer pro Nacht, mit Frühstück: EZ/DZ ab 47/69 Euro (2011)
Warme Speisen (Fr Ruhetag): mittags; abends (außer So)
Während der Saison täglich lebendfrische Aischgründer Spiegelkarpfen aus dem Bassin:
- Karpfen blau / Karpfen gebacken
Bier vom Fass: Wolfshöher

Schnaittach
91220 LAU-Mfr
Erlanger Straße 6
Bernhard Schlenk
Tel. (09153) 988 66

Oberes Tor - Schlenk (Gasthaus)

Zimmer pro Nacht, mit Frühstück: EZ/DZ 30/60 Euro.
Öffnungszeiten (Do Ruhetag): 9 - 1 Uhr
Während der r-Monate Gerichte von lebendfrischen Karpfen aus dem Bassin, z.B.
- Karpfen blau / Karpfen gebacken

Schnaittach-Kirchröttenbach
91220 LAU-Mfr
Kirchröttenbach A12
Inh.: Ernst Fleischmann
Tel. (09126) 17 02
www.landgasthof-fleischmann.de

Fleischmann (Landgasthof - Metzgerei)

Zimmer pro Nacht, mit Frühstück: EZ/DZ ab 26/52 Euro
Warme Speisen mittags und abends (Di Ruhetag). - Karpfengerichte, saisonal, z.B.:
- Karpfen blau (je 100 g 2,30), mit Sahnemeerrettich, zerlassener Butter, Salzkartoffeln, Salat
- Karpfen gebacken / Pfefferkarpfen (je 100 g 2,30), mit Kartoffelsalat und gemischtem Salat
- Karpfenfilet gebacken / Pfefferkarpfenfilet, mit Kartoffelsalat: 8,40
Bier vom Fass: Tucher, z.B. Übersee 2,30

Schnaittach-Kirchröttenbach
91220 LAU-Mfr
Kirchröttenbach F3
Fam. Gudrun und Werner Ramstöck
Tel. (09126) 91 09
www.gasthausgoldenerstern.de

Goldener Stern - Zöllner (Gasthaus)

Warme Speisen (Mo u. Do Ruhetage): 11 - 14 Uhr, ab 17 Uhr.
Aischgründer Karpfen aus eigener Zucht während der r-Monate frisch aus dem Bassin:
- Karpfen blau / Karpfen gebacken
Bier vom Fass: Wolfshöher

Schnaittach-Lillinghof
91220 LAU-Mfr
Lillinghof 3
Karin und Jürgen Brückner
Tel. (09155) 811
www.lillinghof-gasthaus.de

Zur Schönen Aussicht (Gasthaus)

Warme Speisen (Mo/Di Ruhetage): 10 bis 20 Uhr.
Während der r-Monate täglich verschiedene Gerichte von frischen Karpfen aus eigenem Bassin und aus eigener Schlachtung

Schnaittach-Osternohe
91220 LAU-Mfr
An der Osternohe 2
Kurt und Elfriede Maas
Tel. (09153) 75 86
www.goldener-stern-osternohe.de

Goldener Stern (Gasthof - Metzgerei - Pension)

Zimmer pro Nacht, mit Frühstück: EZ/DZ ab 31/58 Euro
Warme Speisen (Do Ruhetag, Nov. Betriebsferien): 11.30 - 14, 17 - 21 Uhr (Di ab 18 Uhr).
Während der r-Monate täglich Aischgründer Karpfen aus eigenem Bassin:
- Karpfen blau / Karpfen gebacken: 8,30 - 10,30
Bier vom Fass: Dreykorn, z.B. Helles 2,20

Schnaittach-Osternohe
91220 LAU-Mfr
Igelweg 6 / Schloßberg
Inh.: Familie Fritz Maas
Tel. (09153) 40 60
www.igelwirt.de

Igelwirt (Berggasthof - Hotel)

Zimmer pro Nacht, mit Frühstück: EZ/DZ ab 52/76 Euro
Warme Speisen (Mo Ruhetag): 11.30 - 14.30 Uhr, 17 - 21 Uhr
Von Mitte Sept. bis Mitte April Karpfen aus heimischen Gewässern und vom eigenen Bassin:
- Karpfen blau im Wurzelsud (je 100 g 2,20),
                mit Sahnemeerrettich oder zerlassener Butter, Petersilienkartoffeln.
- Karpfen gebacken (je 100 g 2,20), mit gemischten Salaten der Saison
Während der Fischwochen im Februar außerdem, z.B. Karpfen gebacken in Bierteigkruste;
Karpfenfilet in Pfeffer-Kräuterkruste, mit Butterkartoffeln und kleinem Salatteller (11,50)
Bier vom Fass, z.B. Vasold & Schmitt Hell 2,30

Schnaittach-Osternohe
91220 LAU-Mfr
Haidlinger Str.16
Inh.: Familie Böhm
Tel. (09153) 75 93
www.schwarzer-adler-osternohe.de

Schwarzer Adler (Gasthof - Metzgerei - Pension)

Zimmer pro Nacht, mit Frühstück: EZ/DZ ab 35/64 Euro. - Montag Ruhetag.
Karpfengerichte saisonal (je 100 g 1,80):Karpfen blau / Karpfen gebacken

Schönbrunn/Steigerwald
96185 BA-Ofr
Obere Bachgasse 5
Familie Wernsdörfer
Tel. (09546) 389
www.brauerei-wernsdoerfer.de

Wernsdörfer - Zum Lips (Gasthof - Brauerei) - barrierefrei

Zimmer pro Nacht, mit Frühstück: EZ/DZ 26/46 Euro
Warme Speisen: ab 11 Uhr (Ruhezeiten: Di; von Okt. bis März auch Mi ab 17 Uhr)
Während der r-Monate täglich Gerichte von frischen Karpfen aus der Region.
Landbier vom Fass, aus der eigenen Brauerei, die seit 2008 anderswo brauen lässt

Schönstädt (CO) → **Rödental**

Schönwald
95173 WUN-Ofr
Grünhaid 1
Inh.: Karl Heinz Ploss
Tel. (09287) 80 06 30
www.landgasthofploss.de

Ploss (Landgasthof - Hotel)

Zimmer pro Nacht, mit Frühstück, Dampfbad und Sauna: EZ/DZ ab 52/78 Euro (2011).
Geöffnet ab 8 Uhr (Fr Ruhetag). - Während der r-Monate Karpfen aus eigener Zucht, z.B.:
- Karpfen blau / Müllerin Art, mit zerlassener Butter, dazu Kartoffeln und Salatteller: 9,90
- Karpfen gebacken
Bier vom Fass: Maisel (Bayreuth)

Schornweisach (NEA) → **Uehlfeld-Schornweisach**

Schwabach
91126 SC-Mfr
Rittersbacher Str. 1
Inh.: Harald Steger
Tel. (09122) 83 94 54
www.gartenlaube-schwabach.de

Gartenlaube - barrierefrei

Öffnungszeiten (Mo Ruhetag): 11.30 - 14 Uhr, ab 17 Uhr.
Während der r-Monate Gerichte von fränkischen Karpfen
Bier vom Fass: Leitner (Schwabach)

Schwabach
91126 SC-Mfr
Königsplatz 12
Dieter und Petra Trutschel
Tel. (09122) 23 35
www.trutschel-goldstern.de

Goldener Stern (Gasthof)

Warme Speisen: 11 - 22.30 Uhr (kein Ruhetag)
Gebackene Karpfen während der r-Monate (ab 7,00).
Bier vom Fass: Spalter

Schwabach
91126 SC-Mfr
Königsplatz 33
Oliver Jordan
Tel. (09122) 875 10 04
www.weisses-lamm.de

Weisses Lamm (Gasthof)

Öffnungszeiten: 11 - 14.30 Uhr; 17.30 - 23 Uhr (außer Mi); Sa/So 10 - 23 Uhr
Karpfengerichte von September bis März: Karpfen blau (Vorbestellung) / Karpfen gebacken.
Das Lokal nimmt teil an der Aktion *Original Regional: Heimischer Fisch frisch auf den Tisch.*

Schwabach-Limbach
91126 SC-Mfr
Limbacher Str. 104
Gabriele Drechsel
Tel. (09122) 894 18 56
www.daslimbacher.de

Das Limbacher

Öffnungszeiten (Do Ruhetag): 17 - 23 Uhr; So 11 - 22 Uhr
Während der r-Monate täglich Karpfengerichte, z.B.:
- Karpfen blau/gebacken (je 100 g 2,10) / Karpfenfilet
Bier vom Fass: Zirndorfer 2,50

Schwabach-Wolkersdorf
91126 SC-Mfr
Wolkersdorfer Hauptstr. 42
Adam und Michael Drexler
Tel. (0911) 63 00 99
www.gasthof-drexler.de

Schwaig-Behringersdorf
90571 LAU-Mfr
Schwaiger Str. 2
Inh.: Hans Bachmeier
Tel. (0911) 50 69 88-0
www.weissesross.de

Schwarzach/Main
- Stadtschwarzach
97359 KT-Ufr
Bamberger Str. 4
Inh.: Joachim Schwab
Tel. (09324) 12 51
www.landgasthof-schwab.de

Schwarzenbruck-Pfeifferhütte
90592 LAU-Mfr
Neumarkter Str. 17
Monika Erlbacher
Tel. (09183) 31 83
www.gasthof-erlbacher.de

Selb-Vielitz
95100 WUN-Ofr
Vielitz 7
Fam. Horst Schade
Tel. (09287) 39 22
www.schades-schmankerl-stubn.de

Drexler (Gasthof - Hotel) - barrierefrei

Zimmer pro Nacht, mit Frühstück: DZ ab 70 Euro (2011)
Öffnungszeiten (Sa/So/Feiertag Ruhetage): ab 11 Uhr; Fr bis 14 Uhr
Karpfengerichte während der r-Monate, z.B.:
- Karpfen blau / Karpfen gebacken
Bier vom Fass: Tucher

Weisses Ross (Gasthof - Hotel)

Zimmer pro Nacht, mit Frühstück: EZ/DZ ab 58/88 Euro
Ruhezeiten: So ab 15 Uhr, Mo
Karpfengerichte während der r-Monate:
- Karpfen blau / Karpfen gebacken / Karpfenfilet
Bier vom Fass: Tucher, z.B. Keller 2,70

Schwab (Landgasthof)

Zimmer pro Nacht, mit Frühstück: EZ/DZ 48/70 Euro. - Ruhetage: Montag, Dienstag.
Karpfen aus heimischen Gewässern während der r-Monate, z.B.:
- Karpfen blau; Karpfen gebacken, mit hausgemachtem Kartoffelsalat.
In Unterfranken prämiert als *Ausgezeichnetes Fischlokal - Goldener Fisch* (→ Teil 1: Fischgaststätten - Auszeichnungen)

Erlbacher (Gasthof)

Öffnungszeiten (Mo und Sa Ruhetage): 9 - 23 Uhr
Während der r-Monate Gerichte von fangfrischen Karpfen.
Bier vom Fass: Tucher

Schades Schmankerl Stubn

Warme Speisen (Mo/Di Ruhetage): 17 - 21 Uhr; So auch von 11 - 14 Uhr.
Von Anfang Oktober bis April Gerichte von Karpfen aus eigener Zucht:
- Karpfen blau / Karpfen gebacken
Ausgezeichnete Fischgaststätte: *Oberfranken-Fisch - krönt den Tisch*. Ausgezeichnet für das Angebot und die Zubereitung einheimischer Süßwasserfische (1999 und 2005).
Gastronomiepreis-Franken 2010 (1. Platz, Kategorie fränkisch-traditionell).
Bier vom Fass: Leikeim (Altenkunstadt)

Selbitz-Sellanger
95152 HO-Ofr Frankenwald
Stauden 1
Fam. Wilfried Benker
Tel. (09280) 10 03
www.sellanger.de

Sellanger (Landgasthof)

Zimmer pro Nacht, mit Frühstück: EZ/DZ 54/79 Euro (2011)
Warme Speisen (kein Ruhetag): 11 - 14 Uhr, 17.30 - 21.30 Uhr.
Während der r-Monate diverse Gerichte von Karpfen aus eigener Zucht und Hälterei, z.B.:
- Karpfen blau / Karpfen gebacken / Karpfen polnisch / Karpfenfilet
- Bio-Karpfenfilet, schonend Müllerin gebraten, an feinwürziger Sauerrahmsoße, mit
  hausgemachten Gemüse-Kartoffel-Röstis: 15,80

Sellanger (HO) → **Selbitz**

Seukendorf-Hiltmannsdorf
90556 FÜ-Mfr
Alte Dorfstr. 11
Inh.: Sandra Schuller
Tel. (0911) 75 16 30

Zum Schinkenwirt (Gasthaus)

Warme Speisen (Ruhetage Mo/Di): 11 - 21 Uhr (Fr ab 17 Uhr)
Gebackene Karpfen von Mitte September bis Karfreitag, immer am Freitag und Samstag.

Simmelsdorf
91245 LAU-Mfr
Bahnhofstr. 9
Fam. Hans und Gerda Lang
Tel. (09155) 237
www.landgasthaus-lang.de

Lang (Landgasthaus)

Zimmer pro Nacht, mit Frühstück: EZ/DZ ab 30/48 Euro
Warme Speisen (Mo Ruhetag): mittags und abends
Während der r-Monate täglich frische fränkische Karpfen: Karpfen blau/gebacken, Karpfenfilet

Sindersdorf (RH) → **Hilpoltstein**

Spalt
91174 RH-Mfr
Hans-Gruber-Keller 1
Otto Billmeyer
Tel. (09175) 340

Hans-Gruber-Keller - barrierefrei

Öffnungszeiten (Do Ruhetag): ab 9 Uhr
Karpfengerichte während der r-Monate: Karpfen blau / Karpfen gebacken
Bier vom Fass: Spalter

Spalt
91174 RH-Mfr
Windsbacher Str. 21
Alfred Hoffmann
Tel. (09175) 857
www.hoffmanns-keller.de

Hoffmanns-Keller (Gasthof) - barrierefrei

Zimmer pro Nacht, mit Frühstücksbuffet: DZ 50 Euro
Öffnungszeiten (Mi Ruhetag): 11 - 14 Uhr, ab 17 Uhr; Okt. - März ab 17 Uhr, Sa/So ab 11 Uhr.
Karpfengerichte von Mitte Sept. bis April: Karpfen blau (Vorbestellung) / Karpfen gebacken
Das Lokal nimmt teil an der Aktion *Original Regional - aus dem Landkreis Roth: Heimischer
Fisch frisch auf den Tisch.*

Spalt
91174 RH-Mfr
Hauptstr. 23
Familie Stengel
Tel. (09175) 370
www.gasthof-krone-stengel.de

Krone (Gasthof - Hotel)

Zimmer pro Nacht, mit Frühstücksbuffet: EZ/DZ 37/54 Euro
Öffnungszeiten (Di Ruhetag): täglich ab 11 Uhr
Karpfengerichte während der r-Monate, z.B. Karpfen gebacken
Bier vom Fass (Spalter)

Spalt-Enderndorf
91174 RH-Mfr Großer Brombachsee
Seeweg 1
Fam. Klaus Amende
Tel. (09175) 97 49
www.zumhochreiter.de

Zum Hochreiter (Restaurant - Cafe)

Ferienwohnung pro Nacht: ab 45 Euro. - Öffnungszeiten (Mo Ruhetag): 11 - 23 Uhr.
Gebackene Karpfen von Mitte September bis April. Das Lokal nimmt teil an der Aktion *Original Regional - aus dem Landkreis Roth: Heimischer Fisch frisch auf den Tisch.*
Bier vom Fass: Spalter

Spalt-Großweingarten
91174 RH-Mfr
Dorfstr. 32
Inh.: Fam. Ramsenthaler
Tel. (09175) 880
gasthof-adler-grossweingarten.de

Adler (Gasthof) - barrierefrei

Ferienwohnung für 2 Personen: 35 Euro. - Öffnungszeiten (Mi Ruhetag): täglich ab 10 Uhr.
Gebackene Karpfen während der r-Monate
Bier vom Fass: Sigwart (Weißenburg)

Spalt-Großweingarten
91174 RH-Mfr
Stirner Str. 2
Brigitte und Ernst Hava
Tel. (09175) 306
www.zum-lindenwirt.de

Zum Lindenwirt (Gasthof - Hotel)

Zimmer pro Nacht, mit Frühstück: EZ/DZ 38/65 Euro (2011)
Geöffnet ab 9 Uhr (Mo Ruhetag). - Während der r-Monate täglich Gerichte von frischen Karpfen: Karpfen blau / Karpfen gebacken / Karpfenfilet / Karpfenchips
Bier vom Fass: Spalter

Spalt-Güsseldorf
91174 RH-Mfr
Güsseldorf 1
Tel. (09175) 295

Forster - Zur Einkehr (Gastwirtschaft)

Gebackene Karpfen während der r-Monate.
Das Lokal nimmt teil an der Aktion *Original Regional - aus dem Landkreis Roth: Heimischer Fisch frisch auf den Tisch.* - Bier vom Fass: Spalter

Spalt-Hagsbronn
91174 RH-Mfr
Unteres Dorf 6
Erich Gruber
Tel. (09175) 591
www.gasthaus-zur-frischen-quelle.de

Zur Frischen Quelle (Gasthaus)

Zimmer pro Nacht, mit Frühstück: EZ/DZ 32/60 Euro (2010) - Dienstag Ruhetag.
Karpfengerichte während der r-Monate, z.B. Karpfen gebacken.
Bier vom Fass: Spalter

Spalt-Mosbach
91174 RH-Mfr
Mosbach 10
Anni Stache
Tel. (09172) 81 51
www.landgasthofstache.de

Stache (Landgasthof)

Warme Speisen (Mo Ruhetag): 11.30 - 14 Uhr, 17 - 21 Uhr; So durchgehend.
Gebackene Karpfen während der r-Monate
Bier vom Fass: Spalter

Spalt-Stiegelmühle
91174 RH-Mfr Fränkisches Rezattal
Stiegelmühle 42
Fam. Sophie und Josef Kocher
Tel. (09873) 332
www.gasthof-blumenthal.de

Blumenthal (Gasthof)

Warme Speisen (Mo/Di Ruhetage): 11.30 - 14 Uhr, 17 - 21 Uhr.
Karpfengerichte während der r-Monate: Karpfen blau / Karpfen gebacken.
Das Lokal nimmt teil an der Aktion *Original Regional - aus dem Landkreis Roth: Heimischer Fisch frisch auf den Tisch.*

Stadtschwarzach (KT) → **Schwarzach/Main**
Staffelstein (LIF) → **Bad Staffelstein**
Stappenbach (BA) → **Burgebrach-Stappenbach**

Stegaurach
96135 BA-Ofr Aurach
Mühlendorfer Str. 4
Nicola Hofmann
Tel. (0951) 99 49 90
www.der-krug.de

Der Krug (Gasthof - Hotel)

Zimmer pro Nacht, mit FS, Hallenbad, Sauna, Fitnessraum: EZ/DZ ab 67/98 Euro (2011)
Öffnungszeiten (Di Ruhetag): 12 - 14 Uhr, 17.30 - 24 Uhr.
Während der r-Monate Auracher Karpfen frisch aus dem hauseigenen Bassin, z.B.:
Karpfen im Wurzelsud, mit Sahnemeerrettich, zerlassener Butter, Salzkartoffeln: 10,00 - 16,80
Karpfen im Blausud, mit Meerrettich, zerlassener Butter und Salzkartoffeln: 8,30 - 14,00
Karpfen gebacken / Pfefferkarpfen, mit verschiedenen Salaten: 7,20 - 13,60
Karpfen nach Art der Müllerin gebraten, mit Salzkartoffeln und Salaten: 8,70 - 16,50
Karpfen nach Art des Hauses, in Frankenwein pochiert, mit feinen Kräutern abgeschmeckt,
    dazu Dillkartoffeln und Blattsalate in Senfdressing: 9,70 - 17,10
Karpfenfilet gebacken, mit verschiedenen Salaten und Sauce Remoulade: 12,90
Karpfenfilet (14,60):
- in pikanter Senfsauce gedämpft, mit Petersilienkartoffeln und Salaten an Sauce Vinaigrette
- in Pfeffer-Sahne-Sauce gebraten, mit Salzkartoffeln u. Salaten an einem Vinaigrette Dressing
- Pochiertes Karpfenfilet in Dillrahmsauce, mit Weißwein abgeschmeckt,
    dazu Basmatireis und marktfrische Salate
Graskarpfen in 3 Gängen: für 2 Personen 35,00
1. Graskarpfen nach Müllerin Art gebraten, mit Schwenkkartoffeln und Blattsalaten
2. Graskarpfen im Blausud, mit Salzkartoffeln und Sahnemeerrettich
3. Graskarpfen gebacken, mit verschiedenen Salaten
Bier vom Fass: Keesmann

Stegaurach
96135 BA-Ofr Aurach
Hartlandener Str. 13
Inh.: Familie Meinecke
Tel. (0951) 992 27-50
www.windfelderamsee.de

Windfelder am See (Landgasthof - Sporthotel - Fischzucht) - barrierefrei

Zimmer pro Nacht, mit Frühstück: EZ/DZ 43/66 Euro
Öffnungszeiten (Mi Ruhetag): Mo/Di/Fr 10.30 - 14 (außer Do), 17 - 23; Sa/So 10.30 - 23 Uhr.
Während der r-Monate Karpfen aus eigener Zucht, z.B.:
- Karpfen-Lachstatar geräuchert, mit Creme Fraiche, Dill, Sahnemeerrettich,
                                                  Butter und Baguette: 5,20
- Salatplatte mit gebackenen Karpfenstreifen, Remouladensauce, Zitrone, Baguette: 8,50
Karpfen, je 100 g 1,80:
- Karpfen blau aus dem Frankenwein-Wurzelsud,
                         mit Sahnemeerrettich, zerlassener Butter und Kartoffeln
- Karpfen goldgelb gebacken, mit hausgemachtem Kartoffelsalat und gemischtem Salat
- Pfefferkarpfen (mehliert und gebacken) an Pfeffersauce, mit Salzkartoffeln und Salat
- Knoblauchkarpfen, mit Sauce, Gemüsestreifen und Salzkartoffeln
- Karpfen "Müllerin", mit Zitronen, Petersilienbutter, Salzkartoffeln und gemischtem Salat
Karpfenfilet (10,60):
- gebacken, mit Remouladensauce und hausgemachtem Kartoffelsalat
- gedünstet, an Silvanersauce, dazu Butterreis und Salat
- in Knoblauchsauce, mit Gemüsestreifen und Kartoffeln
- mit Apfelmeerrettichkruste, Kartoffeln und Salat
Bier vom Fass: Hausbräu (Stegaurach), Schloßbrauerei (Reckendorf)

Stegaurach-Debring
96135 BA-Ofr Aurach
Würzburger Str. 1
Familie Müller
Tel. (0951) 291 91
www.debringer-bier.de

Müller (Gasthof - Brauerei)

Warme Speisen (Mo Ruhetag): 11 - 21 Uhr. - Kirchweih am 1. Sonntag im September.
Während der r-Monate Karpfen aus eigenem Weiher, z.B.:
- Karpfen im Blausud, mit Salzkartoffeln, Sahnemeerrettich und zerlassener Butter
- Karpfen gebacken / Pfefferkarpfen, mit Salatplatte und Schwarzbrot
- Karpfenfilet gebacken, mit Kartoffelsalat und gemischtem Salat
- Karpfenfilet Müllerin, mit Salzkartoffeln und gemischtem Salat
Jeder Karpfen mit dem rot-weißen *fränkischen Karpfenfähnla* (Initiative *Karpfen aus Franken bekennen Farbe*) - Bier vom Fass, aus der eigenen Brauerei, z.B. Michala (Lager), Weissbier.

Stegaurach-Mühlendorf
96135 BA-Ofr Aurach
Brückenstr. 19
Fam. Lechner-Merklein
Tel. (0951) 291 19

Alte Mühle (Gasthof - Brauerei) - barrierefrei

Zimmer pro Nacht, mit Frühstück: EZ/DZ ab 23/46 Euro
Öffnungszeiten (Di Ruhetag): ab 11 Uhr; Mo ab 16 Uhr. Kirchweih am 2. So im September.
Während der r-Monate Gerichte von Karpfen aus eigener Zucht.
Bier vom Fass, aus der eigenen Mühlenbräu: Helles, Dunkles, Hefeweißbier

Stegaurach-Mühlendorf

96135 BA-Ofr Aurach
Brückenstr. 5
Inh.: Lorenz Dorn
Tel. (0951) 292 47
www.gasthaus-dorn.de

Stegaurach-Unteraurach

96135 BA-Ofr Aurach
Dorfstr. 12
Familie Käfferlein
Tel. (0951) 20 85 33 88
www.gasthaus-huemmer.de

Stein-Bertelsdorf

90547 FÜ-Mfr
Bertelsdorfer Str. 44
Fam. Erich Wellenhöfer
Tel. (0911) 67 68 93
www.gasthof-vergissmeinnicht.de

Stein-Deutenbach

90547 FÜ-Mfr
Regelsbacher Str.52
Familie Simon
Tel. (0911) 67 68 66

Stein-Gutzberg

90547 FÜ-Mfr
Gutzberger Dorfstr. 20
Inh.: Margarete Eberlein
Tel. (09127) 574 72
gasthof-schwarzer-adler-gutzberg.de

Zur Linde - Dorn (Gasthaus)

Warme Speisen von September bis April (Mo/Di Ruhetage):
- 11.30 - 13.30 (außer Mi/Do), 16.30 - 20.30 Uhr.
Karpfengerichte während der r-Monate:
- Karpfen blau / Karpfen gebacken / Karpfen Müllerin / Karpfenfilet

Hümmer (Gastwirtschaft) - barrierefrei

Öffnungszeiten (Mo Ruhetag): 16 - 22 Uhr; Sa/So ab 11.30 Uhr.
Während der r-Monate Gerichte von Karpfen aus Mühlendorf (Niko Metzner), z.B.:
- Karpfen blau (je 100 g 1,80), im fein würzigen Wurzelsud,
          dazu Salzkartoffeln und zerlassene Butter und Sahnemeerrettich
- Karpfen gebacken (je 100 g 1,70), mit hausgemachtem Kartoffelsalat und gemischtem Salat
- Pfefferkarpfen (je 100 g 1,70), mehliert und mit frisch gemahlenem Pfeffer gewürzt,
          dazu hausgemachte Salate
- Karpfenfilet blau/gebacken/natur
Bier vom Fass: Schloßbrauerei (Reckendorf), Zehendner (Mönchsambach-Burgebrach)

Vergißmeinnicht (Gasthof)

Zimmer pro Nacht: EZ/DZ 29/46 Euro.
Warme Speisen (Di/Mi Ruhetage): 11 - 14.30 Uhr, 17 - 20.30 Uhr.
Während der r-Monate gebackene Karpfen (je 100 g 1,85), mit Salat (1,90).
Bier vom Fass: Tucher, z.B. Übersee 2,40

Simon (Gasthof - Metzgerei)

Zimmer pro Nacht, mit Frühstück: DZ 62 Euro (2011).
Warme Speisen (Mo Ruhetag): 11 - 14 Uhr, 17 - 22 Uhr
Karpfengerichte während der r-Monate: Karpfen blau (außer So) / Karpfen gebacken
Bier vom Fass: Weller (Schwabach), Wolfshöher

Schwarzer Adler (Gasthof - Metzgerei)

Zimmer pro Nacht, mit Frühstück: EZ/DZ 35/50 Euro (2011)
Warme Speisen (Mo Ruhetag): 11 - 19 Uhr
Aischgründer Karpfengerichte von Mitte September bis April: Karpfen gebacken
Bier vom Fass: Zirndorfer

Strullendorf-Geisfeld
96129 BA-Ofr
Litzendorfer Str. 3
Familie Büttel
Tel. (09505) 806 70
www.gasthof-buettel.de

Büttel (Landgasthof - Hotel)

Zimmer pro Nacht, mit Frühstück: EZ/DZ ab 37/61 Euro
Warme Speisen (Mo Ruhetag): 11.30 - 14.30 Uhr, 17 - 21.30; Sa/So/Feiertag durchgehend.
Karpfengerichte während der r-Monate:
- Karpfen gebacken, <u>mit Kartoffeln</u> und gemischten Salaten

Strullendorf - Roßdorf/Forst
96129 BA-Ofr
Sutte 5
Familie Sauer
Tel. (09543) 15 78
www.brauerei-sauer.de

Sauer (Gasthaus - Brauerei)

Warme Speisen (Mo Ruhetag): 11.30 - 14 Uhr, 16 - 21 Uhr
Gebackene Karpfen von Oktober bis April, immer am Freitag und Samstag.
Bier vom Fass, aus der eigenen Brauerei

Strullendorf-Wernsdorf
96129 BA-Ofr
Amlingstadter Str. 14
Fam. Renate und Herbert Schiller
Tel. (09543) 440 20
www.schiller-wernsdorf.de

Schiller (Gasthof - Hotel) - barrierefrei

Zimmer pro Nacht, mit Frühstück: EZ/DZ ab 30/62 Euro (2011)
Warme Speisen (Mo Ruhetag): ab 11 Uhr
Karpfengerichte während der r-Monate: Karpfen gebacken / Pfefferkarpfen, mit buntem Salat
Bier vom Fass: St. Georgen, z.B. Keller 1,90

Sugenheim
91484 NEA-Mfr
Hauptstr. 30
Günter Stiegler
Tel. (09165) 360
www.landgasthof-ehegrund.de

Ehegrund (Landgasthof)

Zimmer pro Nacht, mit Frühstück: EZ/DZ ab 39/58 Euro (2011)
Öffnungszeiten (Mo Ruhetag): 11 - 14 Uhr, 17 - 21.30 Uhr
Während der r-Monate eine große Auswahl an Gerichten von Aischgründer Karpfen, z.B.:
- Karpfen blau / Karpfen gebacken / Pfefferkarpfen / Karpfenfilet
Spezielle Karpfengerichte, zumindest während der *Aischgründer Karpfenschmeckerwochen*
(September bis Oktober/November), z.B.:
- Karpfenrahmsuppe mit Fileteinlage; Knusperstreifen mit Salat / Knusperteller / Karpfenchips
- Karpfenfiletvariationen: mariniert nach Matjesart / gedünstet in Kräutersoße
<u>Glutenfreie Speisen</u> gemäß Absprache im Lokal. - Bier vom Fass: Hofmann (Pahres)

Sugenheim-Ullstadt
91484 NEA-Mfr
Hirtenstr. 5
Familie Holzwarth
Tel. (09164) 998 39-0
www.wolfsschlucht-ullstadt.de

Wolfsschlucht (Gasthof - Pension) - barrierefrei

Zimmer pro Nacht, mit Frühstück: EZ/DZ 33/50 Euro (2011)
Ruhezeiten: Dienstag und wochentags von 13.30 - 16 Uhr.
Aischgründer Karpfengerichte während der r-Monate:
- Karpfen blau
- Karpfen gebacken / Pfefferkarpfen
- Karpfenfilet
Spezielle Karpfengerichte, zumindest während der *Aischgründer Karpfenschmeckerwochen* (September bis Oktober/November), z.B. Karpfenfilet gebacken mit Schwanz

Tennenlohe (ER) → **Erlangen**

Thalmässing-Alfershausen
91177 RH-Mfr
Alfershausen 187
Fam. Thomas und Marianne Winkler
Tel. (09173) 660
www.gasthof-winkler.de

Zum Goldenen Ochsen - Winkler (Gasthof)

Zimmer pro Nacht, mit Frühstück: EZ/DZ ab 34/52 Euro.
Warme Speisen (Do Ruhetag): 11 -14, 17 - 21 Uhr.
Von Anfang September bis Ende April Gerichte von dreijährigen Karpfen aus eigenen Weihern, ohne Intensivmast:
- Karpfen blau, mit zerlassener Butter, Kartoffeln und Salat
- Karpfen gebacken (halb oder <u>viertel</u>), mit gemischtem Salatteller
- Karpfenbuffet (auf Anfrage): Karpfen kalt/warm, in verschiedenen Zubereitungsarten.
Bier vom Fass: Pyraser.
Das Lokal nimmt teil an der Aktion *Original Regional - aus dem Landkreis Roth: Heimischer Fisch frisch auf den Tisch.*

Thalmässing-Offenbau
91177 RH-Mfr
Offenbau 29
Otto Pauckner
Tel. (09173) 406

Pauckner - Zur Linde (Gasthaus)

Zimmer pro Nacht, mit Frühstück: EZ/DZ ab 25/38 Euro (2011)
Öffnungszeiten (Mo Ruhetag): 9 - 13.30 Uhr, 16.30 - 22 Uhr; Sa/So durchgehend.
Während der r-Monate Gerichte von Karpfen aus Weihern der Umgebung:
- Karpfen blau (Vorbestellung)
- Karpfen gebacken
Bier vom Fass: Pyraser, Kulmbacher.
Das Lokal nimmt teil an der Aktion *Original Regional - aus dem Landkreis Roth: Heimischer Fisch frisch auf den Tisch.*

Theinheim (HAS) → **Rauhenebrach**
Thuisbrunn (FO) → **Gräfenberg**

Thurnau
95349 KU-Ofr
Schorrmühlstr. 30
Stefan Wiesenmüller
Tel. (09228) 253
www.schorrmuehle.de

Schorrmühle (Café - Restaurant) - barrierefrei

Öffnungszeiten (Mo Ruhetag): ab 8 Uhr
Während der r-Monate täglich Gerichte von Karpfen aus heimischen Gewässern und lebendfrisch vom hauseigenen Bassin.
Bier vom Fass: Püls (Weismain)

Tiefengrün (HO) → **Berg**
Trabelsdorf (BA) → **Lisberg**
Trailsdorf (FO) → **Hallerndorf**

Trautskirchen
90619 NEA-Mfr Zenntal
Hauptstr. 2
Fam. Herbert und Charlotte Krönert
Tel. (09107) 255
www.landgasthof-goldener-stern.de

Goldener Stern (Landgasthof)

Zimmer pro Nacht, mit Frühstück: EZ/DZ 46/70 Euro.
Donnerstag Ruhetag.
Aischgründer Karpfengerichte während der r-Monate:
- Karpfen blau / Karpfen gebacken
Spezielle Karpfengerichte, zumindest während der *Aischgründer Karpfenschmeckerwochen* (September bis Okt./Nov.), z.B. Karpfenfilet in fränkischer Rotweinsauce

Tretzendorf (HAS) → **Oberaurach**

Treuchtlingen-Dietfurt
91757 WUG-Mfr
Unterdorf 2
Inh.: Christian Fuchs
Tel. (09142) 67 07
www.entenstube.de

Enten Stub'n (Restaurant)

Warme Speisen (Mo/Di Ruhetag): 11.30 - 21 Uhr
Karpfengerichte saisonal:
- Karpfen im Bierteigmantel gebacken
- Karpfenfilet in Butterschmalz gebacken, mit hausgemachtem Kartoffel-Gurkensalat: 12,90

Uehlfeld/Aisch
91486 NEA-Mfr Aischgrund
Hauptstr. 24
Inh.: Walter Prechtel
Tel. (09163) 228
www.brauerei-prechtel.de

Prechtel (Gasthof - Brauerei; Bierkeller in Voggendorf)

Warme Speisen (Mo Ruhetag): 11 - 13.30 Uhr; 18 - 21 Uhr (außer Mai bis August)
Aischgründer Karpfengerichte während der r-Monate:
- Karpfen blau / Karpfen gebacken
Spezielle Karpfengerichte, zumindest während der *Aischgründer Karpfenschmeckerwochen* (September bis Oktober/November), z.B.:
- Karpfenfilet in Bierteig gebacken, mit hausgemachtem Kartoffelsalat und Salaten: 9,50
- Karpfenfiletstreifen gebacken, mit hausgemachtem Kartoffelsalat und Salaten: 9,50
Bier vom Fass, aus der eigenen Brauerei. (→ Teil 1: Aischgrund - Uehlfeld)

Uehlfeld/Aisch
91486 NEA-Mfr Aischgrund
Burghaslacher Str. 10
Familie Zwanzger
Tel. (09163) 95 97 56
www.brauerei-gasthof-zwanzger.de

Uehlfeld-Schornweisach
91486 NEA-Mfr
Schornweisach 91
Fam. Dietsch und Rippel
Tel. (09163) 80 66
www.wirtshaus-am-dorfbrunnen.de

Uffenheim
97215 NEA-Mfr Marktplatz 14
Hans-Jürgen Geupel
Tel. (09842) 983 10
www.ritteressen.de

Uffenheim
97215 NEA-Mfr
Adelhofer Str. 1
Inh.: Peter Schellbach
Tel. (09842) 988 00
www.gastsein.de

Zwanzger (Gasthof - Brauerei)

Zimmer pro Nacht, mit Frühstück: EZ/DZ ab 35/60 Euro (2011)
Warme Speisen (Mo Ruhetag): mittags bis 13.30; abends bis 21 Uhr (So bis 19 Uhr)
Aischgründer Spiegelkarpfen während der r-Monate:
- Karpfen blau / Karpfen gebacken / Pfefferkarpfen / Karpfenfilet im Bierteig
Bier vom Fass, aus der eigenen Brauerei, z.B. Weiße (2,50). (→ Teil 1: Aischgrund - Uehlfeld)

Wirthaus am Dorfbrunnen

Warme Speisen (Ruhetage Mo/Di/Mi): 11.30 - 14 Uhr, 17.30 - 21 Uhr
Während der r-Monate Aischgründer Karpfen von heimischen Fischwirten:
- Karpfen blau aus dem Wurzelsud (je 100 g 1,50),
  mit Kräuterkartoffeln, heißer Butter und Marktsalat (2,50)
- Karpfen gebacken (je 100 g 1,50) / Pfefferkarpfen (je 100 g 1,70),
  mit Kartoffelsalat und Marktsalat (2,50)
- Karpfenfilet grätenfrei, in der Pfanne gebraten, mit Kräuterkartoffeln und Salatteller: 10,80
- Karpfenknusper (Filetsteifen in der Friteuse gebacken), Kartoffelsalat und Marktsalat: 10,50
- Karpfen-Chips (dünne, knusprige Filetstreifen), mit Kartoffelecken u. süß-scharfem Dip: 6,00
- Karpfen-Menü (Karpfen-Chips, Gemüsebrühe mit Karpfenklößchen, mittlerer gebackener
  Karpfen Salatteller, Karpfenschnaps): 16,00
Bier vom Fass: Hofmann (Pahres), z.B. Vollbier 2,30

Lichterhof (Landgasthof - Hotel) - barrierefrei

Zimmer pro Person, mit Frühstück: ab 24 Euro. - Dienstag Ruhetag
Aischgründer Karpfengerichte während der r-Monate: Karpfen blau / Karpfen gebacken.
Spezielle Karpfengerichte, zumindest während der *Aischgründer Karpfenschmeckerwochen*
(September bis Oktober/November), z.B.:
- Karpfenfilet, in Kräuter-Dill-Schaum / fränkischer Silvaner-Soße,
          süß-würziger Asia-Soße / gelber Safran-Soße / Steinpilz-Kräuter-Soße
Bier vom Fass: Kesselring, z.B. Landbier Dunkel 2,20

Schwarzer Adler (Gasthof) - barrierefrei

Zimmer pro Nacht, mit Frühstück: EZ/DZ ab 34/52 Euro (2011).
Warme Speisen (Mo Ruhetag): 11.30 - 14 Uhr, 17.30 - 21.30 Uhr.
Während der r-Monate frische Aischgründer Karpfen aus hauseigenem Bassin.
Bier vom Fass: Landwehr (Reichelshofen), Kauzen (Ochsenfurt)

Ullstadt (NEA) → **Sugenheim**
Ulsenheim (NEA) → **Markt Nordheim**
Unteraurach (BA) → **Stegaurach**
Unterhaidelbach (LAU) → **Leinburg**
Unterschlauersbach (FÜ) → **Großhabersdorf**
Untersteinbach (RH) → **Georgensgmünd**

Uttenreuth
91080 ERH-Mfr
Erlanger Str. 9
Walter Fürsattel
Tel. (09131) 519 20

Fürsattel (Gaststätte)

Ruhezeiten: Donnerstag, Samstag, So-Nachmittag
Karpfengerichte während der r-Monate: Karpfen gebacken / Pfefferkarpfen / Karpfenfilet

Uttenreuth
91080 ERH-Mfr
Breslauer Str. 41
Inh.: Andreas Exner
Tel. (09131) 511 03
www.gaststaette-rundblick.de

Rundblick (Gaststätte)

Öffnungszeiten (Mo Ruhetag): ab 17.00 Uhr; Sa/So ab 10.30 Uhr
Während der r-Monate fränkische Karpfen frisch aus dem Bassin:
- Karpfen blau / Karpfen gebacken / Pfefferkarpfen
- Karpfen im Dunkelbierteig / Karpfen nach Exner's Art, mit Salat
- Karpfenfilet (auch im Pfeffermantel) / Karpfenschnitzel, mit Kartoffelsalat

Uttenreuth
91080 ERH-Mfr
Marloffsteiner Str. 17
Inh.: Thomas Dörflein
Tel. (09131) 908 22 70
www.schwarzer-adler-uttenreuth.de

Schwarzer Adler (Restaurant - Hotel)

Zimmer pro Nacht, mit Frühstück: EZ/DZ 59/79 Euro (2011)
Öffnungszeiten-Restaurant (Mo Ruhetag): 11.30 - 14 Uhr, 17 - 22 Uhr (So durchgehend)
Aischgründer Karpfen von September bis Mitte November, z.B.:
- Karpfen blau; Karpfen gebacken, mit Kartoffelsalat (11,90)
Bier vom Fass: Lammsbräu, z. B. Weißbier 3,20

Vach (FÜ) → **Fürth-Vach**
Veitsaurach (AN) → **Windsbach**

Veitsbronn
90587 FÜ-Mfr
Obermichelbacher Str. 999
Inh.: Lars Ruhnke
Tel. (0911) 75 41 11
www.hamesbuck.de

Sportgaststätte im Hamesbuck

Warme Speisen (Mo Ruhetag): 14 - 24 Uhr (Sa bis 21 Uhr); So 9.30 - 21 Uhr.
Frische Karpfen von Mitte September bis Karfreitag,
immer Fr/Sa ab 17 Uhr, So ab 11.45 Uhr und Di bis Do auf Vorbestellung:
- Karpfen gebacken / Pfefferkarpfen / ggf. Karpfen-Ingreisch, dazu gemischter Salat
Bier vom Fass: Kitzmann, z.B. Urhell 2,30

Veitserlbach (WUG) → **Pleinfeld**

Veitshöchheim
97209 WÜ-Ufr
Mainlände 5
Fam. Cornelia und Berthold Böhm
Tel. (0931) 912 51
www.fischerbaerbel.de

Fischerbärbel (Restaurant - Café)

Während der r-Monate frische Karpfen aus hauseigenem Bassin: 10,90
- Karpfen blau, mit Salzkartoffeln, Butter oder Remouladensoße
- Karpfen gebacken, mit frischen Salaten der Saison

Veitshöchheim
97209 WÜ-Ufr
Mainlände 6
Jörg Menikheim
Tel. (0931) 991 16 61
www.cafe-restaurant-sonnenschein.de

Sonnenschein (Restaurant - Café)

Warme Speisen (von Nov. bis März: Mo Ruhetag): 11.30 - 15 Uhr, 17 - 22 Uhr.
Karpfengerichte während der r-Monate:
- Karpfen blau
- Karpfen gebacken, mit hausgemachtem Kartoffelsalat
- Knusper-Karpfen
Waltrud Moser erhielt 2008 den Gastronomiepreis-Franken - Kategorie Fischlokal;
im Februar 2011 übergab sie die Leitung des Lokals an Jörg Menikheim.

Velden
91235 LAU-Mfr Pegnitztal
Mühltorstr. 2
Fam. Christa und Karl Bammler
Tel. (09152) 72 04
www.gasthof-bammler.de

Zur Traube - Bammler (Gasthof - Pension)

Zimmer pro Nacht, mit Frühstück: EZ/DZ 29/52 Euro (2011)
Warme Speisen (Mi/Do Ruhetage): mittags, abends
Karpfengerichte während der r-Monate:
- Karpfen blau / Karpfen gebacken

Vielitz (WUN) → **Selb**

Viereth-Trunstadt
96191 BA-Ofr
Hauptstr. 9
Ludwig und Helmut Bayer
Tel. (09503) 74 44
www.mainlust.com

Mainlust (Gasthof - Brauerei)

Zimmer pro Nacht, mit Frühstück: EZ/DZ 27/54 Euro (2011).
Karpfengerichte von September bis Ostern, immer am Mittwoch und am Sonntag.
Bier vom Fass, aus der eigenen Brauerei: Märzen (1,70)

Virnsberg (AN) → **Flachslanden**
Vogtsreichenbach (FÜ) → **Cadolzburg**

Volkach/Main
97332 KT-Ufr
Markplatz 5
Fam. Ulrike und Klaus Behringer
Tel. (09381) 814 - 0
www.hotel-behringer.de

Behringer (Restaurant - Hotel)

Zimmer pro Nacht, mit Frühstück: EZ/DZ ab 47/85 Euro. - Geöffnet täglich ab 11 Uhr.
Während der r-Monate Gerichte von Karpfen der Fischzucht Gerstner (Obervolkach), fangfrisch
aus dem hauseigenen Bassin (13,95):
- Karpfen blau im Essig-Wurzelsud pochiert,
  mit Petersilienkartoffeln, zerlassener Butter und Sahnemeerrettich
- Karpfen gebacken, mit hausgemachtem Kartoffelsalat, Remouladensauce und Salat
Frankenweine aus der näheren Umgebung

Volkach/Main
97332 KT-Ufr
Hauptstr. 54
Familie Heilmann
Tel. (09381) 23 55
www.gasthofzumstorchen.de

Zum Storchen (Gasthof - Weingut)

Zimmer pro Nacht, mit Frühstück: DZ 70 Euro (2011). - Mittwoch Ruhetag.
Karpfengerichte von Mitte September bis Karfreitag:
- Karpfen blau (Vorbestellung) / Karpfen gebacken
Weine aus eigenem Anbau

Volkach-Escherndorf
97332 KT-Ufr
Vogelsburg/Main
Frank Kulinna
Tel.: (09381) 71 08 97 20
www.juliusspital.de

Vogelsburg (Wirtshaus mit Aussicht)

Warme Speisen: täglich von 11 - 22 Uhr
Während der r-Monate frische Karpfen aus dem hauseigenen Bassin, z.B.:
- Karpfen blau in Weinwurzelsud / Karpfen gebacken: 11,50
Die Vogelsburg ging 2011 von den Augustinusschwestern an das *Juliusspital* (→ Würzburg)

Volkach-Escherndorf
97332 KT-Ufr
Astheimer Str. 51
Fam. Markus Stumpf
Tel. (09381) 12 66
www.gasthaus-mainaussicht.de

Zur Mainaussicht (Gasthaus - Weinbau)

Zimmer pro Nacht, mit Frühstück: EZ/DZ ab 40/60 Euro
Warme Speisen (Mo Ruhetag; Jan. - März auch Di): 18 - 21; Sa/So: 11 - 13.45, 18 - 21 Uhr.
Von September bis Mitte April Karpfen frisch aus dem Bassin, je 100 g 1,40:
- Karpfen blau, dazu (4,00) Buttersoße, Sahnemeerrettich, Salzkartoffeln und Salatteller
- Karpfen gebacken, dazu (3,00) Kartoffelsalat und Salatteller; Karpfen frisch geräuchert
In Unterfranken prämiert als *Ausgezeichnetes Fischlokal - Goldener Fisch* (→ Teil 1:
Fischgaststätten - Auszeichnungen) - Weine aus eigenem Anbau

Volkach - Schloss Hallburg
97332 KT-Ufr
Schloss Hallburg 5
Fam. Molitor-Hartmann
Tel. (09381) 23 40
weinrestaurant-schlosshallburg.de

Schloss Hallburg (Weinrestaurant - Romantikgarten)

Öffnungszeiten:
- von April bis Okt. täglich ab 11 Uhr; Nov. - März (Mo/Di Ruhetage): ab 15; Sa/So ab 11 Uhr
Frische Karpfen von Oktober bis April: Karpfen blau / Karpfen gebacken
Glutenfreie Speisen gemäß Absprache im Lokal. Bier vom Fass: Krautheimer, z.B. Weiße 2,90

Wachenroth
96193 ERH-Mfr
Hauptstr. 30
Familie Martin
Tel. (09548) 296

Grüner Baum (Gasthaus)

Ruhetage: Montag, Dienstag
Karpfengerichte saisonal:
- Karpfen blau
- Karpfen gebacken / Pfefferkarpfen
- Karpfenfilet

Wachenroth-Warmersdorf
96193 ERH-Mfr
Warmersdorf 10
Familie Herting
Tel. (09548) 276
www.herting.ixy.de

Herting (Gaststätte)

Zimmer pro Nacht, mit Frühstück: EZ/DZ 18/36 Euro (2011). Ruhetage: Di/Do.
Karpfengerichte von Ende August bis April:
- Karpfen blau, mit Salzkartoffeln, Butter, Salatteller
- Karpfen gebacken / Pfefferkarpfen, mit Salatteller
- Karpfenfilet / Karpfen-Krusties
Bier vom Fass - Sternbräu (1,50): Hell, Keller, Dunkel

Wachenroth-Weingartsgreuth
96193 ERH-Mfr
Weingartsgreuth 20
Inh. Erich Weichlein
Tel. (09548) 349
www.gasthofweichlein.de

Weichlein (Landgasthof - Hotel)

Zimmer pro Nacht, mit Frühstück: EZ/DZ ab 42/58 Euro (2011)
Warme Speisen (Mo Ruhetag): 11.30 - 14 Uhr; 18 - 21 Uhr
Aischgründer Spiegelkarpfen von Mitte September bis Mitte April, z.B.:
Karpfen: 8,70 / 9,50 / 10,30
- Karpfen blau, mit zerlassener Butter, Sahnemeerrettich, Salzkartoffeln und Salat
- Karpfen gebacken / Pfefferkarpfen, mit Kartoffelsalat und Blattsalaten
Gebackenes Karpfenfilet, mit Kartoffelsalat und gemischtem Salat: 12,50
Karpfenstreifen mit grüner Currysauce, geschmolzenen Tomaten und Reis-Kartoffelplätzchen
Gerichte vom *Karpfen pur Natur*: Vorbestellung (→ Teil 1: Karpfenzucht - Öko-Karpfen)

Waischenfeld
91344 BT-Ofr
Marktplatz 8
Peter Schrüfer
Tel. (09202) 750
www.hotel-zur-post-waischenfeld.de

Zur Post (Hotel)

Zimmer pro Nacht, mit Frühstück: EZ/DZ ab 40/70 Euro. - Kein Ruhetag
Lebendfrische Karpfen saisonal, z.B.:
- Pfefferkarpfen gebacken, mit Salatteller
- Karpfen mit Speck- und Zwiebelstreifen gebraten, dazu Schwenkkartoffeln u. Salatteller
- Karpfenfilet in Braunbiersoße, mit Sahnekren und Schwenkkartoffeln
Bier vom Fass: Krug (Breitenlesau)

Walsdorf
96194 BA-Ofr
Bamberger Str. 16
Andreas Grell
Tel. (09549) 263
www.weisses-lamm.net

Weißes Lamm (Gasthaus)

Warme Speisen (Di/Mi Ruhetage): 9.30 - 21 Uhr
Während der r-Monate frische Karpfen aus artgerechter Haltung, z.B.:
- Karpfen blau, mit Salzkartoffeln, Sahnemeerrettich, heißer Butter und Salatteller
- Karpfen gebacken / Pfefferkarpfen / Karpfen mittelfränkisch (in Bierteig gebacken)
Karpfenfilet (fast grätenfrei):
- blau, mit Salzkartoffeln, Sahnemeerrettich, heißer Butter und Salatteller
- gebacken (mittelfränkisch oder Pfeffer), mit Salatteller
- nach Müllerin Art, in der Pfanne gebraten, mit Salzkartoffeln und Salatteller
Jeder Karpfen mit dem rot-weißen *fränkischen Karpfenfähnla* (Initiative *Karpfen aus Franken bekennen Farbe*) - Bier vom Fass: St. Georgen (Buttenheim), Tucher

Walsdorf-Erlau
96194 BA-Ofr Aurachtal
Lange Straße 27
Fam. Erich Weigant
Tel. (09549) 98 79 71
www.kiessling-erlau.de

Erlauer Biergarten - Kiessling (Wirthaus - Biergarten)

Öffnungszeiten-Gaststätte (Oktober bis April): ab 16 Uhr (Di Ruhetag); So/Feiertag ab 9 Uhr.
Von Mitte September bis April Karpfengerichte in zahlreichen Variationen, z.B.:
- Karpfen blau / Karpfen gebacken / Karpfen mehliert
Bier vom Fass: Kundmüller (Weiher)

Wannbach (FO) → **Pretzfeld**
Warmersdorf (ERH) → **Wachenroth**
Warzfelden (AN) → **Dietenhofen**
Weigelshofen (FO) → **Eggolsheim**
Weiherhaus (N) → **Nürnberg**
Weihersmühle (LIF) → **Weismain**

Weilersbach
91365 FO-Ofr
Weißenbacher Str. 33
Familie Hubert
Tel. (09191) 947 29

Hubert (Gasthof - Pension)

Zimmer pro Nacht mit Frühstück: EZ/DZ 17/34 Euro (2011). - Monatag Ruhetag.
Karpfengerichte von Mitte September bis April:
- Karpfen blau / Karpfen gebacken / Pfefferkarpfen

Weilersbach
91365 FO-Ofr
Bamberger Str. 1
Fam. Klaus Nagengast
Tel. (09191) 92 33

Waldesruh - Schnörla (Gasthof)

Öffnungszeiten (Mi Ruhetag): 11 - 14 Uhr, 17 - 23 Uhr; Sa/So durchgehend.
Während der r-Monate täglich frische Karpfen:
- Karpfen blau / Karpfen gebacken / Pfefferkarpfen / Karpfenfilet
Jeder Karpfen mit dem rot-weißen *fränkischen Karpfenfähnla* (Initiative *Karpfen aus Franken bekennen Farbe*)

Weimersheim (NEA) → **Ipsheim**
Weingartsgreuth (ERH) → **Wachenroth**

Weisendorf
91085 ERH-Mfr
Hauptstr. 24
Ulrike Brosch
Tel. (09135) 736 62 99
www.goldnerengel-weisendorf.de

Goldner Engel (Gasthaus)

Warme Speisen (Mi Ruhetag): 11.30 - 14 Uhr, 17 - 21.30 Uhr. Aischgründer Karpfen, saisonal:
- Karpfen blau (auf Vorbestellung, je 100 g 2,00),
  im Wurzelsud pochiert, dazu Kartoffeln, Butter und Meerrettich
- Karpfen gebacken / Pfefferkarpfen (je 100 g 1,50),
  mit hausgemachtem Kartoffelsalat und Endivien (2,00)
Bier vom Fass: Kitzmann (Erlangen)

Weisendorf-Buch
91085 ERH-Mfr
Zum Dachsknock 7
Familie Gumbert
Tel. (09132) 79 63 49
www.brauerei-heller.de

Heller (Landgasthaus)

Öffnungszeiten (Mi Ruhetag): ab 10.30 Uhr.
Karpfengerichte während der r-Monate:
- Karpfen gebacken / Pfefferkarpfen / Karpfenfilet / Karpfen-Geschnetzeltes
Bier vom Fass: Heller (Herzogenaurach)

Weisendorf-Buch
91085 ERH-Mfr
Reichenbacher Str. 1
Konrad und Karin Süß
Tel. (09132) 93 06
www.gasthaus-suess.de

Süß (Gasthaus)

Warme Speisen (Di Ruhetag): 11 - 14 Uhr, 16.30 - 21 Uhr. - Kirchweih am 3. WE im Oktober.
Von Mitte August bis Anfang Mai Aischgründer Spiegelkarpfen aus eigener Zucht und von
Teichwirten der Umgebung:
Karpfen (je 100 g 1,40), mit Beilagen (2,50):
- Karpfen blau, mit Kartoffeln, heißer Butter und Meerrettich
- Karpfen gebacken / Pfefferkarpfen, mit Salat
Karpfenfilet gebacken / gebraten, mit heißer Butter, Kartoffeln und Salat: 8,50 / 11,50
Karpfenchips gebacken, mit zweierlei Dips: 4,30
Bier vom Fass: Hofmann (Pahres), Kulmbacher

Weisendorf-Rezelsdorf
91085 ERH-Mfr
Rezelsdorfer Str. 13
Robert Lunz
Tel. (09163) 286

Lunz (Landgasthof)

Zimmer pro Nacht, mit Frühstück: DZ 50 Euro (2011). - Montag Ruhetag.
Karpfengerichte während der r-Monate:
- Karpfen blau / Karpfen gebacken / Pfefferkarpfen / Karpfenfilet (auch grätenfrei).
Bier vom Fass: Hofmann (Pahres). - In dem Lokal wurde im September 2009 die neue
Karpfensaison durch den ERH-Landrat Irlinger und mit vielen prominenten Gästen feierlich
eröffnet (NB7).

Weismain-Weihersmühle
96260 LIF-Ofr
Weihersmühle 2
Wolfgang Grünwald
Tel. (09575) 92 23-0
gasthof-forelle-weihersmuehle.de

Forelle Weihersmühle (Landgasthof - Pension) - barrierefrei

Zimmer pro Nacht, mit Frühstück: EZ/DZ ab 38/66 Euro
Warme Speisen (Mo Ruhetag): 11 - 14.30 Uhr, 17 - 21 Uhr
Während der r-Monate Gerichte von Karpfen aus eigenem Gewässer:
- Karpfen blau / Karpfen gebacken
Bier vom Fass: Püls (Weismain)

Weißenohe
91367 FO-Ofr
Klosterstr. 20
Franz Winkler
Tel. (09192) 63 57
www.wirtshaus-klosterbrauerei-
       weissenohe.de

Klosterbrauerei Weißenohe (Wirtshaus - Brauerei)

FeWo (Tel. 0170/290 93 74).
Öffnungszeiten: Do/Fr ab 17, Sa/So ab 11 Uhr; von Mitte April bis Okt.: Mi bis So ab 11 Uhr
Karpfengerichte während der r-Monate:
- Karpfen blau (Vorbestellung); Karpfen gebacken, mit gemischtem Salat: 8,00
Bier vom Fass, aus der eigenen Brauerei

Wendelstein
90530 RH-Mfr
Schwabacher Str. 1
Marcus Stahl
Tel. (09129) 29 42 90
www.goldenes-herz-fam-stahl.de

Goldenes Herz (Gasthaus - Pension)

Ferienwohnung pro Person 25 Euro.
Warme Speisen (Mi Ruhetag): 11 - 14 Uhr, 17 - 22 Uhr; Sa durchgehend; So 11 - 20 Uhr
Während der r-Monate Karpfen aus eigenem Bassin, z.B. Karpfen gebacken
Bier vom Fass: Püls (Weismain), z.B. Urhell 2,40

Wendelstein-Kleinschwarzenlohe
90530 RH-Mfr
Rangaustr. 31
Leonhard Maueröder
Tel. (09129) 27 83 00
www.leos-goldener-stern.de

Leo's Goldener Stern

Warme Speisen (Mo/Di Ruhetage): 11.30 - 14 Uhr, 17.30 - 21 Uhr
Karpfengerichte von Okt. bis April: Karpfen blau (Vorbestellung) / gebacken / Pfefferkarpfen
Das Lokal nimmt teil an der Aktion *Original Regional - aus dem Landkreis Roth: Heimischer Fisch frisch auf den Tisch.*

Weppersdorf (ERH) → **Adelsdorf**
Wernsdorf (BA) → **Strullendorf**

Wiesenthau-Schlaifhausen
91369 FO-Ofr
Schlaifhausen 68
Wilhelm Nagengast
Tel. (09199) 69 69 30
www.ehrenbuerg.com

Ehrenbürg (Hotel)

Zimmer pro Nacht, mit Frühstück: EZ/DZ ab 52/67 Euro (2011)
Warme Speisen (Di Ruhetag): 11.30 - 14 Uhr, 17 - 21 Uhr; Sa/So durchgehend.
Karpfengerichte während der r-Monate, z.B.:
- Karpfen blau, mit Salzkartoffeln, Sahnemeerrettich und Salat: 9,00 - 12,00
- Karpfen gebacken, mit Kartoffelsalat und Endiviensalat: 9,00 - 12,00

Wiesenthau-Schlaifhausen
91369 FO-Ofr
Schlaifhausen 30
Bernhard Schüpferling
Tel. (09199) 421
www.gasthof-schuepferling.de

Schüpferling (Gasthof)

Zimmer pro Nacht, mit Frühstück: DZ 50 Euro
Warme Speisen (Mo/Mi Ruhetage): 11.30 - 14.30 Uhr, 17 - 21.30 Uhr
Frische fränkische Karpfen während der r-Monate, immer am Freitag und Samstag (mittags und abends) sowie am Sonntag (abends). - Bier vom Fass: Püls (Weismain), z.B. Keller 2,20

Wiesenttal-Muggendorf
91346 FO-Ofr
Marktplatz 6
Familie Bugl
Tel. (09196) 929 80
www.goldner-stern.de

Goldner Stern (Hotel)

Zimmer pro Nacht, mit Frühstücksbuffet: EZ/DZ ab 50/70 Euro. - Kein Ruhetag.
Karpfengerichte saisonal, z.B.:
- Karpfen im Bierteig gebacken, dazu Salat: 11,90
- Karpfenfilet im Kartoffelmantel knusprig gebraten, an fruchtiger Tomatensauce,
        dazu Pfeffernudeln: 13,90
Jeder Karpfen mit dem rot-weißen *fränkischen Karpfenfähnla* (Initiative *Karpfen aus Franken bekennen Farbe*)

Wiesenttal-Muggendorf
91346 FO-Ofr
Wiesentweg 2
Fam. Wehrfritz / Bischoff
Tel. (09196) 324
www.gasthof-zur-wolfsschlucht.de

Zur Wolfsschlucht (Gasthof - Pension)

Zimmer pro Nacht, mit Frühstück: EZ/DZ ab 34/68 Euro (2011). - Dienstag Ruhetag.
Gerichte von fränkischen Karpfen während der r-Monate, insbesondere am Fr, Sa und So:
- Karpfen blau / Karpfen gebacken / Pfefferkarpfen: je 100 g 1,90
- Karpfenfilet an fränkischer Krensoße, mit Salzkartoffen und frischen Salaten
Bier vom Fass: Leikeim, z.B. Helles 2,00

Wildbad (NEA) → **Burgbernheim**
Wildensorg (BA) → **Bamberg**

Wilhelmsdorf
91489 NEA-Mfr
Bergstr. 21
Fam. Elsbeth und Edwin Günthner
Tel. (09104) 21 41
www.brennereistuben.de

Brennereistuben (Gasthof) - barrierefrei

Zimmer pro Nacht mit Frühstück: EZ/DZ 29/48 Euro (2011).
Warme Speisen (Mo Ruhetag): 9 - 22 Uhr
Aischgründer Karpfengerichte von Ende August (Kerwa) bis Ende April:
- Karpfen blau / Karpfen gebacken
Spezielle Karpfengerichte, zumindest während der *Aischgründer Karpfenschmeckerwochen* (September bis Oktober/November), z.B.:
- Karpfen nach fränkischer Schnapsbrennerart / Karpfenfilet grätenfrei / Karpfen geräuchert
Bier vom Fass: Windsheimer (Gutenstetten)

Wilhermsdorf (FÜ) → **Markt Wilhermsdorf**

Willanzheim-Hüttenheim
97348 KT-Ufr
Hüttenheim 6
Gabriele und Kurt May
Tel. (09326) 255
www.landgasthofmay.de

May (Landgasthof)

Zimmer pro Nacht, mit Frühstück: EZ/DZ 42/58 Euro (2011)
Warme Speisen (Mi Ruhetag): 11.30 - 14 Uhr, 18 - 22; So/Feiertag durchgehend
Von Mitte September bis Karfreitag täglich Karpfen aus heimischer Teichwirtschaft, fangfrisch
aus eigenem Bassin:
- Karpfen blau / Karpfen gebacken
Glutenfreie oder laktosefreie Gerichte gemäß Absprache im Lokal.
Frankenweine aus der nahen Umgebung

Willersdorf (FO) → **Hallerndorf**

Windelsbach-Hornau
91635 AN-Mfr
Hornau 37
Inh.: Jochen Popp
Tel. (09843) 14 35
www.gasthof-altmuehlquelle.de

Zur Altmühlquelle (Gasthof)

Zimmer pro Nacht, mit Frühstück: EZ/DZ 28/50 Euro. - Dienstag Ruhetag
Gebackene Karpfen während der r-Monate
Bier vom Fass: Landwehr (Reichelshofen), z.B. Vollbier 2,10

Windelsbach-Linden
91635 AN-Mfr
Linden 25
Gabriele Keitel-Heinzel und
Wolfgang Heinzel
Tel. (09861) 94 33-0
www.gasthof-linden.de

Linden (Gasthof)

Zimmer pro Nacht, mit Frühstück (2011): EZ/DZ ab 30/55 Euro
Warme Speisen (Mo Ruhetag): 11 - 14 Uhr, 17 - 21 Uhr (Urlaub von Ende Dez. bis Mitte Jan.)
Von Mitte September bis April Gerichte von fränkischen Naturteich-Öko-Karpfen aus eigenen
Weihern rund um Geslau, z.B.:
- Karpfen, mit Semmelbrösel paniert und schwimmend in Fett ausgebacken,
  mit Kartoffelsalat und Salaten: 8,00 - 11,00
- Karpfenfilet blau aus einem Sud von Wasser, Bacchus, Petersilwurzel, Kefir-Limettenblatt und
  roter Zwiebel, dazu Petersilkartoffeln und Salat: 9,00 - 11,00
Glutenfreie Speisen gemäß Absprache im Lokal

Windsbach-Retzendorf
91575 AN-Mfr
Retzendorf 19
Familie Schmidt
Tel. (09871) 67 24 90
www.gasthaus-pension-rezatgrund.de

Rezatgrund (Gasthaus - Pension)

Zimmer pro Nacht, mit Frühstück: EZ/DZ ab 30/48 Euro
Öffnungszeiten (Do Ruhetag): ab 16 Uhr; Sa 11 - 13.30, ab 16.30; So/Feiertag durchgehend.
Karpfengerichte während der r-Monate:
- Karpfen / Karpfenfilet

Windsbach-Veitsaurach
91575 AN-Mfr
Veitsaurach H7
Fam. Gaby und Christian Pfleger
Tel. (09871) 67 30-0
www.landgasthof-schwarz.com

Schwarz (Landgasthof)

Zimmer pro Nacht, mit Frühstück: EZ/DZ ab 39/60 Euro
Warme Speisen: ab 17.30 Uhr, Sa/So ab 11 Uhr
Während der r-Monate täglich gebackene Karpfen, fangfrisch

Wirsberg
95339 KU-Ofr
Am Lindenberg 6
Fred Haslinger
Tel. (09227) 48 91
www.ockermuehle.de

Ocker-Mühle - barrierefrei

Öffnungszeiten (Mo Ruhetag): ab 11 Uhr; Di ab 17 Uhr
Von Mitte September bis Februar Gerichte von Karpfen aus der Region Wirsberg:
- Karpfen blau / Karpfen gebacken / Karpfen gegrillt
Bier vom Fass: Kulmbacher

Wolkersdorf (SC) → **Schwabach**

Wunsiedel-Göpfersgrün
95632 WUN-Ofr
Göpfersgrün 2
Roland und Margit Gläßl
Tel. (09232) 91 77 67
www.wirtshausimgut.de

Wirtshaus im Gut - Gläßl

Öffnungszeiten (Di Ruhetag): 11 - 14 Uhr; ab 17 Uhr (außer Mo); So ab 11 Uhr
Von Mitte September bis April Gerichte von fangfrischen Karpfen aus eigener Zucht im eigenen Weiher (oder aus dem des Nachbarn).
Ausgezeichnete Fischgaststätte: *Oberfranken-Fisch - krönt den Tisch*. - Glutenfreie Speisen gemäß Absprache im Lokal. - Bier vom Fass: Hönicka (Wunsiedel), Kulmbacher

Würgau (BA) → **Scheßlitz**

Würzburg
97070 WÜ-Ufr
Theaterstr. 19
Familie Wiesenegg
Tel. (0931) 352 88-0
www.buergerspital-weinstuben.com

Bürgerspital zum Heiligen Geist (Weinstuben - Restaurant)

Täglich 10 - 24 Uhr. - Karpfen (saisonal), lebendfrisch aus eigenem Bassin: 13,50
- Karpfen blau, mit zerlassener Butter, Sahnemeerrettich und Kartoffeln
- Karpfen "Aischgründer Art", mit Remouladensoße und Salatplatte
Glutenfreie Speisen gemäß Absprache im Lokal

Würzburg
97070 WÜ-Ufr
Juliuspromenade 19
Frank und Edith Kulinna
Tel. (0931) 540 80
www.juliusspital.de

Juliusspital (Weinstuben - Weingut)

Öffnungszeiten: täglich von 10 - 24 Uhr. - Während der r-Monate frische Karpfen aus dem hauseigenen Bassin, z.B. Karpfen blau / Karpfen gebacken.
In Unterfranken prämiert als *Ausgezeichnetes Fischlokal - Goldener Fisch* (→ Teil 1: Fischgaststätten - Auszeichnungen). Gastronomiepreis-Franken, Kategorie Fischlokal.
Weine aus dem eigenen Weingut Juliusspital

Würzburg
97082 WÜ-Ufr
Katzengasse 7
Roswitha und Rolf Dürr
Tel. (0931) 424 87
www.schiffbaeuerin.de

Schiffbäuerin (Wein- und Fischhaus)

Warme Speisen (Mo Ruhetag): 12 - 14 Uhr; 18 - 21 Uhr (außer So/Feiertag).
Karpfen saisonal (je 100 g 2,50): Karpfen blau / Karpfen gebacken
Das Lokal wurde in Unterfranken mit dem Prädikat *Ausgezeichnetes Fischlokal - Goldener Fisch*
prämiert (→ Teil 1: Fischgaststätten - Auszeichnungen) und es gehört zu den besten
Fischrestaurants in Deutschland (*Der Feinschmecker*, Fisch Spezial 08.2010).

Zapfendorf
96199 BA-Ofr
Hauptstr. 26
Familie Hofmann
Tel. (09547) 62 39

Drei Kronen (Gasthof) - barrierefrei

Zimmer pro Nacht, mit Frühstück: EZ/DZ 25/50 Euro (2011)
Öffnungszeiten (Mo Ruhetag): 8 - 14 Uhr, ab 17 Uhr; Sa/So/Feiertag durchgehend.
Während der r-Monate Gerichte von fangfrischen Karpfen aus dem eigenen Bassin:
- Karpfen blau / Karpfen gebacken / Pfefferkarpfen
Bier vom Fass: Leikeim (Altenkunstadt)

Zautendorf (FÜ) → **Cadolzburg**
Zentbechhofen (ERH) → **Höchstadt/Aisch**
Zerzabelshof (N) → **Nürnberg**
Ziegenbach (NEA) → **Markt Bibart**

Zirndorf
90513 FÜ-Mfr
Marktplatz 5
Familie Pyka
(0911) 477 798 98

Goldener Löwe (Gaststätte)

Warme Speisen (Mo Ruhetag): 10.30 - 22 Uhr.
Karpfengerichte während der r-Monate: Karpfen blau / Karpfen gebacken

Zirndorf
90513 FÜ-Mfr
Am Achterplätzchen 6
Ingrid Schroll-Topp
Tel. (0911) 600 61 00
www.fremdenzimmer-wilhelm-tell.de

Wilhelm Tell (Gasthof)

Zimmer pro Nacht, mit Frühstück: EZ/DZ 45/79 Euro (2011)
Warme Speisen (Mi Ruhetag): 11 - 14 Uhr, 17 - 21 Uhr; So durchgehend.
Karpfen im Bierteig während der r-Monate, immer von Freitag bis Sonntag

Zirndorf
90513 FÜ-Mfr
Schützenstr. 19
WirtIn: Dieter und Dorota
Tel. (0911) 60 75 08

Zum Eiffelturm (Gaststätte)

Montag Ruhetag.
Während der r-Monate täglich gebackene Karpfen.
Bier vom Fass: Zirndorfer

Zirndorf-Anwanden
90513 FÜ-Mfr
Schwabacher Str. 409
Fam. Frieda u. Christian Zimmermann
Tel. (0911) 69 50 60
www.gasthaus-morgensonne.de

Morgensonne (Gasthaus) - barrierefrei

Warme Speisen (Mo/Di Ruhetage): 9 - 23 Uhr
Von Mitte August bis Ende April täglich fangfrische Aischgründer Karpfen:
- Karpfen blau / Karpfenfilet blau, mit Salzkartoffeln und Butter: 8,20/8,50
- Karpfen gebacken / Karpfenfilet gebacken, mit gemischtem Salatteller: 8,20/8,50
- Karpfen-Chips (Vorspeise): 3,50
Bier vom Fass: Tucher, z.B. Keller 2,10

Zirndorf-Bronnamberg
90513 FÜ-Mfr
Adlerstr. 21
Tel. (0911) 69 38 65

Peter (Gasthof - Pension)

Zimmer pro Nacht, mit Frühstück: EZ/DZ 30/60 Euro (2011)
Öffnungszeiten (Mo/Di Ruhetage): 11.30 - 14 Uhr, 17 - 23 Uhr; Sa/So durchgehend
Karpfengerichte während der r-Monate:
- Karpfen gebacken / Karpfenfilet gebacken / Pfefferkarpfenfilet gebacken
Bier vom Fass: Zirndorfer

Zirndorf-Lind
90513 FÜ-Mfr
Lindenstr. 51
Andreas Podszuck
Tel. (0911) 69 79 83
www.linder-grube.de

Linder Grube (Landgasthaus)

Ferienwohnung
Öffnungszeiten (Mo Ruhetag): 11.30 - 14 Uhr, 17 - 24 Uhr; So durchgehend.
Während der r-Monate täglich frische Aischgründer Karpfen, z.B.:
- Karpfen blau (je 100 g 1,90), mit Salzkartoffeln und Salat (ca. 30 Minuten Zubereitung)
- Karpfen gebacken (je 100 g 1,90), mit gemischten Salat
- Karpfen heißgeräuchert, mit Salzkartoffeln und Salat (ca. 30 Minuten Zubereitung)
Bier vom Fass: Kulmbacher, z.B. Lager 2,40

Zückshut (BA) → **Breitengüßbach**

Fränkischer Karpfenführer

Fränkischer Karpfenführer - Teil 4

Karpfengaststätten nach Namen geordnet

AAA

Adam Riese: Bad Staffelstein (LIF)
Adam Walz: Hirschaid-Rothensand (BA)
Adler: Spalt-Großweingarten (RH)
Adlerbräu: Gunzenhausen (WUG)
Aischblick: Höchstadt (ERH)
Albrecht: Dietenhofen (AN)
Alte Amtsvogtei: Grafenrheinfeld (SW)
Alte Brauerei → Urlaub's Weinstuben
Alte Linde: Roth-Obersteinbach (RH)
Alte Mühle: Stegaurach-Mühlendorf (BA)
Alte Nagelschmiede: Altdorf (LAU)
Alte Post: Nürnberg-Kraftshof (N)
Alter Bahnhof → Zum Alten Bahnhof
Alter Brunnen: Marloffstein (ERH)
Alter Peter: Langensendelbach (FO)
Altes Forsthaus → Zum Alten Forsthaus
Altes Kurhaus: Lisberg-Trabelsdorf (BA)
Altes Schloß → Zum alten Schloß
Altmühlquelle → Zur Altmühlquelle
Am Froschgrundsee:
- Rödental-Schönstädt (CO)
Am Letten → Waldgasthof Am Letten
Andres: Kirchlauter-Pettstadt (HAS)
Angerwirt → Zum Angerwirt (ER)
Arlt → Zum Goldenen Karpfen
ASV Sportheim: Nürnberg-Buchenbühl (N)
Augustiner am See:
- Iphofen-Birklingen (KT)

Aurachgrund → Gasthaus im Aurachgrund

BBB

Bamberger Weissbierhaus: Bamberg (BA)
Bammes: Nürnberg-Buch (N)
Bammler → Zur Traube (Velden/LAU)
Bär
- Herzogenaurach-Burgstall (ERH)
→ Zum Bären (Kleinlangheim/KT)
- Mühlhausen (ERH)
Bären - Bärwirt: Randesacker (WÜ)
Barnikel: Frensdorf-Herrnsdorf (BA)
Bauer: Hersbruck (LAU)
Bauernschmitt:
- Pottenstein-Kirchenbirkig (BT)
Baumann → Forellenhof - Baumann
Bayer → Zum Grünen Baum (Theinheim)
Beck: Frensdorf-Abtsdorf (BA)
Beck: Lisberg-Trabelsdorf (BA)
Behringer: Volkach (KT)
Beim Königshof: Nürnberg (N)
Beßler → Lauberberg
Biergarten am Röthelheim: Erlangen (ER)
Bierlein: Rohr (RH)
Birnbaum → Zum Birnbaum
Bittel: Frensdorf-Schlüsselau (BA)
Blaue Traube: Burgthann (LAU)
Blaue Traube im Turnerbund: Erlangen
Blauer Stern → Zum Blauen Stern

Blödel → Grüner Baum (N-Kornburg)
Blumenthal: Spalt-Stiegelmühle (RH)
Böbel: Georgensgmünd-Rittersbach (RH)
Böhm: Rohr (RH)
Böhm: Roth-Rothaurach (RH)
Böhms Herrenkeller: Nürnberg (N)
Böllner: Oberaurach-Dankenfeld (HAS)
Brandenburger Adler
→ Zum Brandenburger Adler
Bratwurst Röslein: Nürnberg (N)
Brauhaus am Kreuzberg → Friedel
Brennereistuben: Wilhelmsdorf (NEA)
Brütting: Hirschaid-Friesen (BA)
BSC Erlangen: Erlangen-Büchenbach (ER)
Burg → Zur Burg (Hohenberg/Eger /WUN)
Burgblick: Hilpoltstein-Heuberg (RH)
Bürgerspital: Würzburg (WÜ)
Burgschänke: Burgthann (LAU)
Büttel: Strullendorf-Geisfeld (BA)

DDD

Das Gasthaus → Fuchsau
Das Limbacher: Schwabach-Limbach (SC)
Daucher: Nürnberg-Altenfurt (N)
Däumler - Zum Wiesengrund:
- Großhabersdorf-Unterschlauersbach (FÜ)
Dellermann:
- Burgebrach-Oberharnsbach (BA)

Dennerschwarz
→ Zur Sonne (Kirchehrenbach/FO)
Der Krug: Stegaurach (BA)
Deutsches Haus: Dinkelsbühl (AN)
Deutsches Reich → Zum Deutschen Reich
Die Fischerei - Oberle:
- Erlangen-Kosbach (ER)
Die Post: Schillingsfürst (AN)
Dippacher: Heroldsbach-Poppendorf (FO)
Doktorshof: Nürnberg-Mögeldorf (N)
Dorfbrunnen → Zum Dorfbrunnen
Drei Kronen: Adelsdorf (ERH)
Drei Kronen: Memmelsdorf (BA)
Drei Kronen: Zapfendorf (BA)
Drei Linden:
- Obertrubach-Bärnfels (FO)
- Kalchreuth (ERH)
→ Zu den 3 Linden (Rudletzholz/RH)
Dreßel → Zum Wirt (Stappenbach/BA)
Drexler: Schwabach-Wolkersdorf (SC)
Dürrbeck: Höchstadt-Jungenhofen (ERH)

EEE
Edwin → Fischerhütte Edwin (Ginolfs/NES)
Egloffsteiner Hof: Altendorf (BA)
Ehegrund: Sugenheim (NEA)
Ehrenbürg:
- Wiesenthau-Schlaifhausen (FO)
Eichhorn: Forchheim (FO)
Eichhorn: Georgensgmünd (RH)
Eiffelturm → Zum Eiffelturm (Zirndorf/FÜ)
Einkehr → Zur Einkehr
Eisenbahn → Zur Eisenbahn
Endres - Zum Lamm:
- Allersberg-Göggelsbuch (RH)
Enten Stub'n: Treuchtlingen (WUG)
Eremitenhof: Bayreuth (BT)

Erhardshöhe:
- Heroldsberg-Erhardshöhe (ERH)
Erlbacher:
- Schwarzenbruck-Pfeifferhütte (LAU)
Erlauer Biergarten - Kiessling:
- Walsdorf-Erlau (BA)
Erlengrund → Zum Erlengrund

FFF
Fasanengarten → Zum Fasanengarten
Festungshof: Coburg (CO)
Fiedler: Dietersheim-Oberroßbach (NEA)
Fischer: Adelsdorf-Lauf (ERH)
Fischer: Hallerndorf-Willersdorf (FO)
Fischer: Hirschaid-Rothensand (BA)
Fischer: Höchstadt-Greuth (ERH)
Fischerbärbel: Veitshöchheim (WÜ)
Fischerei → Die Fischerei
Fischerhütte Edwin:
- Oberelsbach-Ginolfs (NES)
Fischhaus Wiesethgrund:
- Bechhofen-Rottnersdorf (AN)
Fischküche Graf → Graf (Nürnberg/N)
Fischküche Nützel → Nützel (Erlangen/ER)
Fleischerinnung: Nürnberg-Gibitzenhof (N)
Fleischmann: Schnaittach-Kirchröttenbach
Föhrenhof: Heroldsberg (ERH)
Forelle: Weismain-Weihersmühle (LIF)
Forellenhof:
- Lauter - Deusdorfer Mühle (BA)
- Lohr am Main (MSP)
- Pottenstein (BT)
Forellenhof - Baumann:
- Oberschwarzach-Handthal (SW)
Forster - Zur Einkehr:
- Spalt-Güsseldorf (RH)
Förster: Möhrendorf (ERH)

Freilandmuseum
→ Wirtshaus am Freilandmuseum
Friedel - Brauhaus am Kreuzberg:
- Hallerndorf-Schnaid (FO)
Friedenseiche → Zur Friedenseiche
Frische Quelle: Herzogenaurach (ERH)
Frische Quelle → Zur Frischen Quelle
Fränkische Schweiz: Obertrubach (FO)
Fränkischer Hof: Dinkelsbühl (AN)
Frohe Einkehr → Zur Frohen Einkehr
Froschgrundsee → Am Froschgrundsee
Fuchs: Röttenbach (ERH)
Fuchsmühle: Hilpoltstein-Fuchsmühle (RH)
Fuchsau: Hersbruck-Altensittenbach (LAU)
Fürsattel: Uttenreuth (ERH)

GGG
Ganzmann: Adelsdorf (ERH)
Gartenlaube: Schwabach (SC)
Gasthaus im Aurachgrund:
- Markt Erlbach - Mosbach (NEA)
Geier:
- Gremsdorf-Krausenbechhofen (ERH)
Geyer: Oberreichenbach (ERH)
Gelber Löwe: Heroldsberg (ERH)
Gerner → Wirtschaft von Johann Gerner
Gläßl → Wirtshaus im Gut
Glocke → Zur Glocke
Göb: Gremsdorf (ERH)
Goldene Kanne: Dinkelsbühl (AN)
Goldene Krone (Iphofen): Iphofen (KT)
Goldene Krone → Zur Goldenen Krone
Goldene Rose: Dinkelsbühl (AN)
Goldener Anker: Scheßlitz (BA)
Goldener Engel → Goldner Engel
Goldener Hammer
→ Zum Goldenen Hammer

Goldener Hirsch:
- Burgebrach (BA)
→ Goldner Hirsch (Dinkelsbühl)
→ Zum Goldenen Hirschen - Gugel
  (Eckersmühlen)
Goldener Karpfen
→ Zum Goldenen Karpfen (Kreben /FÜ)
Goldener Löwe: Allersberg (RH)
Goldener Löwe: Zirndorf (FÜ)
Goldener Schwan
→ Zum Goldenen Schwan
Goldener Schaumlöffel:
- Erlangen-Frauenaurach (ER)
Goldener Stern:
- Schnaittach-Osternohe (LAU)
- Schwabach (SC)
- Trautskirchen (NEA)
Goldener Stern - Zöllner:
- Schnaittach-Kirchröttenbach (LAU)
Goldener Stern → Goldner Stern
Goldener Stern → Leo's Goldener Stern
Goldenes Herz: Wendelstein (RH)
Goldenes Lamm → Zum Goldenen Lamm
Goldner Engel: Weisendorf (ERH)
Goldner Hirsch: Dinkelsbühl (AN)
Goldner Stern:
- Wiesenttal-Muggendorf (FO)
Göller
- Hirschaid (BA)
- Memmelsdorf-Drosendorf (BA)
Gotzenmühle:
- Lichtenau-Gotzenmühle (AN)
Graf: Nürnberg (N)
Grottenhof:
- Neuhaus/Pegnitz - Krottensee (LAU)
Grüne Au: Obernzenn-Hechelbach (NEA)
Grüne Eiche → Zur Grünen Eiche

Grüner Baum:
- Lauf/Pegnitz - Bullach (LAU)
- Cadolzburg-Egersdorf (FÜ)
- Fürth (FÜ)
- Offenhausen-Kucha (LAU)
- Wachenroth (ERH)
Grüner Baum - Blödel:
- Nürnberg-Kornburg (N)
Grüner Baum → Zum Grünen Baum
Grünes Tal → Zum Grünen Tal
Gugel
→ Zum Goldenen Hirschen (Eckersmühlen)
Gumbrecht: Heßdorf-Obermembach (ERH)
Gundel:
- Kammerstein-Barthelmesaurach (RH)
Güthlein
→ Zur Einkehr (Erlangen-Büchenbach/ER)

HHH
Hagleite: Kulmbach (KU)
Haidelbach → Zum Haidelbach
Heidenberg → Zum Heidenberg - Odorfer
Hallburg → Schloss Hallburg (Volkach/KT)
Hallerschlösschen:
- Lauf/Pegnitz - Nuschelberg (LAU)
Hammer:
- Neuhof/Zenn - Neuselingsbach (NEA)
Hammerschmiede
→ Zur Hammerschmiede
Hans-Gruber-Keller: Spalt (RH)
Hardhöhe → Zur Hardhöhe (Fürth/FÜ)
Hartmann: Scheßlitz-Würgau (BA)
Haueis: Marktleugast-Hermes (KU)
Hausmann → Zur Sonne (Lonnerstadt)
Heerlein: Bamberg-Wildensorg (BA)
Heilig Geist Spital: Nürnberg (N)
Heiligenstadter Hof: Heiligenstadt (BA)

Heinrich - Zum Schwarzen Roß:
- Schauenstein-Neudorf (HO)
Heißmann:
- Kirchensittenbach-Morsbrunn (LAU)
Heller: Weisendorf-Buch (ERH)
Hennemann:
- Pommersfelden-Sambach (BA)
Herboldsheimer:
- Cadolzburg-Vogtsreichenbach (FÜ)
Herrmann: Burgebrach-Ampferbach (BA)
Herrmann: Frensdorf-Herrnsdorf (BA)
Herting: Wachenroth-Warmersdorf (ERH)
Herzog: Lauf-Heuchling (LAU)
Heyder: Büchenbach (RH)
Hieronymus
→ Zum Brandenburger Adler (NEA)
Hirsch → Zum Hirschen
Hochreiter → Zum Hochreiter (Enderndorf)
Hoffmanns-Keller: Spalt (RH)
Hofmann:
- Eckental-Forth (ERH)
- Gutenstetten-Pahres (NEA)
- Rauhenebrach-Schindelsee (HAS)
Höhenluft: Haundorf-Oberhöhberg (WUG)
Höhn: Memmelsdorf (BA)
Holzlöffel → Zum Holzlöffel (N)
Hopf: Pommersfelden-Stolzenroth (BA)
Hötzelein: Kunreuth-Regensberg (FO)
Hubert (Rettern):
- Eggolsheim-Rettern (FO)
Hubert (Weilersbch): Weilersbach (FO)
Hubertushof - Paul:
- Pleinfeld-Veitserlbach (WUG)
Hulda → Zur Hulda (Berg-Tiefengrün/HO)
Hümmer: Stegaurach-Unteraurach (BA)

IIJJ

Igelwirt: Schnaittach-Osternohe (LAU)
Jägerheim:
- Heßdorf-Röhrach (ERH)
- Nürnberg-Zerzabelshof (N)
Jägerhof (Absberg):
- Absberg (WUG)
- Roth-Pfaffenhofen (RH)
Jägersruh (Hesselberg):
- Heßdorf-Hesselberg (ERH)
Juliusspital: Würzburg (WÜ)
Jungmeier:
- Gunzenhausen-Schlungenhof (WUG)

KKK

Kaiser → Landhaus Kaiser (Abenberg/RH)
Kammerer: Hallerndorf-Pautzfeld (FO)
Kampfer: Schnaittach (LAU)
Karpfen → Zum Karpfen (Obernburg/MIL)
Karpfenhof → Ritzers Karpfenhof
Käßer: Ansbach (Brodswinden)
Kettler: Oberasbach (FÜ)
Kiessling → Erlauer Biergarten
Kitzmann BräuSchänke: Erlangen (ER)
Kleemann: Gunzenhausen-Pfofeld (WUG)
Klosterbräu Bamberg: Bamberg (BA)
Klosterbräu (Ebrach)
→ Landidyll Historikhotel (Ebrach/BA)
Klosterbrauerei Weißenohe:
- Weißenohe (FO)
Klosterhof: Neunkirchen/Brand (FO)
König Humbert: Erlangen (ER)
Königshof: Königshof (Hallstadt/BA)
Königshof → Beim Königshof (Nürnberg/N)
Knoblach: Litzendorf-Schammelsdorf (BA)
Kraft: Büchenbach-Kühedorf (RH)
Kraus: Hirschaid (BA)

Kreuz → Zum Kreuz (Virnsberg/AN)
Kreuzweiher:
- Kalchreuth-Kreuzweiher (ERH)
Krone:
- Erlangen-Hüttendorf (ER)
- Herzogenaurach (ERH)
- Spalt (RH)
Krone - Loscher (Münchsteinach):
- Münchsteinach (NEA)
Krone → Zur Krone
Krug (Dechendorf): Rohr-Dechendorf (RH)
Krug → Der Krug (Stegaurach/BA)
Kugler-Wirt:
- Neunkirchen/Brand - Großenbuch (FO)
Kutscherstübla:
- Burgebrach-Stappenbach (BA)

LLL

Lamm → Endres (Allersberg/RH)
Landhaus Kaiser: Abenberg (RH)
Landhotel Neuses:
- Prichsenstadt-Neuses (KT)
Landidyll Historikhotel Klosterbräu:
- Ebrach (BA)
Lang: Simmelsdorf (LAU)
Lauberberg - Beßler:
- Höchstadt/Aisch - Sterpersdorf (ERH)
Leicht: Kemmern (BA)
Leo's Goldener Stern:
- Wendelstein-Kleinschwarzenlohe (RH)
Leuzenberger-Hof: Reichenschwand (LAU)
Lichterhof: Uffenheim (NEA)
Lieberth: Hallerndorf (FO)
Limbacher → Das Limbacher
Linde → Zur Linde
Linden: Windelsbach-Linden (AN)
Lindenhof: Heroldsbach (FO)

Lindenwirt → Zum Lindenwirt
Linder Grube: Zirndorf-Lind (FÜ)
Lohgarten: Roth (RH)
Loscher → Krone (Münchsteinach/NEA)
Löwenbräu: Buttenheim (BA)
Löwenbräu → Zum Löwenbräu (Neuhaus)
Löwenbräu Keller: Buttenheim (BA)
Ludwigshöhe → Zur Ludwigshöhe
Lunz: Weisendorf-Rezelsdorf (ERH)

MMM

Maastümpfl: Hallstadt (BA)
Mainaussicht → Zur Mainaussicht
Mainlust: Viereth-Trunstadt (BA)
May: Willanzheim-Hüttenheim (KT)
Mayd: Erlangen-Dechsendorf (ER)
Meisel: Kalchreuth (ERH)
Melbers Schoppeneck: Burghaslach (NEA)
Mendelwirt → Schwarzer Adler (Hetzles)
Messingschlager: Frensdorf (BA)
Messthaler: Nürnberg-Weiherhaus (N)
Meyerle: Kammerstein-Haag (RH)
Morgensonne: Zirndorf-Anwanden (FÜ)
Mörsbergei: Bubenreuth (ERH)
Mühlenbräu → Alte Mühle (Mühlendorf/BA)
Mühlhäuser: Pretzfeld-Wannbach (FO)
Müller:
- Frensdorf-Reundorf → Schmausenkeller
- Lichtenfels-Reundorf (LIF)
- Nürnberg-Kornburg → Weißes Lamm
- Stegaurach-Debring (BA)
Münich: Oberscheinfeld (NEA)
Mußgiller: Erlangen (ER)

NNN

Nagelschmiede → Alte Nagelschmiede
Neuses → Landhotel Neuses

Niebler: Adelsdorf-Neuhaus (ERH)
Nützel: Erlangen (ER)

OOO
Obere Mühle: Happurg (LAU)
Oberes Tor - Schlenk: Schnaittach (LAU)
Oberle → Die Fischerei (Kosbach/ER)
Ochs → Zum Ochsen
Ocker-Mühle: Wirsberg (KU)
Odorfer → Zum Heidenberg - Odorfer
Ossmann:
- Kammerstein-Neppersreuth (RH)
Ott: Heiligenstadt-Oberleinleiter (BA)

PPP
Panorama (Attelsdorf): Schlüsselfeld (BA)
Pauckner - Zur Linde:
- Thalmässing-Offenbau (RH)
Paul → Hubertushof (Veitserlbach/WUG)
Peter: Zirndorf-Bronnamberg (FÜ)
Petzengarten: Nürnberg (N)
Pfister: Eggolsheim-Weigelshofen (FO)
Pickel: Frensdorf (BA)
Pirckheimer: Nürnberg (N)
Ploss: Schönwald (WUN)
Polster: Erlangen-Kosbach (ER)
Polster → Klosterhof (Neunkirchen/Brand)
Popp (Hüttendorf):
- Erlangen-Hüttendorf (ER)
Post: Ebern (HAS)
Post → Zur Post
Platnersanlage - Vasdekis: Nürnberg (N)
Prechtel: Uehlfeld (NEA)

RRR
Rabus: Rednitzhembach (RH)
Rangau: Erlangen-Dechsendorf (ER)

Rathmann: Heideck-Laffenau (RH)
Reck: Möhrendorf-Oberndorf (ERH)
Reichsadler: Höchstädt/Fichtelgeb. (WUN)
Reichsküchenmeister:
- Rothenburg/Tauber (AN)
Reif: Kalchreuth-Käswasser (ERH)
Resengörg: Ebermannstadt (FO)
Rezatgrund: Windsbach-Retzendorf (AN)
Richter: Pretzfeld-Hagenbach (FO)
Rieneck: Breitengüßbach-Zückshut (BA)
Riesengebirge: Neuhof/Zenn (NEA)
Ritter St. Georg: Erlangen-Bruck (ER)
Rittmayer:
- Adelsdorf → Ganzmann (Adelsdorf/ERH)
- Adelsdorf-Aisch (ERH)
- Hallerndorf-Willersdorf (FO)
Ritzers Karpfenhof:
- Pleinfeld-Hohenweiler (WUG)
Rockenbrunn:
- Röthenbach/Pegn. - Rockenbrunn (LAU)
Roderus Siegfried:
- Markt Erlbach - Rimbach (NEA)
Roppelt: Hallerndorf-Stiebarlimbach (FO)
Rose (Flachslanden): Flachslanden (AN)
Rose (Prühl) → Zur Rose (Prühl/NEA)
Rosenau: Markt Erlbach (NEA)
Roter Ochs → Zum Roten Ochsen
Rotes Ross:
- Eckental-Eschenau (ERH)
- Heroldsberg (ERH)
- Langenzenn-Laubendorf (FÜ)
- Markt Einersheim (KT)
- Ottensoos (LAU)
Röthelheim-Biergarten
→ Biergarten am Röthelheim (ER)
Rothenbach - Zur Sonne - Sonnenhof:
- Aufseß (BT)

Rottner → Zur Linde (Kriegenbrunn/ER)
Rundblick: Uttenreuth (ERH)

SSS
Saalbau Waldschänke: Nürnberg (N)
Sailersberg: Röthenbach/Pegnitz (LAU)
Salb → Zur Sonne (Oberehrenbach/FO)
Sämann: Gallmersgarten-Steinach (NEA)
Sankt Hubertus:
- Herzogenaurach-Beutelsdorf (ERH)
Sauer: Buttenheim-Gunzendorf (BA)
Sauer: Strullendorf-Roßdorf (BA)
Schaaf: Oberaurach-Tretzendorf (HAS)
Schades Schmankerl Stubn:
- Selb-Vielitz (WUN)
Scharold: Adelsdorf-Aisch (ERH)
Scheffel: Gößweinstein (FO)
Schermshöhe: Betzenstein (BT)
Scheubel: Gremsdorf (ERH)
Schießhaus: Nürnberg-Erlenstegen (N)
Schiffbäuerin: Würzburg (WÜ)
Schiller: Strullendorf-Wernsdorf (BA)
Schinkenwirt → Zum Schinkenwirt
Schlenk → Oberes Tor (Schnaittach/LAU)
Schloss Eckenhaid:
- Eckental-Eckenhaid (ERH)
Schloss Hallburg:
- Volkach - Schloss Hallburg (KT)
Schloß Oedenberg:
- Lauf/Pegnitz - Oedenberg (LAU)
Schloss Röckenhof
→ Zum Schloss Röckenhof
Schloßbräu Reckendorf: Reckendorf (BA)
Schloss-Gaststätte:
- Cadolzburg-Deberndorf (FÜ)
Schlossgaststätte: Kalchreuth (ERH)

Schmankerl Stubn
→ Schades Schmankerl Stubn (Vielitz)
Schmausenkeller - Müller:
- Frensdorf-Reundorf (BA)
Schmidt Bräu: Adelsdorf-Neuhaus (ERH)
Schneider: Hallerndorf-Pautzfeld (FO)
Schnörla → Waldesruh (Weilersbach/FO)
Schöne Aussicht → Zur Schönen Aussicht
Schoppeneck → Melbers Schoppeneck
Schorrmühle: Thurnau (KU)
Schrüfer: Pinzberg (FO)
Schuh: Herzogenaurach-Dondörflein (ERH)
Schuh: Möhrendorf-Kleinseebach (ERH)
Schuhmann: Pinzberg-Gosberg (FO)
Schüpferling:
- Wiesenthau-Schlaifhausen (FO)
Schützenhaus → Zum Schützenhaus (FÜ)
Schützenhof: Nürnberg-Südstadt (N)
Schützla → Zum Schützla (Baiersdorf/ERH)
Schwab:
- Frankfurt → Zur Frohen Einkehr
- Schwarzach/M. - Stadtschwarzach (KT)
Schwabachtal: Igensdorf (FO)
Schwan: Burgebrach (BA)
Schwan → Zum Schwan (Castell/KT)
Schwanenbräu: Ebermannstadt (FO)
Schwanen-Bräu: Rattelsdorf-Ebing (BA)
Schwarz: Windsbach-Veitsaurach (AN)
Schwarzer Adler:
- Dietenhofen-Warzfelden (AN)
- Hersbruck (LAU)
- Hetzles (FO)
- Markt Nordheim - Ulsenheim (NEA)
- Schnaittach-Osternohe (LAU)
- Stein-Gutzberg (FÜ)
- Uffenheim (NEA)
- Uttenreuth (ERH)

Schwarzer Adler - Sponsel:
- Kirchehrenbach (FO)
Schwarzer Bär: Hirschaid (BA)
Schwarzes Roß → Zum Schwarzen Roß
Schwarzmann: Hallerndorf-Trailsdorf (FO)
Schwedenschanz: Ansbach-Eyb (AN)
Schweizer Grom: Forchheim (FO)
Schweizer Hof: Scheßlitz-Würgau (BA)
Schweizer Keller: Forchheim-Reuth (FO)
Schwenksaal: Bayreuth-Glocke (BT)
Seehof: Allersberg (RH)
Seerose (Horbach):
- Langenzenn-Horbach (FÜ)
Seerose (Roth): Roth (RH)
Seeterrassen: Happurg (LAU)
Seitz: Gräfenberg-Thuisbrunn (FO)
Sellanger: Selbitz-Sellanger (HO)
Signalstein → Zum Signalstein (Hundsdorf)
Simon: Stein-Deutenbach (FÜ)
Sindersdorfer Hof:
- Hilpoltstein-Sindersdorf (RH)
Sonne:
- Aufseß → Rothenbach (Aufseß/BT)
- Ebermannstadt (FO)
- Neuendettelsau (AN)
- Scheßlitz-Würgau (BA)
Sonne → Zur Sonne
Sonnenhof → Rothenbach (Aufseß/BT)
Sonnenschein: Veitshöchheim (WÜ)
Sörgel: Alfeld-Lieritzhofen (LAU)
Speth → Zu den 3 Linden (Rudletzholz/RH)
Spießgeselle → Zum Spießgesellen
Sponsel → Schwarzer Adler
Sportgaststätte im Hamesbuck:
- Veitsbronn (FÜ)
St. Kunigund: Erlangen-Eltersdorf (ER)
Stache: Spalt-Mosbach (RH)

Stadthallen Stüberl: Roth (RH)
Stadtwappen → Zum Stadtwappen (Fürth)
Stanglwirt → Zum Signalstein (Hundsdorf)
Staudigel: Heßdorf-Klebheim (ERH)
Steichele: Nürnberg (N)
Steigerwald: Burgebrach (BA)
Stern:
- Ebern (HAS)
- Geiselwind (KT)
- Gößweinstein (FO)
- Linden → Zum Stern
Stilles Bächlein → Zum Stillen Bächlein
Storch → Zum Storch / Zum Storchen
Südstadt: Fürth (FÜ)
Süß: Weisendorf-Buch (ERH)
Sußner: Kalchreuth (ERH)

TTT
Tannenbaum → Zum Tannenbaum (Fürth)
Traube → Zur Traube
Treiber: Obertrubach-Reichelsmühle (FO)
Tucherbräu am Opernhaus: Nürnberg (N)
Tucherbräu-Stüberl: Fürth (FÜ)

UUU
Urlaub's Weinstuben - Alte Brauerei:
- Randersacker (WÜ)
Utz: Adelsdorf-Weppersdorf (ERH)

VVV
Vacher Fischhäusla: Fürth-Vach (FÜ)
Valzner Weiher:
- Nürnberg-Zerzabelshof (N)
Vasdekis → Platnersanlage - Vasdekis (N)
Vasold: Hallerndorf-Willersdorf (FO)
Vergißmeinnicht: Stein-Bertelsdorf (FÜ)
Vogel: Pommelsbrunn (LAU)

Vogelsberg → Zum Vogelsberg
Vogelsburg: Volkach-Escherndorf (KT)
Volland: Pommersfelden-Limbach (BA)

WWW
Waldesruh - Schnörla: Weilersbach (FO)
Waldgasthof Am Letten:
- Lauf/Pegnitz - Letten (LAU)
Waldrestaurant Schießhaus → Schießhaus
Waldschänke:
- Heroldsberg (ERH)
- Nackendorf → Zur Waldschänke
- Nürnberg → Saalbau Waldschänke
Waldschießhaus: Erlangen (ER)
Walhalla: Fürth (FÜ)
Walter: Gremsdorf-Poppenwind (ERH)
Walz → Adam Walz (Rothensand/BA)
Weber: Hirschaid-Großbuchfeld (BA)
Weber: Hirschaid-Röbersdorf (BA)
Weberskeller: Höchstadt (ERH)
Weichlein:
- Wachenroth-Weingartsgreuth (ERH)
Weinländer: Dietenhofen-Leonrod (AN)
Weissbierhaus
→ Bamberger Weissbierhaus (BA)
Weißes Lamm:
- Baiersdorf (ERH)
- Schwabach (SC)
- Walsdorf (BA)
Weißes Lamm - Müller:
- Nürnberg-Kornburg (N)
Weißes Ross:
- Dinkelsbühl (AN)
- Schwaig-Behringersdorf (LAU)
Wellmann: Markt Taschendorf (NEA)
Wernsdörfer - Zum Lips:
- Schönbrunn/Steigerwald (BA)

Wick: Markt Erlbach - Eschenbach (NEA)
Wied → Zur Wied (Tennenlohe/ER)
Wiesental → Zum Wiesental (Steinbach)
Wiesengrund → Däumler
Wiesethgrund → Fischhaus Wiesethgrund
Wiethaler: Lauf/Pegnitz - Neunhof (LAU)
Wildbad → Zum Wildbad
Wilde Rose: Bamberg (BA)
Wilhelm Tell: Zirndorf (FÜ)
Wilhelmshöhe: Fürth (FÜ)
Windfelder am See: Stegaurach (BA)
Winkler: Thalmässing-Alfershausen (RH)
Winzerstube Weimersheim:
- Ipsheim-Weimersheim (NEA)
Wirtschaft von Johann Gerner:
- Heßdorf-Dannberg (ERH)
Wirtshaus → Zum Wirtshaus (Henfenfeld)
Wirtshaus am Dorfbrunnen:
- Uehlfeld-Schornweisach
Wirtshaus am Freilandmuseum:
- Bad Windsheim (NEA)
Wirtshaus im Gut - Gläßl:
- Wunsiedel-Tiefengrün (WUN)
Wirtshaus zum TSV Falkenheim
→ Zum Falkenheim (N)
Wolfsberg: Neuhaus/Pegnitz (LAU)
Wolfshöher Bräustüberl:
- Neunkirchen/Sand (LAU)
Wolfsschlucht → Zur Wolfsschlucht
Wolfsschlucht → Zur Wolfsschlucht
Wollnersaal → Zur Linde (Heuchling /LAU)
Wurm: Hirschaid-Röbersdorf (BA)

ZZZ
Zametzer: Langensendelbach (FO)
Zehnder: Geiselwind (KT)
Zehner: Eggolsheim-Drosendorf (FO)

Zehnthof: Nordheim/Main (WÜ)
Zenglein:
- Oberaurach-Oberschleichach (HAS)
Zenntaler Hof:
- Neuhof/Zenn - Adelsdorf (NEA)
Ziegler → Zur Linde (Günzersreuth/RH)
Zöllner → Goldener Stern
Zu den drei Linden:
- Cadolzburg-Zautendorf (FÜ)
Zu den 3 Linden - Speth:
- Heideck-Rudletzholz (RH)

Zum
Zum Alten Bahnhof: Ebrach (BA)
Zum Alten Forsthaus:
- Kalchreuth → Meisel (Kalchreuth/ERH)
- Nürnberg-Neunhof (N)
Zum alten Schloß:
- Kirchensittenbach-Kleedorf (LAU)
Zum Angerwirt: Erlangen (ER)
Zum Bären: Kleinlangheim (KT)
Zum Birnbaum: Bad Windsheim (NEA)
Zum Blauen Stern:
- Nürnberg-Fischbach (N)
Zum Brandenburger Adler - Hieronymus:
- Dachsbach (NEA)
Zum Deutschen Reich: Allersberg (RH)
Zum Dorfbrunnen:
- Cadolzburg-Wachendorf (FÜ)
Zum Eiffelturm: Zirndorf (FÜ)
Zum Falkenheim: Nürnberg (N)
Zum Fasanengarten:
- Herzogenaurach (ERH)
Zum Feuchten Trennungspunkt:
- Gutenstetten (NEA)
Zum Goldenen Hammer:
- Rohr-Leuzdorf (RH)

Zum Goldenen Hirschen - Gugel:
- Roth-Eckersmühlen (RH)
Zum Goldenen Karpfen - Arlt:
- Markt Wilhermsdorf - Kreben (FÜ)
Zum Goldenen Lamm:
- Allersberg-Ebenried (RH)
Zum Goldenen Ochsen - Winkler:
- Thalmässing-Alfershausen (RH)
Zum Goldenen Schwan: Hemhofen (ERH)
Zum Grünen Baum:
- Hallerndorf-Willersdorf (FO)
- Iphofen-Hellmitzheim (KT)
- Rauhenebrach-Theinheim (HAS)
Zum Grünen Tal:
- Georgensgmünd-Untersteinbach (RH)
- Kammerstein-Poppenreuth (RH)
Zum Haidelbach:
- Leinburg-Unterhaidelbach (LAU)
Zum Heidenberg - Odorfer:
- Büchenbach-Kühedorf (RH)
Zum Hirschen:
- Hilpoltstein (RH)
- Nürnberg-Krottenbach (N)
Zum Hochreiter: Spalt-Enderndorf (RH)
Zum Holzlöffel: Nürnberg (N)
Zum Karpfen (Obernburg):
- Obernburg/Main (MIL)
Zum Kreuz: Flachslanden-Virnsberg (AN)
Zum Lamm → Endres (Allersberg/RH)
Zum Lindenwirt:
- Spalt-Großweingarten (RH)
Zum Lips → Wernsdörfer (Schönbrunn/BA)
Zum Löwenbräu:
- Adelsdorf-Neuhaus (ERH)
Zum Ochsen: Rothenburg/Tauber (AN)
Zum Roß:
- Feuchtwangen-Dorfgütingen (AN)

Zum Roten Ochsen:
- Allersberg (RH)
- Herzogenaurach (ERH)
- Kalchreuth (ERH)
Zum Roten Ross:
- Fürth-Großhabersdorf (FÜ)
Zum Schinkenwirt:
- Seukendorf-Hiltmannsdorf (FÜ)
Zum Schloss Röckenhof:
- Kalchreuth-Röckenhof (ERH)
Zum Schwan: Castell (KT)
Zum Schwarzen Roß:
- Hilpoltstein (RH)
- Schauenstein-Neudorf/HO
  → Heinrich - Zum Schwarzen Roß
Zum Schloßblick: Egloffstein-Mostviel (FO)
Zum Schützenhaus: Fürth (FÜ)
Zum Schützla: Baiersdorf (ERH)
Zum Signalstein - Stanglwirt:
- Obertrubach-Hundsdorf (FO)
Zum Spießgesellen: Nürnberg (N)
Zum Stadtwappen: Fürth (FÜ)
Zum Stern: Markt Erlbach - Linden (NEA)
Zum Stillen Bächlein:
- Offenhausen-Egensbach (LAU)
Zum Storch: Prichsenstadt (KT)
Zum Storch: Schlüsselfeld (BA)
Zum Storchen: Volkach (KT)
Zum Tannenbaum: Fürth (FÜ)
Zum Vogelsberg:
- Gremsdorf-Krausenbechhofen (ERH)
Zum Walberla: Kirchehrenbach (FO)
Zum Wiesengrund → Däumler
Zum Wiesental:
- Cadolzburg-Steinbach (FÜ)
Zum Wildbad:
- Burgbernheim-Wildbad (NEA)

Zum Wilden Jäger: Nürnberg (N)
Zum Wilden Mann: Dinkelsbühl (AN)
Zum Wirt - Dreßel:
- Burgebrach-Stappenbach (BA)
Zum Wirtshaus: Henfenfeld (LAU)

Zur
Zur Altmühlquelle:
- Windelsbach-Hornau (AN)
Zur Burg: Hohenberg/Eger (WUN)
Zur Einkehr:
- Gerhardshofen-Forst (NEA)
- Güsseldorf → Forster - Zur Einkehr
- Obertrubach-Bärnfels (FO)
Zur Einkehr - Güthlein:
- Erlangen-Büchenbach (ER)
Zur Eisenbahn: Muhr am See (WUG)
Zur Friedenseiche: Cadolzburg (FÜ)
Zur Frischen Quelle:
- Spalt-Hagsbronn (RH)
- Oberasbach-Rehdorf (FÜ)
Zur Frohen Einkehr:
- Ohrenbach-Reichardsroth (AN)
Zur frohen Einkehr - Schwab:
- Markt Taschendorf - Frankfurt (NEA)
Zur Glocke: Dinkelsbühl (AN)
Zur Goldenen Krone: Rattelsdorf (BA)
Zur Grünen Eiche: Reichenschwand (LAU)
Zur Hammerschmiede:
- Gerhardshofen-Birnbaum (NEA)
Zur Hardhöhe: Fürth (FÜ)
Zur Hulda: Berg-Tiefengrün (HO)
Zur Krone:
- Lauf/Pegnitz - Bullach (LAU)
- Dietenhofen (AN)

Zur Linde:
- Effeltrich (FO)
- Gebsattel-Kirnberg (AN)
- Großhabersdorf-Fernabrünst (FÜ)
- Kalchreuth-Röckenhof (ERH)
- Lauf/Pegnitz - Heuchling (LAU)
- Offenbau → Pauckner
- Pleinfeld-Stirn (WUG)
- Roth-Hofstetten (RH)
Zur Linde - Dorn:
- Stegaurach-Mühlendorf (BA)
Zur Linde - Rottner:
- Erlangen-Kriegenbrunn (ER)
Zur Linde - Ziegler:
- Kammerstein-Günzersreuth (RH)
Zur Ludwigshöhe:
- Marloffstein-Adlitz (ERH)
Zur Mainaussicht:
- Volkach-Escherndorf (KT)

Zur Post:
- Bubenreuth (ERH)
- Egloffstein (FO)
- Höchstadt (ERH)
- Lauf/Pegnitz (LAU)
- Waischenfeld (BT)
Zur Rose: Oberscheinfeld-Prühl (NEA)
Zur Schönen Aussicht:
- Schnaittach-Lillinghof (LAU)
Zur Sonne:
- Aufseß → Rothenbach (Aufseß/BT)
- Frankenwinheim (SW)
- Höttingen-Fiegenstall (WUG)
- Neustadt/Aisch (NEA)
- Rattelsdorf-Mürsbach (BA)
Zur Sonne - Dennerschwarz:
- Kirchehrenbach (FO)
Zur Sonne - Hausmann:
- Lonnerstadt (ERH)

Zur Sonne - Salb:
- Leutenbach-Oberehrenbach (FO)
Zur Traube:
- Oberschwarzach-Breitbach (SW)
- Markt Bibart - Ziegenbach (NEA)
Zur Traube - Bammler: Velden (LAU)
Zur Waldschänke:
- Höchstadt-Nackendorf (ERH)
Zur Wied: Erlangen-Tennenlohe (ER)
Zur Wolfsschlucht:
- Sugenheim-Ullstadt (NEA)
- Wiesenttal-Muggendorf (FO)

Zw
Zwanzger: Uehlfeld (NEA)
Zwick (Rudelsdorf):
- Kammerstein-Rudelsdorf (RH)
Zwinger-Melber: Lauf/Pegnitz (LAU)

Fränkischer Karpfenführer

Verwendete Informationsquellen

(Die Web-Angaben stammen aus dem Zeitraum Januar 2011 bis September 2011)

aischgründer-karpfen.de → Teichgenossenschaft Aischgrund

KaMu   Aischgründer Karpfenmuseum, Neustadt a.d. Aisch: Informationen, die sich der Autor im Museum direkt verschafft hat.

KaMu1   Aischgründer Karpfenmuseum, Neustadt a.d. Aisch (http://217.160.45.62/karpfenmuseum/karpfenmuseum.html)

Aischgründer Karpfenschmeckerwochen (ARGE, Verwaltung im Sachgebiet 15 des Landratsamtes Neustadt a.d. Aisch)
- www.karpfenschmeckerwochen.de (gelistet sind 20 Karpfengaststätten im Landkreis Neustadt - Bad Windsheim)

Allersberg, Markt (Hg.): Gastronomieführer Markt Allersberg.
(http://www.allersberg.de/tourismus-und-freizeit/gastronomiefuehrer/inhalt.html)

AT1   angeltreff.media.org (Angeltreff.org: MAZ, Königsbergerstr. 18, 71717 Beilstein, Redaktion Thomas Finkbeiner)
- Kormoran-Problem. Nach: Informationen von *Österreichisches Kuratorium für Fischerei und Gewässerschutz.*
(www.angeltreff.org/natur/problem_kormoran/problem_kormoran.html)

BC   Bauer, Christian: Dem Karpfen auf der Spur. Radiotelemetrische Untersuchungen am Zuchtkarpfen, Cyprinus carpio carpio morpha domestica, während der Winterung. Schrems (Österreich), Ökologische Station Waldviertel, 2003.
(http://www.vu-wien.ac.at/i107/bauer/diss.pps)

BF   Bauerreiß, Fritz: Anmerkungen des Autors, die sich u.a. aufgrund der dort angegebenen Textstellen, einschlägiger Besuche und Gespräche sowie aus eigenen Lebenserfahrungen und Gedankengängen ergeben haben.

bayern-online.de (Netz Aktiv AG, Maximilianstr. 9, Bayreuth, Vorstand - Jörg-Mark Zimmermann; www.Netz-Aktiv.de)
- bayern-online.de → Gastronomie → suche: Karpfen

bayernradar.de (Matthias Herles, Cadolzburger Str. 14, Cadolzburg)
- www.bayernradar.de → Suche: *Karpfen*

bierfranken.eu (GuideMedia GbR, Markus Raupach & Bastian Böttner, Grüner Markt 15, Bamberg; www.guidemedia.de)
- www.bierfranken.eu → Suche: *Karpfen*

bierland-oberfranken.de (Bierland Oberfranken e.V., c/o Handwerkskammer für Oberfranken, Kerschensteiner Str. 7, Bayreuth, vertreten durch den Landrat als 1. Vorsitzenden)

BT1   Blachnik, Thomas (Agentur & Naturschutzbüro Thomas Blachnik, Guntherstraße 41, Nürnberg; www.agentur-blachnik.de)
- Teichwirtschaft in Hochfranken: www.agentur-blachnik.de → Projekte → Teichwirtschaft in Hochfranken
(www.agentur-blachnik.de/pdf/teichwirtschaft_hochfranken.pdf)

braufranken.de (Elmar R. Göller, Schoettlestraße 20, Heilbronn)
- www.braufranken.de/html/brauoberfranken.html → Suche: *Karpfen*

chefkoch.de (pixelhouse GmbH, Felix-Rütten-Str. 2, Bad Neuenahr-Ahrweiler, Mandy Scheffel - Redaktionsleitung)

CK1   - Karpfen blau (http://www.chefkoch.de/rezepte/23721005895340/Karpfen-blau.html)

DIALO → speisekarte.de

EF1   erlebnis-fisch.de (ARGE Fisch im Landkreis Tirschenreuth e. V., Mähringer Str. 7, Tirschenreuth, Hans Klupp - 1. Vorsitzender)

- Kornthaner Karpfenkirchweih – 08./09. Oktober 2011
  (www.erlebnis-fisch.de/index.php?option=com_content&view=article&id=81&Itemid=113)

EN1   Erlanger Nachrichten: Kirchweih in Kosbach - Immer die Ersten (18.08.2011, HEN/Seite 3)

Erlangen-Höchstadt, Landratsamt (Hg.)

ERH1   - Karpfengaststätten - Hier gibts unseren leckeren Karpfen, Ausgabe 2010/11. (Gelistet sind 82 Karpfengaststätten im Bereich ERH.)
  (www.erlangen-hoechstadt.de/media/custom/450_43_1.PDF)

ERH2   - Karpfengaststätten - Hier gibts unseren leckeren Karpfen, Ausgabe 2005.
  (www.erlangen-hoechstadt.de/media/custom/528_16_1.PDF)

ERH3   - Moorweiher und Niedermoore im Aischgrund
  (www.erlangen-hoechstadt.de/showobject.phtml?La=1&object=tx%7C528.558.1%7C450.3.1&sub=0)

ERH4   - Lebensraumnetz Moorweiher und Niedermoore
  (www.erlangen-hoechstadt.de/media/custom/528_38_1.PDF?1279766432?La=1&object=med|528.38.1)

ERH5   - Marabini, Johannes - Zwischenbericht zum ABSP-Umsetzungsprojekt *Lebensraumnetz Moorweiher und Niedermoore* - Oktober 2002
  (www.erlangen-hoechstadt.de/media/custom/528_39_1.PDF?1137860841?La=1&object=med|528.39.1)

EUP1   Europäisches Parlament, Pressemitteilung: Zunehmende Schäden durch Kormorane. (Europäischer Kormoran-Managementplan zur Reduzierung der zunehmenden Schäden durch Kormorane für Fischbestände, Fischerei und Aquakultur. Berichterstatter: Heinz Kindermann, SPD.) Bericht: A6-0434/2008. Fischerei - 04-12-2008 - 13:12. (http://www.europarl.europa.eu/sides/getDoc.do?pubRef=-//EP//TEXT+IM-PRESS+20081203IPR43676+0+DOC+XML+V0//DE&language=DE)

FZG1   Fischzucht Gerstner, Homepage (www.fischzucht-gerstner.de); Im Seegrund 1, Volkach-Obervolkach.

ffb1   food-from-bavaria.de (Bayerisches Staatsministerium für Ernährung, Landwirtschaft und Forsten, München)

- Aischgründer Karpfen (www.food-from-bavaria.de/de/reg_spez/einzelprodukt.php?an=108)

- Dinkelsbühler Karpfen (www.food-from-bavaria.de/de/reg_spez/einzelprodukt.php?an=125)

- Franken-Karpfen (www.food-from-bavaria.de/de/reg_spez/einzelprodukt.php?an=188)

- Oberpfälzer Karpfen (www.food-from-bavaria.de/de/reg_spez/einzelprodukt.php?an=154)

franken4all.de (Franken4All GmbH & Co. KG, Nürnberger Str. 1b, Heroldsberg, Oliver Fragner und Wolfgang Fischer)

- www.franken-4all.de → Suche: Karpfen

franken-geniesserland.de → Tourismusverband Franken

FP1   Frankenpost: Kormoran bereitet Probleme (www.frankenpost.de/lokal/fichtelgebirge/wunsiedel/art2460,1629474; 30.04.2011)

frankenradar.de (Matthias Herles, Cadolzburger Str. 14, Cadolzburg): www.frankenradar.de → suche: Karpfen

franken-regio.de (Dieter Müller, Thüngersheimer Str. 89, Güntersleben): www.franken-regio.de → suche: Karpfen

frankentourismus.de → Tourismusverband Franken

frankenWiki.de (Mitmach-Lexikon der Nürnberger Zeitung, NZ, für die Metropolregion Nürnberg und Franken. Nordbayerische Verlagsgesellschaft mbH, Marienstraße 9, Nürnberg)

FW1   - Ingreisch (www.franken-wiki.de/index.php/Ingreisch; Version vom 29.11.2010, 14:19 Uhr.)

Fränkisches Karpfenfähnla (Wolfgang Rössler, 96146 Altendorf, 1. Bürgermeister, Kreisheimatpfleger im Landkreis Bamberg)

FK1   - www.fraenkisches-karpfenfaehnla.de

Fritz, Thomas → mainpost.de (MP2)

FZG1 → Fischzucht Gerstner

gastroguide-erlangen.de - Gastroführer Erlangen und Umgebung (Stephan Teubel) → suche Karpfen, suche Fischküche

genussregion.oberfranken.de (Genussregion Oberfranken e.V., Kerschensteiner Str. 7, Bayreuth, vertreten durch den Landrat als 1. Vorsitzenden; gefördert durch das Bayerische Staatsministerium für Ernährung, Landwirtschaft und Forsten, den Europäischen Landwirtschaftsfonds für die Entwicklung des ländlichen Raums, ELER, und die Oberfrankenstiftung)

GO1   - Karpfen, in Bierteig gebacken
(www.genussregion.oberfranken.de/spezialitaeten/rezepte/163/karpfen_in_bierteig_gebacken_40.htm)

Gerstner, Fischzucht → Fischzucht Gerstner

Grömping, Hans-Wilhelm → NaL1

Henning, Valeska → Zöliakie-Treff

Herles, Matthias → frankenradar.de; → bayernradar.de

Jungfer, Ingrid → NB7

Kammerstein, Gemeinde: Einkehrmöglichkeiten in der Gemeinde Kammerstein (www.kammerstein.de/gasthausverzeichnis.htm)

karpfenland-aischgrund.de → Teichgenossenschaft Aischgrund

karpfenland-aischgrund.eu (Karpfenland Aischgrund e.V., Helmut Dresel, Höchstadt a.d. Aisch)

    - www.karpfenland-aischgrund.eu → Gastronomie → Gaststätten

KaMu   Karpfenmuseum → Aischgründer Karpfenmuseum

KNP1   karpfenpurnatur.de (Karpfen pur Natur - ein Projekt der Kreisgruppe Höchstadt-Herzogenaurach des Bundes Naturschutz in Bayern; www.karpfenpurnatur.de)

karpfenschmeckerwochen.de → Aischgründer Karpfenschmeckerwochen

mainpost.de

MP1   - Weihnachtsbäume sollen Karpfen vor Kormoranen schützen (08.03.2011, 17:27 Uhr).
(www.mainpost.de/regional/franken/Weihnachtsbaeume-sollen-Karpfen-vor-Kormoranen-schuetzen;art1727,6022545)

MP2   - Thomas Fritz - Karpfen, Forelle, Saibling & Co. in der Küche (04.11.2010, 17:27 Uhr).
(www.mainpost.de/regional/wuerzburg/Karpfen-Forelle-Saibling-Co-in-der-Kueche;art779,5809280)

Marabini, Johannes → Erlangen-Höchstadt (ERH5)

MH   Meyer, Hans: Informationen von Hans Meyer, Koi-Liebhaber und Karpfenkenner aus Ansbach.

Müller, Dieter → franken-regio.de

Nahr, Wolf-Dietrich → NB1

NB   nordbayern.de (Onlinedienst von Nürnberger Nachrichten und Nürnberger Zeitung, Nordbayerische Zeitung.
            Verlag Nürnberger Presse Druckhaus Nürnberg GmbH & Co., Nürnberg, Marienstraße 9/11)
      - Der Karpfen-Führer - Die besten Tipps für Nürnberg, Fürth, Erlangen und die Region.
        (www.nordbayern.de/service-freizeit/essen-und-trinken/der-karpfen-fuhrer-1.136122; 10.09.2010, 11:59 Uhr)
      - www.nordbayern.de → suchen: *Karpfen*

NB1   - Nahr, Wolf-Dietrich - Karpfen-Sushi lockt den roten Kormoran. 30.08.2010, 08:58 Uhr.
            (www.nordbayern.de/nuernberger-nachrichten/region-bayern/karpfen-sushi-lockt-den-roten-kormoran-1.132437)

NB2   - Rach, Ulrich - Der Karpfen bekennt Farbe, 14.03.2007.
            (www.nordbayern.de/nuernberger-nachrichten/region-bayern/der-karpfen-bekennt-farbe-1.766320)

NB3   - Karpfensaison ist wieder eröffnet. 09.09.2008. (www.nordbayern.de/region/erlangen/karpfensaison-ist-wieder-eroffnet-1.858697)

NB4   - Karpfenkönigin gibt Krone ab. 19.06.2009. (www.nordbayern.de/region/hoechstadt/karpfenkonigin-gibt-krone-ab-1.542239)

NB5   - Neue Karpfen-Königin tritt ihr Amt an. 31.08.2009.
            (www.nordbayern.de/region/hoechstadt/neue-karpfen-konigin-tritt-ihr-amt-an-1.569727)

NB6   - Genuss von traditionell bis exotisch. 03.09.2010, 10:08 Uhr.
            (www.nordbayern.de/region/bad-windsheim/genuss-von-traditionell-bis-exotisch-1.143067)

NB7   - Jungfer, Ingrid - Karpfenwalzer eröffnet die Saison. 08.09.2009.
            (www.nordbayern.de/region/hoechstadt/karpfenwalzer-eroffnet-die-saison-1.572578)

NB8   - Wanderpokal für 165 Karpfen. 07.09.2010, 18:00 Uhr.
            (www.nordbayern.de/region/herzogenaurach/wanderpokal-fur-165-karpfen-1.150210)

NB9   - Bei kühlem Wetter waren die ersten Karpfen heiß begehrt. 30.08.2010, 10:13 Uhr.
            (www.nordbayern.de/region/herzogenaurach/bei-kuhlem-wetter-waren-die-ersten-karpfen-heiss-begehrt-1.130693)

NB10 - Hilfe für Karpfen, Kröte und Kormoran - Was Naturschützer in der Region umtreibt: Teichbewirtschaftung in Mohrhof.
        (www.nordbayern.de/nuernberger-zeitung/nz-regionews/hilfe-fur-karpfen-krote-und-kormoran-1.1190814; 28.04.2011, 19:36)

      naturland.de (Naturland - Verband für ökologischen Landbau e.V., Kleinhaderner Weg 1, Gräfelfing)

NL1   - Bayerische Karpfensaison auf Naturland Hof Rittmayer eröffnet. Naturland Pressemitteilung vom 03.09.2010.
            (www.naturland.de/fileadmin/MDB/documents/Presse/PI_2010/Naturland_Karpfensaison.pdf)

NL2   - Naturland Partner - Rohware Fisch und Meeresfrüchte.
            (www.naturland.de/partner.html?tx_bladdress_pi1%5Bcode%5D=3&tx_bladdress_pi1%5Bproduct%5D=fisch)

NaL1 Natur-Lexikon, Hans-Wilhelm Grömping: Karpfen (www.natur-lexikon.com/Texte/HWG/001/00025/HWG00025.html)

      Pegnitztal, September 2010 (Verlag Hopfner, Nürnberg, Allersberger Str. 185 F)
      - www.verlag-hopfner.de/dl_p/Pegnitztal09.pdf (→ 18 Karpfengaststätten in Franken)

      pointoo.de (gutefrage.net GmbH, Sonnenstr. 14, München, Geschäftsführer Markus Wölflick und Dr. Stephan Roppel)
      - www.pointoo.de → suche: Karpfen

      Rach, Ulrich → NB2

Roth, Landratsamt (Hg.):

- Heimischer Fisch frisch auf den Tisch - original regional. Gaststätten, Teichwirte aus dem Landkreis Roth. Ausgabe 2010/11.
    (www.landratsamt-roth.de/Portaldata/1/Resources/www.landratsamt_roth.de/leben_und_arbeiten/
    wirtschaft/dokumente/Sonderprospekt_Heimischer_Fisch_2010.pdf)

- Essen und Trinken im Landkreis Roth - Die Gaststätten auf einen Blick, 2007.
    (www.landratsamt-roth.de/Portaldata/1/Resources/www.landratsamt_roth.de/freizeit_und_tourismus/essen_und_trinken/
    dokumente/Gastlichkeit_2007.pdf) = Gastlichkeit_2007.pdf. (Gelistet sind 22 Gaststätten, davon 20 Karpfengaststätten.)

- Essen und Trinken im Landkreis Roth - Verzeichnis der Gaststätten im Landkreis Roth (2010).
    (www.landratsamt-roth.de/Portaldata/1/Resources/www.landratsamt_roth.de/freizeit_und_tourismus/download/
    dokumente/EssenUndTrinkenInternet.pdf)

- Schlachtschüsselführer Landkreis Roth, 2010. (www.landratsamt-roth.de/Portaldata/1/Resources/
    www.landratsamt_roth.de/freizeit_und_tourismus/download/dokumente/Download-SSF.pdf)

Schwarz, W. → weberskeller.de

speisekarte.de (ein Produkt der DIALO GmbH & Co. KG, Nordring 31, Nürnberg): www.speisekarte.de → suche: Karpfen

Teubel, Stephan → gastroguide-erlangen.de

TGA Teichgenossenschaft Aischgrund (Ortspitz 4, 91359 Leutenbach; 1. Vorsitzender Walter Jakob, Geschäftsführer Hans Greif)
    = www.teichgenossenschaft-aischgrund.de = www.karpfenland-aischgrund.de = www.aischgründer-karpfen.de

TGA1 - Steinkarpfen (www.karpfenland-aischgrund.de/?Teichgenossenschaft_Aischgrund:Steinkarpfen)

Tourismusverband Franken e.V., Wilhelminenstr. 6, Nürnberg, 1. Vorsitzender Joachim Herrmann.

- www.franken-geniesserland.de → suche: Karpfen

- www.frankentourismus.de → suche: Karpfen

Tourismusverein *Rund ums Walberla - Ehrenbürg* → walberla.de

Unterfranken (Regierungsbezirk), Fischereifachberatung, Würzburg

Ufr1 - Der goldene Fisch - Ein Markenzeichen für die unterfränkische Fischgastronomie.
    (www.bezirk-unterfranken.de/aufgaben/fischerei/veroeffentlichungen/1739.Der_goldene_Fisch.html)

walberla.de (Tourismusverein *Rund ums Walberla - Ehrenbürg*, Ansprechpartner Ernst-Jürgen Dahlmann, Mittelehrenbach 34,
    Leutenbach-Mittelehrenbach)

- Gasthöfe und Hotels rund ums Walberla (www.walberla.de/anbieter/gasth_fe_und_hotels/index.shtml)

- Gasthöfe und Restaurants rund ums Walberla (www.walberla.de/anbieter/gaststaetten/liste.shtml)

web2.cylex.de (S.C. Cylex Tehnologia Informatiei International S.N.C., Sat. Palota 119/A, RO 417516 Palota, Romania,
    Geschäftsführung Francisc Osvald; http://web2.cylex.de)

- web2.cylex.de → Suche: Karpfen

WK1 weberskeller.de: Ein Fisch namens *Fridolin* - Schwarz, W. (www.weberskeller.de/Unterhaltung/Fridolin/body_fridolin.html)

WO1 Welt-Online - Jagd auf Kormorane am Bodensee eröffnet, 01.09.2008.
    (www.welt.de/wissenschaft/umwelt/article2380420/Jagd-auf-Kormorane-am-Bodensee-eroeffnet.html)

Wikipedia

W1   - Karpfen (http://de.wikipedia.org/wiki/Karpfen; Version vom 06.04.2011, 10:27 Uhr.)

W2   - Graskarpfen (http://de.wikipedia.org/wiki/Graskarpfen; Version vom 03.03.2011, 03:08 Uhr.)

W3   - Müllerinart (http://de.wikipedia.org/wiki/M%C3%BCllerinart; Version vom 07.12.2010, 13:29 Uhr.)

W4   - Bierteig (http://de.wikipedia.org/wiki/Bierteig; Version vom 22.02.2011, 12:55 Uhr.)

W5   - Aisch (http://de.wikipedia.org/wiki/Aisch; Version vom 11.05.2011, 18:14 Uhr.)

W6   - Fränkische Küche (http://de.wikipedia.org/wiki/Fr%C3%A4nkische_K%C3%BCche; Version vom 24.05.2011, 18:32 Uhr.)

W7   - Gluten (http://de.wikipedia.org/wiki/Gluten; Version vom 18.05.2011, 21:29 Uhr.)

W8   - Karausche (http://de.wikipedia.org/wiki/Karausche; Version von 17.06.2011, 23:49 Uhr.)

W9   - Blaukochen (http://de.wikipedia.org/wiki/Karpfen_blau; Version vom 03.10.2009, 12:33 Uhr.)

W10   - Mönch - Teichwirtschaft (http://de.wikipedia.org/wiki/M%C3%B6nch_(Teichwirtschaft); Version vom 25.07.2011, 00:15 Uhr)

W11   - Karpfenteich (http://de.wikipedia.org/wiki/Karpfenteich; Version vom 15.12.2010, 21:07 Uhr)

W12   - Adelsdorf (http://de.wikipedia.org/wiki/Adelsdorf; Version vom 12.08.2011, 17:47)

W13   - Röttenbach - bei Erlangen (http://de.wikipedia.org/wiki/R%C3%B6ttenbach_(bei_Erlangen); Version vom 17.08.2011, 17:41)

W14   - Kormoran - Art (http://de.wikipedia.org/wiki/Kormoran_(Art); Version vom 15.07.2011, 01:41)

WK1   → weberskeller.de

WO1   → Welt-Online

WWA1   Wasserwirtschaftsamt Ansbach, Dürrnerstraße 2, Ansbach: Wasserwirtschaftlicher Lehrpfad im Fränkischen Freilandmuseum Bad Windsheim (www.wwa-an.bayern.de/wasser_erleben/lehrpfade/freilandmuseum/stationen.htm)

zoeliakie-treff.de (Zöliakie-Treff - Das Forum rund um Zöliakie: Diagnose und Behandlung, glutenfreie Ernährung. Verantwortlich: Valeska Henning, Gehlberger Str. 3, Berlin.)

Z1   - Restaurants und Essengehen, Tipps PLZ-Gebiet 9 (http://www.zoeliakie-treff.de/zoeliakie/viewtopic.php?f=112&t=30086)

Fritz Bauerreiß

Fränkischer Karpfenführer

ISBN 978-3-00-035694-0

Informationen
www.karpfenfranken.de
http://home.arcor.de/bauerreiss

Direkt-Bestellung beim Autor
karpfenfranken@arcor.de (kostenlose Lieferung innerhalb Deutschlands)

Bestellung beim Buchhandel
Fragen Sie nach dem *Fränkischen Karpfenführer* in Ihrer Buchhandlung
und verweisen Sie dabei auf das *Verzeichnis Lieferbarer Bücher* (VLB)

Bestellung bei www.amazon.de
→ Bauerreiß Karpfenführer